北方民族大学文库

本书为2022年度宁夏回族自治区人民政府重大行政决策咨询研究重点课题结项成果

经管文库 · 经济类
前沿 · 学术 · 经典

宁夏主动服务和融入新发展格局对策研究

COUNTERMEASURE RESEARCH ON NINGXIA'S ACTIVE SERVICE AND INTEGRATION INTO THE DUAL CIRCULATION DEVELOPMENT PATTERN

王 瑛 著

经济管理出版社
ECONOMY & MANAGEMENT PUBLISHING HOUSE

图书在版编目（CIP）数据

宁夏主动服务和融入新发展格局对策研究 / 王瑛著 . —北京：经济管理出版社，2023.7
ISBN 978-7-5096-9141-0

Ⅰ.①宁… Ⅱ.①王… Ⅲ.①区域经济发展—研究—宁夏 Ⅳ.①F127.43

中国国家版本馆 CIP 数据核字 (2023) 第 137194 号

组稿编辑：杨国强
责任编辑：杨国强
责任印制：黄章平
责任校对：蔡晓臻

出版发行：经济管理出版社
（北京市海淀区北蜂窝 8 号中雅大厦 A 座 11 层 100038）

网　　址：www.E-mp.com.cn
电　　话：（010）51915602
印　　刷：唐山玺诚印务有限公司
经　　销：新华书店
开　　本：710 mm × 1000 mm/16
印　　张：11.75
字　　数：203 千字
版　　次：2023 年 7 月第 1 版　2023 年 7 月第 1 次印刷
书　　号：ISBN 978-7-5096-9141-0
定　　价：98.00 元

· 版权所有 翻印必究 ·
凡购本社图书，如有印装错误，由本社发行部负责调换。
联系地址：北京市海淀区北蜂窝 8 号中雅大厦 11 层
电话：（010）68022974　邮编：100038

前　言

加快构建以国内大循环为主体、国内国际双循环相互促进的新发展格局，是我国应对百年变局、开拓发展新局的主动调整，是统筹当前和长远、国内和国际、发展和安全作出的重大决策，是实现稳增长和防风险长期均衡的重要途径，是重塑我国国际合作和竞争新优势的抉择，也是重塑我国参与国际合作和竞争新优势的选择，更是事关全局的系统性、深层次变革。

党的二十大报告指出，"未来五年是全面建设社会主义现代化国家开局起步的关键时期，主要目标任务是：经济高质量发展取得新突破，科技自立自强能力显著提升，构建新发展格局和建设现代化经济体系取得重大进展……"[1] 当前，各地各部门作为构建新发展格局的重要力量，都在从各自的实际出发，找准自身在上述大棋局中的定位，确定服务和融入新发展格局的优势领域，积极作为、精准发力。

2022年6月10日，宁夏回族自治区党委书记在自治区第十三次党代会上做了题为《坚持以习近平新时代中国特色社会主义思想为指导　奋力谱写全面建设社会主义现代化美丽新宁夏壮丽篇章》的报告（以下简称《报告》）。《报告》指出，"全面建设社会主义现代化美丽新宁夏，必须坚持以习近平新时代中国特色社会主义思想为指导。"[2] 宁夏与东部发达省份相比，表面上看是发展阶段、发展层次和发展质量的差距，深层次原因是改革明显滞后、开放活力不足。《报告》中用"六个最"，对全区发展中存在的短板弱项进行了深刻分析，其中"开放程度不高是最大短板"。为此，《报告》提出了今后五年全区工作的总体要求，即"12345"的总体思路和部署，构成了全面建设社会主义现代化美丽新宁夏的"四梁八柱"，其中明确提出要"主动服务和融入新发展格局"。《报告》提出"打造

---

[1] 二十大报告全文［EB/OL］.中国政府网，http://www.gov.cn/zhuanti/zggcddescqgdbdh/sybgqw.htm.
[2] 中国共产党宁夏回族自治区第十三次代表大会开幕　梁言顺代表中国共产党宁夏回族自治区第十二届委员会作报告［EB/OL］.https://www.nx.gov.cn/zwxx_11337/nxyw/202206/t20220610_3557654.html.

改革开放热土",并部署了更大力度推进改革、更高水平扩大开放、更实举措优化营商环境三项任务,为宁夏利用好"开放"这个助推器、融入新发展格局、在扩大开放中加快形成国际合作与竞争新优势提供了基本思路。

总体上看,宁夏要坚持以习近平新时代中国特色社会主义思想为指引,全面贯彻党的二十大精神,坚决落实自治区第十三次党代会部署,胸怀"国之大者",坚定不移地推动高水平对外开放,主动服务和融入新发展格局。只有形成对新发展格局的科学认识,并找准服务和融入新发展格局的切入点,才能更好地服务和融入全国新发展格局。为此,一方面,要通过深入学习,进一步吃透精神,不断深化对为什么要构建新发展格局、构建什么样的新发展格局、怎样构建新发展格局等重大问题的认识;另一方面,要坚持问题导向,紧密结合自身实际,选取一些重难点问题进行深入调研、集中攻关,为宁夏主动服务和融入新发展格局找到破局之策。此外,从学术层面看,构建以国内大循环为主体、国内国际双循环相互促进的新发展格局,既是与时俱进提升我国经济发展水平的战略抉择,也是塑造我国国际经济合作和竞争新优势的战略抉择,对"十四五"和未来更长时期我国经济社会发展将产生重要而深远的影响。宁夏这样的内陆欠发达省份应如何作为?当前面临的主要优势和制约因素有哪些?未来的主攻方向和主要着力点在哪里?这些都是理论界和学术界需要回答的重要理论和现实问题。

本书旨在从"为什么、是什么、干什么、怎么干"四个维度出发,紧密结合《报告》精神,探究宁夏主动服务和融入新发展格局的主要对策,为自治区第十三次党代会绘就的美好"画卷"变成党和人民满意的"答卷"提供决策依据和智力支持。

目 录

第一章 宁夏主动服务和融入新发展格局的主动作为与比较优势……… 1
  第一节 宁夏主动服务和融入新发展格局的主动作为 …………… 1
  第二节 宁夏主动服务和融入新发展格局的比较优势分析 ………4

第二章 宁夏主动服务和融入新发展格局面临的机遇与挑战……… 31
  第一节 宁夏主动服务和融入新发展格局面临的机遇 …………… 31
  第二节 宁夏主动服务和融入新发展格局面临的挑战 …………… 45

第三章 宁夏主动服务和融入新发展格局的路径选择……………… 51
  第一节 以先行区建设助力黄河流域生态保护与高质量发展 ……… 51
  第二节 加快推进更高水平对内对外开放 ………………………… 59
  第三节 在扩内需、优供给上加力提效以实现供需
         结构的动态平衡 …………………………………………… 72
  第四节 推动城乡区域协调发展和县域经济发展 ………………… 86
  第五节 以创新驱动为力量源泉实施产业振兴战略 ……………… 92
  第六节 实施高标准市场体系建设行动和深化重点领域改革 ……… 99
  第七节 统筹好发展和安全"两件大事" ……………………………112

第四章 宁夏主动服务和融入新发展格局的政策建议………………… 121
  第一节 以高水平对内对外开放融入新发展格局 …………………121

第二节　创新驱动促进产业转型 …………………………………… 137
第三节　全面促进消费及消费提质升级 …………………………… 143
第四节　以供给侧结构性改革为主线推动产业振兴 ……………… 159
第五节　促进县域经济和城乡融合发展 …………………………… 164
第六节　推动一流营商环境建设 …………………………………… 169
第七节　以新安全格局保障新发展格局 …………………………… 174

结束语 …………………………………………………………………… 181

第一章　宁夏主动服务和融入新发展格局的主动作为与比较优势

第一节　宁夏主动服务和融入新发展格局的主动作为

在主动服务和融入新发展格局中展现更大作为是宁夏贯彻落实党中央重大战略新部署的政治自觉。

一、宁夏深入贯彻落实党中央重大战略新部署

《坚持以习近平新时代中国特色社会主义思想为指导 奋力谱写全面建设社会主义现代化美丽新宁夏壮丽篇章》的报告（以下简称《报告》）提出了今后五年全区工作的总体要求，即：宁夏"将继续坚持以习近平新时代中国特色社会主义思想为指导，学习贯彻党的二十大精神，深入贯彻落实习近平总书记视察宁夏重要讲话和重要指示批示精神，牢记领袖嘱托，坚持和加强党的全面领导，坚定不移全面从严治党，坚持稳中求进工作总基调，完整准确全面贯彻新发展理念，主动服务和融入新发展格局，统筹发展和安全，深化改革开放，大力实施创新驱动、产业振兴、生态优先、依法治区、共同富裕战略，加快建设黄河流域生态保护和高质量发展先行区、乡村全面振兴样板区、铸牢中华民族共同体意识示范区，奋力谱写全面建设经济繁荣、民族团结、环境优美、人民富裕的社会主义现代化美丽新宁夏壮丽篇章"。①

2020年4月10日召开的中央财经委第七次会议上，首次提出"构建以国内大循环为主体、国内国际双循环相互促进的新发展格局"。在此后的其他会议和公开场合上也多次提及这一重大战略新部署，并于2021年3月13日将其正式写

---

① 中国共产党宁夏回族自治区第十三届委员会第三次全体会议公报［EB/OL］.https：//www.nx.gov.cn/zwxx_11337/nxyw/202212/t20221227_3898021.html.

入《中华人民共和国国民经济和社会发展第十四个五年规划和2035年远景目标纲要》。随后，宁夏回族自治区人民政府（以下简称自治区政府）积极响应党中央要求，提出了一系列政策措施主动服务和融入新发展格局。例如，在内外贸方面，2021年1月，《自治区人民政府办公厅关于印发支持出口产品转内销的政策措施的通知》（宁政办规发〔2020〕24号），要求在保障外贸产业链供应链稳定的基础上，支持外贸产品出口转内销，加快融入新发展格局；①2022年8月，自治区人民政府办公厅印发《关于推进全区内外贸一体化发展若干措施》的通知（宁政办发〔2022〕49号），②从完善内外贸一体化制度、提升内外贸一体化发展能力、优化内外贸融合发展环境三个方面，进一步完善融入新发展格局政策措施。在开放体制建设方面，2021年9月，自治区人民政府办公厅连续印发《关于促进全区开放型经济发展的意见》（宁政发〔2021〕26号）与《关于推进"一带一路"和内陆开放型经济试验区建设"十四五"规划》（宁政办发〔2021〕54号），坚持以开放促改革，实施开放带动战略，以更高水平开放型经济融入国内国际双循环的新发展格局。③④在通道建设方面，2021年10月，自治区人民政府办公厅印发《宁夏现代物流发展"十四五"规划》（宁政办发〔2021〕65号），旨在依托国内市场，畅通国内物流大循环，拓宽国际物流通道，为加快融入新发展格局打通通道堵点。⑤

自"双循环"战略提出以来，宁夏坚持以新发展理念引领全区发展，积极主动服务和融入新发展格局，加快产业转型升级，培育壮大重点产业，地区生产总值保持年均6.2%的中高速增长，单位GDP能耗扭转了"十三五"以来不降反升的局面。为积极响应打造开放型经济新高地的号召，银川都市圈加快建设，截至2022年8月，宁夏常住人口城镇化率达到66%。"十大工程项目"扎实推进，"高铁梦"变成现实。在科技创新方面，宁夏大力实施创新驱动战略，推进"科

---

① 自治区人民政府办公厅关于印发支持出口产品转内销的政策措施的通知［EB/OL］.https：//www.nx.gov.cn/zwgk/gfxwj/202101/t20210104_2550669.html.
② 自治区人民政府办公厅印发关于推进全区内外贸一体化发展若干措施的通知［EB/OL］.https：//www.nx.gov.cn/zwgk/qzfwj/202208/t20220809_3664430.html.
③ 自治区人民政府关于促进全区开放型经济发展的意见［EB/OL］.https：//www.nx.gov.cn/zwgk/qzfwj/202109/t20210924_3046287.html.
④ 中国宁夏推进"一带一路"和内陆开放型经济试验区建设"十四五"规划的通知［EB/OL］.https：//www.nx.gov.cn/wxb/wxzcgk/202109/t20210924_3044941.html.
⑤ 自治区人民政府办公厅关于印发宁夏回族自治区现代物流发展"十四五"规划的通知［EB/OL］.https：//www.nx.gov.cn/zwgk/qzfwj/202110/t20211011_3078759.html.

技支宁"东西部合作,科技创新能力位居西部前列,借力创新的"宁夏模式"在全国推广,400万吨煤间接液化成套技术及产业化项目荣获国家科学技术进步奖一等奖。

二、宁夏不负习近平总书记嘱托

党的十八大以来,习近平总书记两次赴宁夏考察。720多万塞上各族儿女朝着全面建设经济繁荣、民族团结、环境优美、人民富裕的美丽新宁夏奋力前行,开启了黄河流域生态保护和高质量发展的新征程。

2022年7月20日,自治区党委政府召开全区上半年经济形势分析会。自治区党委书记、人大常委会主任梁言顺主持会议并讲话。梁言顺指出,"2022年以来,全区上下在以习近平同志为核心的党中央坚强领导下,深入学习贯彻习近平总书记视察宁夏重要讲话和重要指示批示精神,顶住压力、奋勇争先,铆足干劲奋战二季度,稳经济、保增长、促发展,推动经济增长逆势上扬、跃升第一,发展质量持续向好、表现亮眼,市场需求加快恢复、动力增强,'三项收入'全面提升、成效喜人,实现了'双过半'目标任务,取得了宁夏历史上具有创纪录意义的最好成绩。这些成绩的取得,最重要的在于习近平总书记的掌舵领航,在于习近平新时代中国特色社会主义思想特别是习近平新时代中国特色社会主义经济思想的科学指引。我们更加深刻体会到,总书记的重要指示、党中央的决策部署是根本。自治区党委始终坚持'总书记怎么说、我们就怎么做',坚定担当领导经济工作的政治责任,把方向、管大局、保落实,形成了抓经济工作的强大合力"。

综上所述,近年来,面对复杂严峻的发展环境,在自治区党委和政府的正确领导下,全区上下深入学习贯彻习近平总书记视察宁夏重要讲话精神,坚决落实党中央、国务院各项决策部署,以建设黄河流域生态保护和高质量发展先行区为统揽,坚持稳中求进工作总基调,完整、准确、全面贯彻新发展理念,主动服务和融入新发展格局,科学统筹常态化疫情防控和经济社会发展,扎实做好"六稳"工作,全面落实"六保"任务,全区经济运行呈现总体平稳、稳中有进的发展态势,主要经济指标保持稳定增长,发展活力持续增强,转型升级积极推进,质量效益明显改善,民生保障更加有力,高质量发展取得了新成效,实现了"十四五"时期的良好开局。

第二节 宁夏主动服务和融入新发展格局的比较优势分析

比较优势既是一个地区在发展过程中相对于其他地区所具有的特殊有利发展条件，也是赢得竞争优势的基础。虽然宁夏是西部经济欠发达省区，但是具备"小省区能办大事"、实现追赶超越的优势。为此，需要全面系统地分析宁夏具备的比较优势，为切实找准宁夏主动服务和融入新发展格局的定位和路径，力争为融入新发展格局、展现更大作为奠定基础。

一、区位特征、自然地理和气候条件独特

宁夏位于我国西北地区（35°14′~39°23′N，104°17′~107°39′E），面积为6.64万平方千米，地处黄河上游中段，东西窄南北长，地势北低南高，海拔在1000米以上，黄河穿越宁夏中北部地区397千米。独特的区位特征、自然地理和气候条件为宁夏连接和融入内外循环提供了极大的便利。

（一）区位及自然地理条件

宁夏东邻陕西，西、北接内蒙古，南连甘肃，是祖国大陆的地理中心、内陆的开放前沿。宁夏地处中国—中亚—西亚经济走廊和中蒙俄经济走廊节点，有利于多式联运、国际货运班列的开行，宁夏也将逐渐建设成为西北内陆主通道的重要节点。宁夏是华北、东北、华东联通西北，进入丝绸之路的重要通道和枢纽，是丝绸之路经济带的重要战略支点，是西部陆海新通道的沿线省份。依托中卫连接西北和华北的第三大铁路枢纽节点优势地位，宁夏建设了区域物流分拨中心和货物集散中心，可打造面向西南地区和东南亚国家的大宗商品集散交易中心。以银川机场为枢纽的空中通道、以中欧班列为重要节点的陆上通道、以银川市公铁物流"天津港内陆无水港"为连接的海上通道、以大吨位卡车为载体的国际公路运输通道、以银川跨境电商为中心的数字通道的"五位一体"立体化开放通道已全面形成，"一单到底""一箱到底"的公铁海国际货运班列步入常态化运行，实现了宁夏与世界新格局的无缝对接。目前，宁夏正积极融入"西部大通道"，银兰高铁全线通车，银昆、乌玛、海平高速公路加快建设，黄河黑山峡水利枢纽工

程启动，银川河东国际机场总体规划、腾格里沙漠东南部大型风光基地获批，为可持续发展创造了重要条件。

宁夏地理特征丰富，多种地势、地类交汇，自北向南依次为贺兰山山地、宁夏平原、中部干旱区、黄土高原、六盘山山地。宁夏是沿黄九省（区）中唯一全境属于黄河流域的省份。黄河自南向北贯穿宁夏，与宁夏一直有着不解之缘，自古就有"天下黄河富宁夏"之说。黄河流域大部分地区属于半湿润区、半干旱区和干旱区，黄河流域的水资源总量和年径流量较小，但仍为宁夏的农业发展和粮食生产提供了必不可少的水源支持，常年引黄灌溉使得宁夏的农业优势突出。此外，宁夏位于黄河上游地区，几乎很少受到其负面影响——如大量泥沙沉积抬高河床，形成地上河，甚至引致水患等。千百年来，黄河滋润了宁夏平原，让宁夏平原成为了富庶之地。西部的贺兰山脉有效抵挡了腾格里沙漠向东扩展，北部的宁夏平原为发展灌溉农业和城镇建设提供了广阔的空间和地形条件。

虽然宁夏地势复杂且面积较小，但是区内交通基础设施建设较为完善，铁路和公路汇集的十字型交通格局贯通全域，主要交通运输工具的线路里程逐年增长（见表1-1）。不断完善的交通网络能够有效带动宁夏及毗邻地区的石材、粮食、化肥、生活用品等远销东南亚和欧洲国家以及我国西南部市场。如表1-2所示，2021年全区货物运输总量约4.69亿吨，较上年增长9.5%；货物运输周转量达812.54亿吨千米，较上年增长16.3%。全年全区旅客运输总量达0.38亿人，较上年下降0.8%；旅客运输周转量达105.40亿人千米，较上年增长5.7%。

表1-1　2016~2020年宁夏主要交通运输线路里程

年份	铁路通车里程（千米）	公路通车里程（千米）	民航通航里程（千米）
2016	1060	33940	108041
2017	1060	34561	134564
2018	1060	35405	158892
2019	1240	36576	179568
2020	1350	36901	164211

资料来源：历年《宁夏统计年鉴》。

表1-2　2021年宁夏各种运输方式完成运输量及其增长速度

运输方式	货物				旅客			
	运输总量		运输周转量		运输总量		运输周转量	
	绝对值（万吨）	较上年变化（%）	绝对值（亿吨千米）	较上年变化（%）	绝对值（万人）	较上年变化（%）	绝对值（亿人千米）	较上年变化（%）
总计	46931.01	9.5	812.54	16.3	3774.48	-0.8	105.40	5.7
铁路	9422.74	9.1	234.50	9.3	720.29	29.2	29.03	19.8
公路	37506.00	9.6	577.70	19.4	2713.00	-6.5	26.81	-5
航空	2.27	-22.5	0.33	-11.6	341.19	-1.6	49.56	4.9

资料来源：历年宁夏统计公报。

（二）气候条件

宁夏深居内陆，位于我国西北地区，地处海拔1000米以上的高原，处于黄土高原、蒙古高原和青藏高原的交会地带，大陆性气候特征十分典型。在我国的气候区划中，固原南部属中温带半湿润区，原州区以北至盐池、同心一带属中温带半干旱区，引黄灌区属中温带干旱区。宁夏年平均气温为5.3～9.9℃，昼夜温差13~15℃，呈北高南低分布，具有地势海拔高、日照时间长、辐射强度高、热量丰富、风能风力大、大气透明度好等气候资源组合优势，也是我国太阳能资源最丰富的地区之一。绵延于宁夏北部的贺兰山，是我国一条重要的自然地理分界线[1]，以一山之力削弱了西北高寒气流的东袭，遏制了东南潮湿季风的西进，阻隔了腾格里沙漠的蚕食，东西两侧的气候差异颇大[2]，能够有效抵御自然灾害对宁夏的侵袭，西靠贺兰山的银川平原因而有了"塞上江南"之称。

宁夏的气候条件也为当地发展光伏、风电、氢能等清洁能源产业，葡萄和葡萄酒、枸杞、冷凉蔬菜、绿色有机农产品等特色农业提供了强大的资源禀赋优势。例如，宁夏具有天然的风、光优势，处于我国地理的几何中心，气候条件优良，是全国首个新能源综合示范区，新能源装机近3000万千瓦，被国家列为第一批绿电交易试点省份。宁夏中卫属于典型的温带大陆性气候，地处沙漠，降水

---

[1] 贺兰山是中国河流外流区与内流区的分水岭，是季风气候和非季风气候的分界线，也是中国200毫米等降水量线。

[2] 贺兰山东麓的年平均气温高于西麓，年平均降水量少于西麓，其中：银川市年平均气温分别比阿拉善左旗和吉兰泰高1.3℃和0.6℃；银川市和石嘴山市年平均降水量分别比阿拉善左旗少56.7毫米和42.4毫米；东麓日照时数、蒸发量、大风、沙尘暴均少于西麓，其中：日照时数东麓比西麓少154～515小时，6~9月蒸发量133～448毫米，大风日数少1.8～15.0天，沙尘暴日0～3.2天。

稀少，晴天多，日照充足，地域广阔，相比东部地区，地价也相对较低。这些都为当地光伏产业发展提供了有利条件。宁夏是国家太阳能资源Ⅰ类区，国家大型风电光伏基地。凭借绿电优势，宁夏又有了发展算力产业的天然独特优势。宁夏数据中心采用全自然风冷技术，PUE值①最低可达1.1，是国家认定最适宜建设大型、超大型数据中心的一类地区，同时是西北唯一入选"国家绿色数据中心"试点地区。预计到2025年宁夏实现可再生能源利用率达65%，在低PUE的基础上，发展超低CUE数据中心，通过数据中心"源网荷储一体化"模式，宁夏要建成领先全国的一流绿色数据中心集群。例如，一粒普通的枸杞，只因生在宁夏中宁就身价倍增，具有"道地"的美誉和入《中华药典》的地位。《全唐诗》中《送卢潘尚书之灵州》曾如此描述宁夏："贺兰山下果园成，塞北江南旧有名。"描述的就是宁夏枸杞的盛况。史籍记载，明弘治年间枸杞被列为"贡果"。气候条件是造就中宁枸杞无与伦比好品质的原因。②再如，葡萄和葡萄酒产业的发展，贺兰山东麓显著特征是日照时间长，太阳辐射强，降水较少，空气湿度小，日温差较大；西面横亘的贺兰山挡住了风沙和西北的冷空气，形成一种气候的边际效应，增加了这里的积温，降低了霜冻对葡萄造成的危害，使该地形成一种相对独特的小气候。相较于世界其他知名产区，贺兰山东麓独特的自然禀赋和特有风土条件，使产区的葡萄具有香气发育完全、色素形成良好、糖酸度协调等特征，具备生产中高档葡萄酒的基础。③

此外，宁夏被称为"星星的故乡"。宁夏位于中国陆疆几何中心，位置不东不西，海拔不高不低，特别是作为西北地区重要生态安全屏障，年均晴好天气近300天，几乎一年四季可以看星星，是最佳观星地之一。2021年，宁夏气象部门开展宁夏观星气候适宜度评估，综合考虑云量、光污染、能见度、大气视宁度、人体舒适度五个因素对观星的影响，通过分析过去40年的气象资料，构建观星

---

① PUE为Power Usage Effectiveness的简写，是评价数据中心能源效率的指标，是数据中心消耗的所有能源与IT负载消耗的能源的比值。PUE值越接近于1，表示一个数据中心的绿色化程度越高。当前，国外先进的数据中心机房PUE值通常小于2，而我国的大多数数据中心的PUE值介于2~3。

② 中宁县位于卫宁灌区，北纬37°10′，东经105°36′，海拔1185.7米，年平均气温9.3℃（枸杞生长在年平均气温为5.4~12.3℃的地区最为适宜）；年平均降水226.7毫米，多集中在7~9月，年蒸发量为2050.7毫米，是降水量的9.3倍，年平均相对湿度52%（枸杞栽培对水分条件的要求比较严格，要根据需水规律及时排灌，一般要求水位在1.2米以下，生长结实季节，土壤含水量保持在16%~20%）；春季多风，全年日照时数2772.9小时，日照百分率为62%；土壤在11月底以后冻结，次年3月上中旬解冻（枸杞虽然耐盐碱，但要想植株生长旺盛、产品优质、产量高，一般要求土壤含盐低于0.1%的高肥力土壤）。

③ 贺兰山东麓：种植酿酒葡萄的黄金地［EB/OL］.人民网，http://country.people.com.cn/n1/2018/1016/c419842-30343099.html.

气候适宜度综合评价指标、模型及标准,得到评价结果,并对宁夏各地观星气候适宜度时空特征进行详细分析评估,推出年度、季度、月度最佳观星榜单。评估结果显示,宁夏冬少严寒,夏少酷暑,春暖怡人,秋高气爽,年平均降水量少,晴好天气多,大部分时段气象条件适宜观星,各季节乡村的观星适宜度都为"非常适宜"或"适宜",每年7~8月和11~12月,除各市县城区外,宁夏大部地区观星适宜度为"非常适宜"。[①] 借助这一气候优势,近年来,致力于将宁夏打造成"星星的故乡",还举办了星空旅游大会、星空露营音乐大会等系列活动,并先后推出12条星空旅游主题线路,发布十大观星旅游目的地,使"星星的故乡"文旅IP不断完善,宁夏的"星空游"已成为时尚新兴旅游业态,得到了众多海内外游客的青睐。

二、资源能源相对丰富

首先,宁夏矿产资源丰富且分布集中,为能源基地建设提供了强有力的保障。宁夏虽然地域较小,但是矿产资源种类较多,能源、金属、非金属、水气类矿产均有发现,其中以煤和非金属矿产为主,金属矿产较贫乏。宁夏拥有已探明矿产50多种(含亚矿种),以沉积型矿产为主,具有产地相对集中,少数矿种质量特优、埋藏较浅的优势。其中,位列全国前10的有8种,煤、石灰岩、石膏等9种优势矿产查明储量达480亿吨。宁夏最重要的能源矿产之一为煤,煤种齐全、质量好,褐煤、烟煤、无烟煤都有,煤炭远景储量位居全国第6。宁东能源化工基地以煤炭为原料,通过煤的气化、焦馏生产多种化工产品,这些化工产物可用于能源、化肥、炸药、染料、医药、农药、合成材料等多个行业领域,可以通过煤制油工艺生产石油、柴油等。宁夏重要的非金属矿产资源包括石膏、石灰岩、硅石、岩盐、芒硝等,石膏探明储量位居全国第3,石灰岩保有储量均位居全国第8。

其次,宁夏硒元素含量丰富且分布集中,发展绿色食品产业优势显著。硒是人体必需的微量元素,硒进入人体后与蛋白质结合形成硒酶,它能破坏和清除体内自由基,从而提高人体抗病能力,同时还能与体内金属汞、铅、镉等结合形成金属硒蛋白复合物而解毒。硒还能破坏在动脉血管壁沉积的胆固醇,防止动脉

---

① 宁夏首份"观星报告"发布 关注指南打卡星星故乡[EB/OL].人民网, https://view.inews.qq.com/k/20210928A0G4JE00?web_channel=wap&openApp=false.

血管硬化、高血压、冠心病以及其他心脑血管疾病。人类主要通过富硒食品获取硒元素。富硒食品通过生物吸收转化作用，在植物自然生长过程中，将有效硒从土壤转化至植物体内，从而生产出硒含量较高的有机食品，被誉为"生命之火"。仅占国土面积不到1%的宁夏富含全国72%的地区所稀缺的一种资源——富硒土壤。① 根据地质工作者多年利用地球化学方法的调查研究可知，宁夏北部石嘴山平罗地区分布了106万亩的富硒土地，富硒农用地面积为79万亩，其中有35万亩的优质富硒农用土地；宁夏中部地区吴忠青铜峡、红寺堡、盐池等地分布了约204万亩富硒土地，其中富硒耕地77.7万亩，优质富硒耕地9.8万亩，中卫在中宁、香山地区也分布着大量的优质富硒土地；宁夏南部山区固原西吉、原州地区等地查明富硒土地50万亩，其中优质富硒耕地12.5万亩。这些土地上生长出各种各样的富硒特色农产品，有吴忠富硒大米和小麦，中卫富硒苹果、枸杞，固原富硒土豆、杂粮等。目前全区各市都在打造富硒品牌，石嘴山发布了"珍硒石嘴山"，中卫挂牌了"中国塞上硒谷"，吴忠获得了"中国塞上硒都"荣誉称号，固原打造宁夏"塬上硒市"。宁夏富硒土地的开发促进了当地农业经济产业结构的转型。

再次，宁夏能源储备充足，发展清洁能源产业优势突出。2022年7月，宁夏首个千亿立方米大气田——青石峁气田诞生，为宁夏经济社会高质量发展提供了能源保障。在清洁能源转换方面，风能、太阳能、煤炭、天然气等多种能源是宁夏坚定发展新能源产业的强大"底气"。2012年7月，宁夏获批成为全国首个新能源综合示范区，锚定"为西部地区乃至全国的新能源发展探索有益经验"这一目标，在新能源可持续发展、创新政策机制和发展模式等方面先行先试，取得了巨大成就。截至2022年7月，全区新能源装机达到2893万千瓦，位居全国第7；新能源占全区电力总装机的46%，位居全国第3；新能源发电量占总发电量的23%，位居全国第2；全区分布式光伏、分散式风电累计装机分别达80.6万千瓦和36万千瓦，位居西北地区前列；新能源利用率达97.5%，位居西北第1；非水可再生能源电力消纳比重达到26.2%，高于全国平均水平12个百分点。② 近年来，在国家推行的"西气东输""西电东送"工程中，宁夏担任了重要角色——

---

① 富硒土壤是指在土壤中硒含量大于0.22毫克/千克的土壤（宁夏地方标准），它可广泛应用于富硒农产品的种植生产。
② 宁夏举行"以先行区建设为牵引 推动高质量发展实现新突破"系列新闻发布会·打造绿色生态宝地专题［EB/OL］.http：//www.scio.gov.cn/xwfbh/gssxwfbh/xwfbh/ningxia/Document/1729113/1729113.htm.

中卫压气站是全亚洲输气量最大、工艺最复杂的天然气枢纽。截至2021年底，宁夏"西气东输"年输气量达到600亿立方米；十年间通过银东、灵绍两条外送通道，累计外送电量突破5000亿千瓦时。①

表1-3 宁夏主要能源产品产量（2016~2020年）

年份	原煤（万吨）	焦炭（万吨）	火力发电量（亿千瓦时）	水力发电量（亿千瓦时）	风力发电量（亿千瓦时）	太阳能发电量（亿千瓦时）
2016	7069.32	768.42	953.56	14.02	125.47	51.34
2017	7643.59	754.74	1144.39	15.45	149.32	71.79
2018	7840.09	736.88	1367.77	19.76	180.55	94.57
2019	7476.87	790.75	1443.87	21.87	185.50	114.70
2020	8151.60	920.81	1529.99	22.50	194.20	135.67

资料来源：《宁夏统计年鉴》（2017~2021年）。

最后，宁夏森林资源、水资源和耕地资源相对丰富，在提高植被覆盖率、治理沙漠化、减少水土流失方面获得了巨大成效。宁夏现有国有林地面积为600.9万亩，森林蓄积量达696.5万立方米，国有草地面积为1603.9万亩，国有湿地面积为28.7万亩，可耗用的水资源量为41.5亿立方米，全区现有自然保护地58个，国家一级重点保护动物18种、植物1种，人均耕地面积2.53亩（同期全国平均水平为1.38亩），素有"鱼米之乡""西部粮仓"的美誉。从森林资源看，贺兰山是宁夏森林面积和类型分布较多的地区之一，高耸的山峰和幽深的峡谷之间错落有致地散布着各类乔灌次生林，是宁夏保存较为完整的重点天然林区之一，其森林资源对维护宁夏平原生态平衡和保护生物多样性具有极其重要的意义。贺兰山国家级自然保护区面积193535.68公顷，占宁夏国土总面积的3.73%。其中，森林面积27609.0公顷，森林覆盖率14.3%，活立木总蓄积132.07立方米，占宁夏活立木总蓄积的4.7%。固原森林覆盖率从20世纪70年代末的1.4%提升至目前的27.28%。位于固原泾源县泾河源镇境内的六盘山国家森林公园，总面积6.78万公顷，植被覆盖率72.8%，主峰米缸山海拔2942米，山光水色既具北国风光之雄，又兼江南水乡之秀，是泾河、清水河、葫芦河的发源地，也是宁夏森林资源、动物资源和水资源最富集的地区之一，被誉为"高原绿岛""野

---

① 突破900亿千瓦时 宁夏年度外送电量创新高[EB/OL].央视网，https://news.cctv.com/2022/01/18/ARTIGIEoDmRTK0mv3ZKH7lCs220118.shtml.

生资源基因库"和"天然水塔"。从水资源看，宁夏是唯一全境属于黄河流域的省区，宁夏引黄灌区面积1000万亩，共有25条、2290千米骨干渠道、126座大中型泵站、990多座调蓄水池。目前，按照不同的水源和不同的用水结构，宁夏将水资源重新优化分配到各市县，建立总量控制、指标到县、空间均衡的配水体系，并用足用好黄河水资源，优化利用当地地表水，严格地下水开采管控，加大再生水、矿井疏干水、雨洪水等非常规水综合利用，生活、生产、生态三大空间的用水结构有明显的调整。从耕地资源看，宁夏人均耕地相对较多，光照水土条件优越，又有黄河水灌溉之利，是全国优质春麦产区、优质粳稻最佳生态区、黄金玉米产业带和重要的马铃薯种薯生产基地，属全国12个商品粮基地之一。[1]

三、产业特色鲜明且发展潜力大

对于地区经济而言，产业发展是底蕴、是根基。《报告》强调，"要紧跟产业变革趋势、立足自身特色优势，对接国际国内市场，着力打造'六新六特六优'产业，优化产业结构和布局，推动产业向高端化、绿色化、智能化、融合化方向发展"。[2] 通过计算各产业的区位熵[3]分析宁夏主要产业的比较优势情况可知，2020年，宁夏比较优势较强的产业有6个，依次为食品制造业、石油煤炭加工业、化学制品业、黑色金属加工业、有色金属加工业和废弃金属综合利用业。受新冠肺炎、原材料成本增加等因素影响，黑色金属加工业、石油煤炭加工业优势下降，区位熵分别为2.5、3.3；食品制造业区位熵上升至3.5，而这主要源于政府的大力支持，围绕绿色发展理念，大力推进绿色食品加工产业向特色化、标准化、规范化、优质化、品牌化快速发展。由于近年来化工企业不断加大科技改造力度，着力开发具有高附加值的新产品，产值稳步上升，化学制品制造业区位熵

---

[1] 贺兰山网评：筑牢粮食安全生产底线［EB/OL］.宁夏新闻网，https://www.nxnews.net/sx/sxdpx/202204/t20220411_7513161.html.

[2] 中国共产党宁夏回族自治区第十三届委员会第三次全体会议公报［EB/OL］.https://www.nx.gov.cn/zwxx_11337/nxyw/202212/t20221227_3898021.html.

[3] 区位熵又称专门化率，用于衡量某一区域要素的空间分布情况，反映某一产业部门的专业化程度，以及某一区域在全国的地位和作用等情况。一般以工业总产值、工业增加值、就业人数、企业数等作为测量指标。函数表达式为：$LQ_{ij} = \frac{L_{ij}/L_i}{L_j/L}$，其中，$LQ_{ij}$表示i地区j产业的区位熵；$L_{ij}$表示i地区j产业的营业收入，$L_i$表示地区产业总体的营业收入，$L_j$表示在全国的j产业的营业收入，$L$表示全国总体的营业收入。$LQ_{ij}>1$，表示i地区j产业高度集聚，比较优势较强；$LQ_{ij}<1$，表示i地区j产业相对较弱，产业集聚程度低，比较优势较弱。

已经由 2019 年的 2.3 增加到 2020 年的 3.1。

（一）农业发展优势明显

宁夏是我国十大牧区之一，是全国四大自流灌区和十二个重要商品粮基地之一，优越的区位优势和气候条件使宁夏成为我国重要的农牧产业基地。近年来，宁夏深入实施特色农业提质计划，农业质量效益和竞争力显著提升。农业总产值从 2017 年的 517 亿元增加到 2021 年的 758 亿元，增长 46.6%，农业基础越来越扎实，发展势头越来越好，特色优质农产品的市场竞争力和美誉度不断提升。近年来，宁夏生产的农产品种类齐全、产量不断攀升，无愧于"塞上江南"的盛誉。据统计，宁夏特色农业产值达到农业总产值的 88.4%。① 其中，枸杞、葡萄酒、牛奶、牛羊肉、冷凉蔬菜等特色农产品品质优良，因而被誉为全国的"枸杞之乡""滩羊之乡""马铃薯之乡"。目前，宁夏已初步构建了贺兰山东麓葡萄酒产业，清水河流域枸杞产业，以吴忠和银川为核心、以石嘴山和中卫为两翼的牛奶产业，中南部地区肉牛产业，中部干旱带滩羊产业，六盘山区冷凉蔬菜产业发展格局，形成了宁夏农业特色产业发展的"版图"。作为我国枸杞生产的核心区域，宁夏枸杞产业正逐步走向规模化、品牌化。现已成功举办的五届枸杞产业博览会使宁夏枸杞国内外知名度大幅提升，"土特产"属性也在逐步改变，宁夏现代枸杞产业正大步迈向高质量发展之路。同时，基础农业的比较优势和丰富的特色农产品为以此为原料的农产品加工业的发展提供了天然优势。以葡萄酒产业为例，贺兰山东麓大面积种植酿酒葡萄，并以此为原料建立了上百座葡萄酒庄和葡萄酒小镇，实现了供产销一体化和产业间的高度融合。习近平总书记两次视察宁夏都对宁夏葡萄酒产业给予充分肯定并寄予殷切期望，宁夏国家葡萄及葡萄酒产业开放发展综合试验区、中国（宁夏）国际葡萄酒文化旅游博览会"国字号"平台相继落户宁夏，标志着宁夏葡萄酒产业发展进入国家战略，开启了产业发展新纪元。此外，宁夏地处国际公认北纬 39°最佳奶牛养殖带，伊利、蒙牛、光明等各大乳企争相在此建立奶源基地。宁夏现拥有 800 万亩草料种植基地，355 家规模奶牛养殖场，年产 400 万吨有机优质草料，日产鲜牛乳 10000 吨，平均乳蛋白率高达 3.3%，人均生鲜乳占有量位

---

① 宁夏农业迎新时代：现代特色农业产值占比超 8 成［EB/OL］. https：//m.gmw.cn/baijia/2020–09/07/1301536171.html.

居全国第 1,[①] 奶牛存栏 79.2 万头,增速连续 4 年位居全国第 1;肉牛和滩羊饲养量分别达 210 万头、1322 万只,较 2017 年分别增长 41.3% 和 24%,盐池滩羊肉四上国宴、成为北京冬奥会指定食材;蔬菜面积 300 万亩,总产 720 万吨,冷凉蔬菜畅销粤港澳大湾区,其农产品加工转化率达 70%,带动产业链价值链向高端延伸。

表 1-4 宁夏主要农产品产量(2016~2020 年)

年份	稻谷 (万千克)	小麦 (万千克)	玉米 (万千克)	水果 (万吨)	油料 (万千克)
2016	67878	38000	220465	155.97	7623
2017	68848	37818	214873	173.64	6944
2018	66550	41580	234620	197.21	7289
2019	55092	34615	230468	258.64	7658
2020	49394	27786	249070	204.5	6654

资料来源:《宁夏统计年鉴》(2017~2021 年)。

(二)工业发展具有特色

宁夏煤化工、电力、冶金、装备制造等产业的发展基础扎实,已逐步形成以煤炭资源开采和利用为主的特色煤炭工业,在宁东—鄂尔多斯—榆林能源化工"金三角"中发挥着重要作用。

宁夏工业发展起步于 1958 年,成长于三线建设时期,改革开放以来,特别是西部大开发战略实施后,工业经济进一步壮大。经过 60 多年的发展,已初步形成了以煤炭、电力、化工、冶金、有色、装备制造、轻纺等行业为支柱的工业体系,发展基础不断夯实,发展优势日益增强。2021 年,宁夏规模以上工业增加值较上年增长 8.0%。

一是轻重工业稳定增长。全年规模以上重工业增加值增长 7.6%,轻工业增加值增长 12.8%。

二是非公有工业快速增长。全年规模以上非公有工业增加值增长 9.4%,高于全区工业增速 1.4 个百分点,其中,私营企业增加值增长 10.3%。

三是十大工业行业"9 增 1 降"。全年煤炭行业增加值增长 15.1%、电力行业

---

① 宁夏奶产业迈进高质量发展新时代[EB/OL]. http://www.nx.xinhuanet.com/nxyw/2022-08/22/c_1128935365.htm.

增长13.5%、化工行业增长0.6%、冶金行业增长5.3%、有色行业增长2.0%、轻纺行业增长11.9%、机械行业增长3.2%、医药行业增长26.5%、其他行业增长18.9%、建材行业下降4.8%。

四是主要产品产量较快增长。全年原煤产量较2020年增长5.9%，达到8632.9万吨；工业发电量增长10.4%，产量达到2081.9亿千瓦；乳制品产量增长23.7%，达到181.9万吨；机床产量增长35.8%，产量达到2657台。

五是宁东产业园区正逐步成长为国内一流的大型能源化工基地、国家级现代煤化工基地，成为西部乃至全国现代煤化工产业创新发展的"领跑者"。宁东产业园区是国务院批准的国家重点开发区，先后被确定为国家亿吨级大型煤炭基地、千万千瓦级煤电基地、现代煤化工产业示范区及循环经济示范区，也是国家产业转型升级、新型城镇化综合改革、增量配电业务改革等试点地区和国家能源"金三角"的重要一极。宁东产业园区现已建成世界单体规模最大的电解水制氢项目和西北首个加氢站，已连续4年位列中国化工园区前10。"光伏+生态"典型经验获国家四部委通报表扬，入围国家氢燃料电池汽车上海、郑州示范城市群成员。高新技术、完善的产业链和拥有足够规模的产业集群使得国内外投资企业纷纷入驻宁东产业园区。2022年，宁东能源化工基地实现工业总产值1980亿元，工业增加值增长10%，占全区总量的30%，固定资产投资增长15%，实现财政总收入超160亿元。在全国643家化工园区中，宁东基地位列第5。[①]

六是"三新产业"提升动能促进区域经济发展。2021年，宁夏新材料产业实现产值突破1200亿元，同比增长60%，占宁夏规模以上工业总产值的比重近20%。2021年以来，宁夏紧抓先行区建设、能源转型发展、"东数西算"等政策机遇，引入实施了一批生成速度快、产业链条长、带动效益高的项目，推动实施了保利协鑫5GW颗粒硅N型单晶生产、国能宁东200万千瓦复合光伏基地、润阳光伏材料及电池产业科技园、五恒化学氨纶及生物可降解材料生产、海利高新甲萘威和甲基硫菌灵产品生产、天云数据算力中心、正泰3GW新能源装备制造产业园、雪川农业马铃薯全产业链等一批重大项目落地实施。2022年3月，1076个重大项目在各市集中开工，此次开工项目总投资5042亿元，年度计划投资1477亿元。此次开工项目对推动宁夏经济高质量发展产生了积极有效的作用，

---

① 宁东能源化工基地管委会 宁东能源化工基地党工委、管委会2023年新春贺词！[EB/OL]. http://ningdong.nx.gov.cn/xwdt_277/nddt/202301/t20230120_3927772.html.

第一章 宁夏主动服务和融入新发展格局的主动作为与比较优势

为建设黄河流域生态保护和高质量发展先行区提供了强大的产业支持。

（三）旅游产业优势明显

宁夏地域小而美、特色浓而鲜、区位好而优，堪称"中国旅游的微缩盆景"，主要旅游资源可以概括为"三山一河""三沙一陵""三黄一城""三文一景""三古一窟"，发展全域旅游有得天独厚的优势。目前，"有种旅游叫全域、有个景区叫宁夏""到宁夏，给心灵放个假"等口号已深入人心。

截至 2022 年 11 月，全区共有 A 级旅游景区 119 家，其中，AAAAA 级景区 4 家——宁夏沙湖景区、沙坡头景区、宁夏镇北堡西部影视城、水洞沟景区。旅游产业在一定程度上带动了宁夏的第三产业发展，如图 1-1 所示，在 2017 年以后宁夏的第三产业，产业增加值逐步攀升，产业结构优化成效显著。

年份	2017	2018	2019	2020	2021
第三产业增加值（亿元）	1612.33	1775.07	1883.83	1973.58	2136.28
第三产业增长率（%）	9.2	7.7	6.8	3.9	4.9

图1-1　宁夏第三产业发展情况

资料来源：《宁夏统计年鉴》（2017~2021 年）。

四、开放型经济蓬勃发展

近年来，宁夏主动融入和服务双循环新发展格局，全力打造丝绸之路经济带战略支点，持续扩大对外开放，通过打造"数字政府"、出台优化营商环境"1+16"政策文件等，与全国实现通关一体化，国际贸易"单一窗口"货物申报业务覆盖率达到 100%，内陆开放型经济高质量发展不断取得突破。

（一）对外贸易总体向好

首先，从宁夏对外贸易总额的历史数据可知（见图1-2），加入世贸组织以来，宁夏的对外贸易快速发展，虽然受2008年国际金融危机、2018年以来的中美贸易摩擦以及2020年以来的全球疫情暴发的持续影响，对外贸易总额波动较大，但是总体呈现在波折中逐渐上升的趋势，表明宁夏外贸长期向好的基本面和韧性没有改变。2011~2014年，宁夏进出口总额逐年攀升，2014年进出口总额达到了34.35亿美元的历史新高，较2011年增长了近2.7倍。由于新兴市场的兴起，传统出口市场的情况不甚稳定，国际市场需求萎靡，2015年宁夏进出口整体呈现双降态势，进出口总额同比减少30.3%，其中：出口同比下降30.8%，进口同比下降28.1%。值得注意的是，受多重因素影响，2020年，宁夏进出口总额跌至谷底，甚至不及2011年的进出口水平；2021年，宁夏外贸很快触底反弹，贸易总额达到214亿元，增速约86%，为近10年来的最快增速。据银川海关统计，宁夏对外贸易在2021年增速居全国前列的基础上，2022年继续保持高位增长。2022年，宁夏实现进出口总值257.4亿元，同比增长23.7%，增速全国排名第6，外贸进出口已连续18个月保持20%以上的增长，连续5个月增速领跑全国；五市进出口均实现大幅增长，机电产品和劳动密集型产品出口增幅较大；民营企业进出口占全区外贸总值的70%以上，民营企业成长为宁夏进出口的主力军。[①]

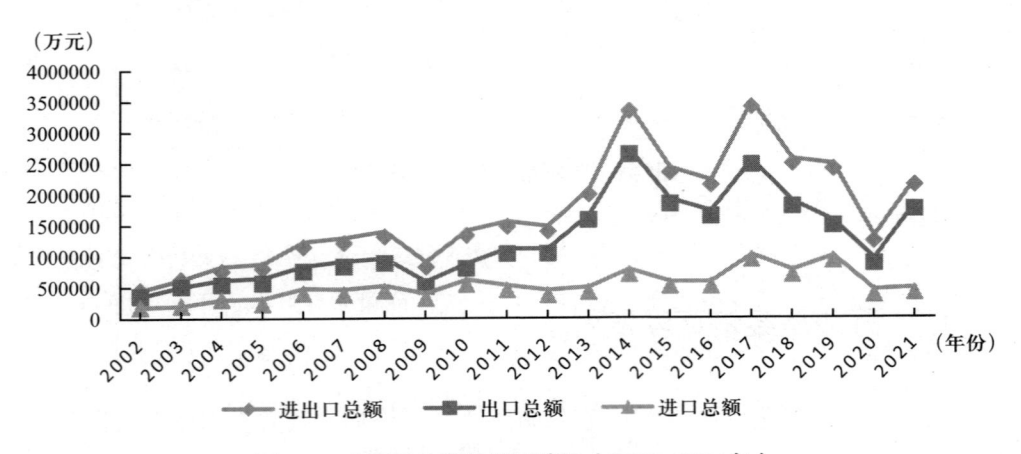

图1-2 宁夏对外贸易发展情况（2002~2021年）

资料来源：历年《宁夏统计年鉴》和2021年《宁夏统计公报》。

---

① 2022年宁夏外贸总值突破257亿元［EB/OL］．https://dofcom.nx.gov.cn/xwzx_274/swdt/202301/t20230117_3921835.html．

其次，就贸易结构看，宁夏近10年外贸情况以出口为主、进口为辅，已建立和形成枸杞、硅铁、葡萄酒、轮胎、机床等出口商品生产基地，出口总额达到上亿元的出口商品达36种。①在出口方面（见图1-3），各类产品的占比在一定程度上说明宁夏在食品、化工产品贸易中具有比较优势。从出口国别的角度分析，亚洲国家是宁夏产品出口的首要目的地，其次是欧洲和北美洲。其中，宁夏的化工类、贱金属产品主要出口亚洲、欧洲国家。值得一提的是，羊绒及其制品是宁夏外贸传统商品，宁夏以融入全球产业链、供应链、价值链为目标，大力实施大产业、大商品对外贸易发展战略，围绕特色羊绒产业着力打造国家精品羊绒生产基地和国家级高效生态纺织产业基地。目前，宁夏已实现了由单个产品向全产业链布局，由以原料为主向精深加工延伸，由价值链低端向成衣、服饰等价值链高端迈进，由贴牌生产向自主品牌跨越，羊绒产业集群化、高端化格局基本形成。②在进口方面（见图1-4），宁夏进口的产品中，矿产品和机械器具产品的进口占较大比重。从进口国别角度分析，宁夏的主要进口来源国是亚洲、非洲国家。其中，主要从非洲进口矿产品，从亚洲国家进口机械器具产品和光学、照相、电影、计量、检验、医疗或外科用仪器及设备、精密仪器及设备。宁夏主要借助进博会有利契机，积极开展项目对接和贸易撮合，主动寻找国际合作伙伴促成贸易成交。在2022年进博会期间，宁夏保乐力加、贺兰神、轩尼诗夏桐等宁夏参展企业与英国五星油墨集团、新加坡义声咨询集团、日本静冈银行等国际企业达成多项合作

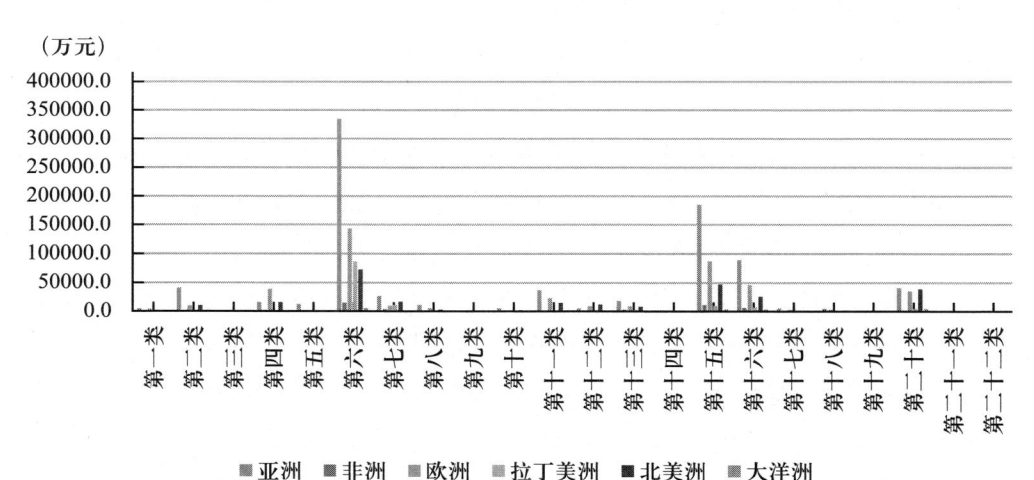

图1-3 宁夏出口产品结构（2021年）

资料来源：国研网数据库。

意向；圣雪绒、宁夏医科大学总医院、宁夏回族自治区人民医院等宁夏采购单位与CEILIO、西门子等国际知名企业达成约3.71亿元的采购意向。

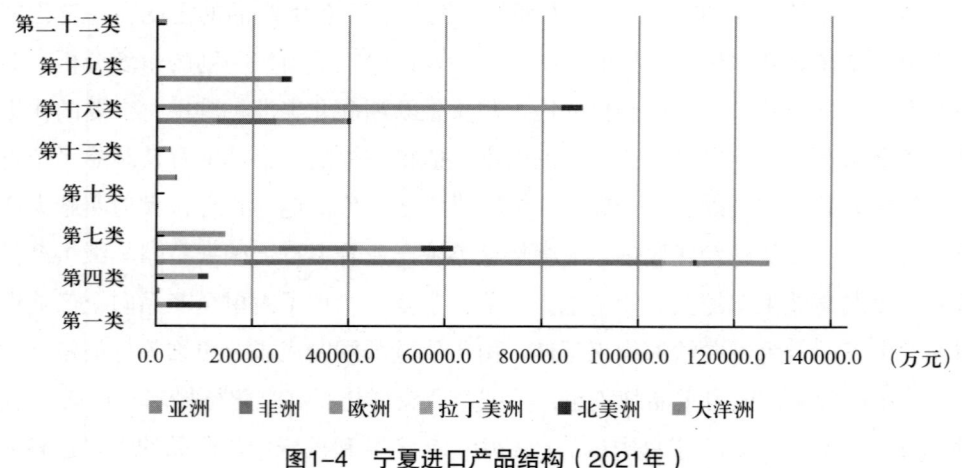

图1-4　宁夏进口产品结构（2021年）

资料来源：国研网数据。

最后，从宁夏外贸发展的未来趋势看，随着国家和自治区出台多项促进外贸保稳提质政策，企业复工复产稳步推进，物流与通关效率显著提升，企业保持稳定生产，加上《区域全面经济伙伴关系协定》（RCEP）生效实施带来的发展新机遇，宁夏外贸稳定向好的趋势会更加明显。当前，宁夏正以"稳外贸促增长"为抓手，深入实施外经贸扩规提质工程，从加强外贸企业生产经营保障、加大对外贸企业财税金融支持、帮助外贸企业保订单、助力外贸企业开拓市场、强化平台建设稳供应链等多方面打出一系列暖企政策"组合拳"，不断完善对外经贸政策支撑体系。[①] 此外，随着新一轮科技革命和产业变革，外贸新业态、新模式成为新时期国际贸易发展的新机遇和新趋势。对传统贸易方式进行转型升级、创新发展新业态，已成为促进对外贸易高质量发展的必由之路。宁夏坚持与时俱进，以创新为引领，以新业态为支撑，不断为对外贸易持续快速发展提供新动能。自2019年12月15日，银川获国务院批复设立中国（银川）跨境电子商务综合试验区以来，宁夏在人才培养、市场主体培育、龙头企业招引、产业园区建设等方面开展了一系列创新探索。目前，综试区已发展跨境电商企业273家，跨

---

① 宁夏多管齐下为外贸企业造"盔甲"助力出海［EB/OL］. https: //dofcom.nx.gov.cn/xwzx_274/swdt/202211/t20221130_3865058.html.

境电商企业在美国、欧洲、日本、韩国等国家和地区注册商标27个，参与国际竞争的能力逐渐增强。形成银川综合保税区、银川公铁物流园、兴庆区跨境电商产业园、阅海湾中央商务区、中关村双创园5个跨境电商产业园。2021年，银川实现跨境电商交易额22.3亿元，占全市进出口总额的16.8%。①宁夏e外贸数字贸易平台是宁夏首个本土化B2B国际网络营销及数字贸易平台，由商务部门采集宁夏优质外贸企业和特色产品的信息，运用大数据、虚拟现实、5G等现代数字信息技术，提供面向全球的线上推广、线上展览、在线洽谈、在线接单等服务，为企业搭建不受时空限制的展示推广、商谈交易渠道，为宁夏外贸企业拓展国际市场构建了高速通道，对外贸推广与拓展发挥了重要的作用，弥补了因新冠肺炎疫情造成的线下洽谈、接单等外贸业务受限的不足。据自治区商务厅统计，自e外贸平台上线运营以来，平台面向全球163个国家和地区开展宁夏产品推广展示，涉及九大类950余种产品，目前平台内产品及企业信息展示次数累计突破2500万余次，点击量超过178.6万余次，收到各类产品询盘1370余条，累计为宁夏175家入驻企业提供服务。②

整体来看，宁夏外贸情况总体向好。一方面，源于政策红利的不断释放，认真落实各项外贸提质增效政策，不断加大助企纾困工作力度，服务宁夏外贸稳字当头、稳中求进。2020年以来，宁夏先后印发《关于推进全区外贸新业态新模式发展的若干措施》《关于做好跨周期调节推动外贸保稳提质的若干措施》和《关于推进全区内外贸一体化发展的若干措施》等利好措施，涉及扩大外贸经营主体、强化外贸平台载体、优化外贸结构、创新外贸发展业态等多个方面；联合中信保陕西分公司印发《进一步发挥出口信用保险作用 做好跨周期调节稳外贸的工作措施》，为宁夏近200家外贸企业承保出口额约50亿元，支持宁夏小微企业通过单一窗口线上融资功能实现保单融资首次突破1000万元；修订宁夏外经贸发展专项资金管理办法，进一步优化调整专项资金重点工作支持方向和内容，持续推进外贸企业降本增效，精准助力外贸企业稳主体保订单拓市场。另一方面，"一带一路"建设与RCEP协定正式生效为宁夏外贸发展带来了更广阔的市场和发展空间。据银川海关统计，2022年前10个月，宁夏对"一带一

---

① 银川跨境电商综试区去年"流水"22.3亿元［EB/OL］.银川市人民政府门户网站，http：//www.yinchuan.gov.cn/xwzx/mrdt/202202/t20220221_3329688.html.
② 稳外贸"组合拳"有温度有速度有精度［EB/OL］.宁夏新闻网，https：//www.nxnews.net/dz/tjld/202211/t20221122_7774310.html.

路"沿线国家实现进出口65.5亿元,同比增长54.8%;《区域全面经济伙伴关系协定》(RCEP)的其他成员国实现进出口56.88亿元,增长23%,宁夏RCEP项下享惠进出口货值8.39亿元,进出口企业享受RCEP关税优惠约2500万元。海关数据显示,出口方面,2022年银川海关为宁夏45家企业共计签发652份RCEP原产地证书,签证货值达7.35亿元。签证产品主要出口至日本、韩国、泰国、新加坡、越南和马来西亚。以平均3%关税优惠来计算,出口产品预计可享受目标国关税优惠约2205万元。进口方面,2022年宁夏共有7家企业享受RCEP协定关税优惠进口货物,合计进口货值1.04亿元,进口贸易国分别为日本和越南,享受进口关税优惠约283万元——RCEP贸易伙伴是宁夏部分工业原材料的重要进口来源,结合原产地区域累积规则,外贸企业使用成员国原材料的成本更低,加上海关提供的系列快速通关服务,间接推动了宁夏外贸企业进一步提升产能。

(二)投资合作力度增强

1. 利用外资

利用外资是宁夏对外开放的重要内容,外资不仅带来了资金和项目,而且也带来了先进的理念、人才、技术和管理,带动越来越多的境外客商和国际友人来宁夏考察投资、旅游观光,促进了宁夏的对外交流合作。1984年10月,美国国际环境维护研究中心与银川市电子电表工业公司合资成立了宁加农业环境仪器设备制造有限公司,宁夏利用外资正式拉开了帷幕。近40年来,全区利用外商直接投资经历了从无到有、从小到大的发展过程。从最初的单纯技术引进,到外资稳定平衡发展,利用外资的"磁场"持续加强。截至目前,宁夏吸引了来自美国、加拿大、英国、法国、德国、日本、马来西亚、新加坡、中国港澳台等50多个国家和地区的外商投资企业前来投资,累计设立外商投资企业1000余家,累计实际利用外资超过15亿美元。如图1-5所示,2017年,实际利用外资额达到3.11亿美元,同比增长22.78%;2018年以后逐年增加,2021年增加至2.93亿美元。据商务部统计,2021年宁夏全年新设外商直接投资企业29家,同比增长31.8%,实际利用外资29291万美元。合同外资5000万美元以上大项目4个,同比增长100%。2021年1~11月,外商直接投资企业实现进出口额28.2亿元,同比增长50%,占全区进出口总额的16%。

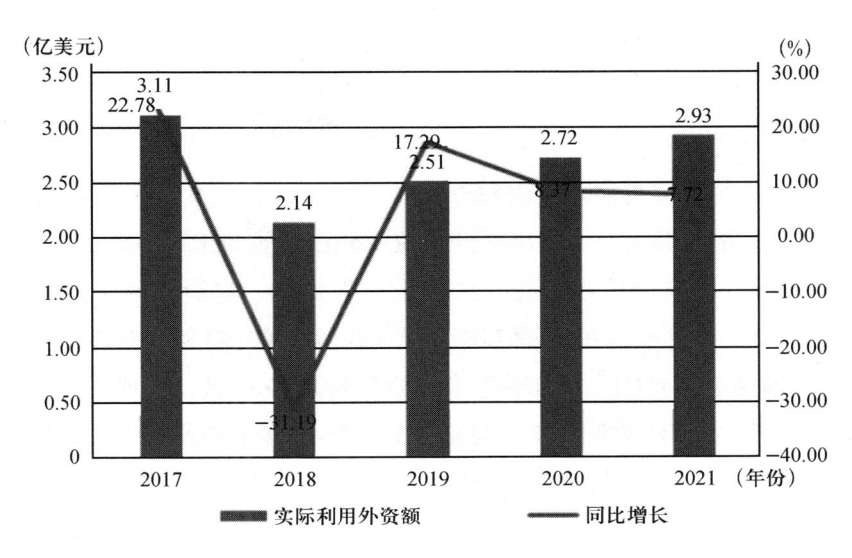

图1-5 2017~2021年宁夏实际利用外资额及增速

资料来源：根据历年《宁夏统计年鉴》及商务厅数据整理。

从资金来源地看，中国香港地区仍然是宁夏最主要的外资来源地，实际投资1.2亿美元，占比41.1%；美国实际投资9000万美元，同比增长12.5%，占比30.7%；"一带一路"沿线国家实际投资3579万美元，同比增长31.5%，占比12.2%；RCEP国家实际投资4779万美元，同比增长75.5%，占比16.3%。

从投资领域分布看，外商投资主要集中在制造业、租赁和商务服务业、批发和零售业。第二、第三产业分别实际利用外资17152万美元和12139万美元，占比分别为58.56%和41.44%。其中，高新技术产业实际利用外资9000万美元，同比增长12.5%，占比30.73%，利用外资质量和水平不断提高。

从地市分布看，五市均实现外资项目落地，外资区域布局进一步优化。银川实际利用外资11818万美元，同比增长34.95%；石嘴山实际利用外资1394万美元，同比下降32.15%；吴忠实际利用外资2450万美元，同比增长233.79%；固原实际利用外资345万美元，同比增长100%；中卫实际利用外资13284万美元，同比下降15.37%。2022年，宁夏实现利用外资质效齐升。全年设外商直接投资企业22家，实际利用外资3.43亿美元，同比增长55.2%，规模位居全国第27，增速位居全国第8，创宁夏实际利用外资历史新高。美国亚马逊、辛普劳，法国路易威登轩尼诗、保乐力加，德国舍弗勒，新加坡斯伦贝谢，瑞士雀巢，丹麦嘉士伯，挪威埃肯，奥地利奥钢联等世界500强企业和跨国公司来宁投资建厂，麦德龙、屈臣氏、星巴克、优衣库、无印良品等外资零售巨头纷纷进驻宁夏。

2. 对外投资

2013~2020年，宁夏累计实现对外直接投资43.7亿美元，年均增速12.7%。其中，"一带一路"沿线国家实现对外投资1.5亿美元。自2013年"一带一路"倡议提出以来，宁夏境外经贸合作区建设快速发展，取得了丰硕成果。截至2020年底，宁夏共在40多个国家和地区设立投资企业147家，对外承包工程累计完成营业额4亿多美元，对外劳务合作累计外派6739人。从地区分布看，对外投资由欧美等国家延伸到中亚、西亚、非洲等40多个国家和地区；对外承包工程市场从中东、非洲拓展到中亚、东南亚。

3. 对外经济合作

宁夏回族自治区商务厅数据显示，2021年1~3月，宁夏非金融类对外直接投资额838万美元，同比增长56%，投资目的地为美国、阿曼、埃及、蒙古国和中国香港地区，主要投资领域为商务服务业、制造业、建筑业、教育业、批发零售业等；对外承包工程完成营业额583万美元，同比增长59%，主要在沙特阿拉伯、埃塞俄比亚、赞比亚开展工业建设、电力工程建设等工程承包业务；对外劳务合作同比增长79%，主要派往沙特阿拉伯、埃塞俄比亚、赞比亚、日本从事电力工程建设、交通运输建设、机械加工、农业耕种等工作。

宁夏面向"一带一路"沿线国家非金融类对外直接投资额68万美元，投资目的地为埃及、阿曼和蒙古国，主要投资领域为商务服务业、批发零售业、软件和信息技术服务业；对外承包工程完成营业额125万美元，主要在沙特阿拉伯，工程项下劳务当年累计派出57人，月末在外劳务119人。

（三）经贸平台建设提质增效

1. 中阿博览会

中国—阿拉伯国家博览会（以下简称"中阿博览会"）是中国商务部、中国国际贸易促进委员会和宁夏回族自治区人民政府共同主办的国家级、国际性综合博览会，其前身是中国·阿拉伯国家经贸论坛（以下简称"中阿经贸论坛"）。创办中阿博览会是内陆地区在寻求扩大对外开放与服务国家总体外交之间的一个独特案例。就其发展逻辑来说，中阿博览会以传承宁夏对阿拉伯国家经济交往经验为基点，以推动中阿经贸合作为主轴，主动配合实施中阿合作论坛框架下机制性活动，成为中国唯一在地方举办的机制性对阿拉伯国家经贸会展平台，努力为中阿共建"一带一路"发挥积极作用。①

自 2010 年中阿经贸论坛成立至 2021 年第五届中阿博览会召开，借助中央赋予宁夏中阿博览会永久举办地的有利契机，宁夏已成功举办三届中阿经贸论坛和五届中阿博览会。中阿博览会为推动中阿经贸合作、加快宁夏对外开放作出了积极贡献。习近平主席连续 5 次向中阿博览会致贺信，多次指出中阿博览会为深化中阿务实合作、推动共建"一带一路"高质量发展发挥了积极作用。在国家层面，举办中阿博览会丰富了中国与阿拉伯国家交流合作的内涵，搭建了中阿经贸合作的新平台，为构建中阿合作论坛框架下中国对阿拉伯国家整体外交积累了新经验，成为中国与阿拉伯国家共建"一带一路"的重要平台。在地方层面，举办中阿博览会有效提升了宁夏在对外经济交往中的影响力，改善了机场、道路等城市基础设施建设面貌，提高了会展场馆建设水平和会展经济配套服务能力，培育了一批服务于开放型经济发展的干部队伍和专业人才队伍。连续五届中阿博览会累计签订经贸合作项目 1024 个，成为推动开放型经济发展的有力抓手。目前，宁夏已经与 186 个国家和地区开展了经贸交流合作，在 35 个国家和地区设立了 156 家企业，博览会的溢出效应正在释放。针对疫情防控常态化形势，第五届中阿博览会首次采用"线上+线下"的办会模式，紧扣"数智云展·沟通无限"的主题，提供多项数字博览会的线上功能及服务，并专设数字经济展区，集中展示电子信息、5G、人工智能、大数据、云计算、物联网、工业机器人、产业互联网、3D 打印等新技术新成果，同步开展采购对接、新品发布、现场互动体验等活动，促进产业跨地区、跨行业、跨领域开放合作。

2. 银川综合保税区

2021 年，银川综合保税区实现进出口 45.1 亿元，增长 672.8%，分别占自治区和银川同期进出口总值的 21.18% 和 34.31%，在全国 142 家有实绩的综合保税区中排名第 105，在西部 34 家有实绩的综合保税区中排名第 19。通过和青岛、天津签署合作协议，银川综合保税区已经实现了"属地申报"形式的便捷通过模式，提高了银川乃至周边地区的投资贸易便利化水平，对银川的经济发展起到

---

① 杨子实. 中阿博览会的起源、贡献与展望 [J]. 西亚非洲，2021（4）：74-96+158-159.

了良好的推动作用。①2021 年，银川综合保税区积极建强国际物流通道，推动贸易业态创新，强化辐射服务功能。实现国际卡车班列常态化运营，全年累计发车 750 辆，实际结关离境贸易额 7.13 亿元；率先在宁开展跨境电商"前店后仓 + 快速配送"新业务，实现本地跨境电商"四个首单"突破②，全年累计实现跨境电商贸易额约 20.59 亿元；成立通关服务中心，为宁夏外贸企业开展代理报关等系列服务，吸引宝丰能源、启元药业、泰益欣生物等 13 家区内重点外贸企业转至银川综保区开展进出口业务，全年实现进出口贸易额近 5 亿元。此外，银川综合保税区还启动了进境口岸建设、外贸服务平台以及银川航空物流等重点项目，并开始着重探索发展"双轮驱动"的招商引资新模式，把招商引资与园区内培育企业作为同一高度的重要战略，从而提升园区的辐射带动作用。

3. 银川跨境电子商务综合试验区

自 2019 年 12 月国务院批复设立银川跨境电子商务综合试验区以来，宁夏抢抓试点机遇，积极推动跨境电商产业发展，高起点谋划，大力度推进。自治区相继出台《中国（银川）跨境电子商务综合试验区实施方案》《自治区党委 人民政府关于推动全区贸易高质量发展的实施意见》《自治区政府办公厅关于进一步做好外贸外资工作的实施意见》等文件，明确要求全区各部门加强推动跨境电商等新业态新模式，合力支持综试区体制机制和政策创新，推动银川跨境电商综试区加快发展。银川成立了跨境电商综试区领导小组及专门办事机构，推动出台了平台、物流等基础设施建设、招商引资、人才培养等方面支持政策，努力打造跨境电商产业链和生态圈，产业集聚发展初步显现，取得了阶段性成果。③2020 年 1 月 17 日，银川获批跨境电商零售进口试点城市；2020 年 11 月，银川综合保税区联合河南保税集团，以跨境电商项目为抓手，积极探索跨境电商物流新模式，创新开通了由银川综保区始发的"一带一路"跨境电商国际卡车班列；银川公铁物流园与阳关捷通（北京）贸易服务有限公司合作开展银川跨境电商中欧公铁快线项目，现已完成场地改造以及分拣线系统安装，即将进入试运营；2021 年 5 月 20 日，宁夏首票跨境电商"简化申报"货物顺利出口，标志着跨境电商"简

---

① 宁夏工业产品多从天津港出口，宁夏和天津港合作建设无水港（又称"陆港"，指在内陆地区建立的具有报关、报验、签发提单等港口服务功能的物流中心）。双方合作后，天津港港口业务前移至银川公铁物流服务中心，宁夏的企业可就近办理各类港口事项，大幅提升出口效率，降低企业成本。
② 跨境电商"四个首单"突破指：首单 1210 网购保税进口业务、首单 9610 跨境电商 B2C 出口业务、首单 9710 跨境电商 B2B 直接出口业务、首单 9810 跨境电商出口海外仓业务。
③ 宁夏回族自治区商务厅，https://dofcom.nx.gov.cn/xwzx_274/swdt/202108/t20210803_2953213.html。

化申报"模式在宁夏正式落地。目前，按照银川跨境电商综合试验区"一区多园"的建设思路，宁夏已初步形成以银川综合保税区、银川公铁物流园、兴庆区跨境电商产业园、阅海湾中央商务区、银川中关村双创园等具有代表性的跨境电商产业集聚区；引进知名外贸综合服务企业对本土跨境电商企业开展培育和人才孵化，规划建设了跨境电商综试区公共服务线上平台，健全跨境电商政府监管与专业服务一体化服务功能，在线提供各类信息备案、发送、审核和反馈等跨境电商全链条、一站式公共服务支持，实现跨境电商产业生态数字赋能。为加快形成跨境电商产业集聚区，银川不断加强海外仓储建设，降低跨境电商物流成本，支持跨境电商企业租赁、建设海外仓。目前已在美国、英国、德国等国家租用海外仓8个，总面积11.1万平方米，海外营销网络布局不断健全。同时，建筑面积约9400平方米的海关综合监管中心跨境电商监管区域也已建成并投入使用，提升通关便利化水平。此外，还建成2400平方米跨境电商公共监管中心，配置了跨境电商智能场站系统及智能化分拣、监控设备，初步实现智能化理货、拣货、放行、查询等功能。[①]2022年3月29日，商务部"2021年跨境电子商务综合试验区评估"结果出炉，中国（银川）跨境电子商务综合试验区综合排名处于第二档（全国共50个），总体表现处在全国中上水平。[②]

（四）基础设施建设优化完善

目前，宁夏有经国务院批准的对外开放口岸1个，即银川空港口岸（银川河东国际机场）；B型保税物流中心1个，即石嘴山保税物流中心；物流集中作业区3个，即银川国际公铁物流港、石嘴山惠农物流集聚区和中卫迎水桥铁路物流园区。2021年上半年，银川河东国际机场新增13个通航城市，国内重点区域、城市航班实现全覆盖，已开通96个城市130多条航线。银川国际航空港综合交通枢纽已全面建成，实现了大量客流在机场的高效换乘、无缝衔接，提高了银川的发散功能。

银川国际公铁物流港、惠农口岸作业区和石嘴山保税物流中心是宁夏现有的三个主要陆路运输枢纽。2019年，从银川国际公铁物流港至天津港的集装箱货

---

① 银川：一座新兴的投资热点城市［EB/OL］.宁夏新闻网，https://www.nxnews.net/cj/tptt/202211/t20221116_7767652.html.
② 银川跨境电商跑出加速度［EB/OL］.https://baijiahao.baidu.com/s?id=1730050408058701671&wfr=spider&for=pc.

运班列正式开通,打破了银川及周边地区的商贸企业通过公路运输将货物运达天津港的传统方式;惠农口岸作业区也打通了与天津港的铁海联运通道,引进货代公司和报关公司,开通了到达天津港的"陆港号"集装箱专列和"中阿号"中亚国际货运班列,推行了口岸进出口提运单电子化。2022年3月28日,银川至天津港"一单制"铁海联运班列正式开通,进一步深度拓展了宁夏开放通道功能。同时,宁夏还推动本地连接西南主要城市的高速公路等骨干交通建设,发展公铁、海铁多式联运,积极构建起了东西双向互济、陆海内外联动的对外开放通道格局。

宁夏通过充分优化口岸布局,积极主动融入"一带一路"建设、把握RCEP协定生效的历史机遇,多向发力、多点开花,持续拓展对外开放通道。2021年以来,宁夏推进国际货运班列常态化、品牌化运行,创新性地开通了面向沿线国家的国际卡车班列,开辟了除空运、海运、铁运之外的第四种国际物流运输方式。截至2021年底,西向、北向国际货运班列共计发运220列9732车,货值约3.6亿美元;南向陆海新通道班列发运12列407车,货值约1743万美元;东向铁海联运"一箱到底"班列发运142列7914车,货值约4.84亿美元;国际卡车班列发车698辆,实现贸易额近8亿美元,有效助推了宁夏进出口贸易发展。另外,根据银川海关提供的数据,2021年,宁夏与RCEP成员国的进出口贸易额实现687036万元,占同期进出口贸易总额的32.1%。其中,出口总值536855万元,较上年同期增长48.1%;进口总值536855万元,较上年同期增长22.5%。

五、民族关系和睦、营商环境不断改善

宁夏历来有着民族团结的优良传统,各族群众团结和睦。在党中央确立的民族区域自治制度的指引下,宁夏坚定不移走中国特色解决民族问题的正确道路。在历届党委、政府和广大党员干部的共同努力下,宁夏保持了民族团结、社会和谐的大好局面。[1] 目前,全区已创建全国民族团结进步示范市5个、示范县15个、示范单位37个。《报告》明确提出,要加快铸牢中华民族共同体意识示范区建设,既是深入学习贯彻习近平总书记关于加强和改进民族工作重要思想的具体举

---

[1] 守望相助 铸牢中华民族共同体意识 [EB/OL]. http://www.szsnews.com/html/laojizhutuofenlipuxiemeilixinningxiajianshexinpianzhang/content/4bd4c3edeb3d459c903cb7291152ecd0.html.

措,也是对自治区党委深化民族团结进步工作的继承和发展。

优化营商环境是国家治理体系和治理能力现代化的重要内容。近年来,自治区持续推进"放管服"改革,全力推进优化营商环境"一号工程",进一步完善优化营商环境体制机制,推出了一系列创新性强、影响力大、行之有效的改革举措,构建了宁夏优化营商环境的政策框架体系,积累了许多成功的经验、做法,营商环境明显改善。根据自治区发展改革委提供的数据,2021年,企业满意度较上年提高了11个百分点;工程建设项目审批事项、材料和办理时限大幅压减,改革经验受到国务院通报表扬;企业开办、减税降费、中小企业融资、"证照分离"改革,既助企纾困,又激发市场活力;以数字化改革助力政府职能转变,建成五级政务服务"一张网";推进技术、业务、数据加速融合,工程建设招投标和政府采购电子化率分别提升到86.2%和90%。2021年全国政府采购透明度评估,宁夏位列全国第5。全国一体化政务服务能力调查评估,宁夏总体排名连续4年位居西北第1。银川代表宁夏参加中国营商环境评价,其中12项改革经验向全国推广。2021年,《宁夏回族自治区持续优化营商环境更好服务黄河流域生态保护和高质量发展先行区建设若干措施》经自治区人民政府同意,以自治区推进政府职能转变和"放管服"改革协调小组办公室1号文件印发;自治区人大常委会将《自治区优化营商环境条例》由立法调研论证项目调整为年度立法项目,这是继《自治区建设黄河流域生态保护和高质量发展先行区促进条例》后又一部重要的地方立法。2022年,宁夏结合实际制定了《自治区贯彻落实〈国务院办公厅关于进一步优化营商环境降低市场主体制度性交易成本的意见〉任务分工方案》(宁政办发〔2022〕67号),从五个方面提出23项举措切实降低制度性交易成本,为各类市场主体健康发展营造良好环境,助力全区经济社会高质量发展。

六、区域经济合作方式不断创新

(一)深化闽宁对口协作

多年来,闽宁合作创造了历史性成就,自治区各族人民与全国同步奔向小康,闽宁合作被誉为区域合作的典范,成为东西部扶贫协作和对口支援的佳话。闽宁合作沉淀的"闽宁模式"正赋予宁夏展开更广阔视野区域经济合作的"灵感"。

1996年9月，党中央作出东西部扶贫协作的重大决策部署，确定福建宁夏两省区建立对口扶贫协作关系；同年10月，福建成立了对口帮扶宁夏回族自治区领导小组，时任福建省委副书记的习近平担任组长。在福建工作期间，习近平同志多次部署和推动闽宁对口扶贫协作，1996年11月，在福州组织召开了闽宁两省区对口扶贫协作第一次联席会议；1997年4月，带队赴宁夏考察指导，出席闽宁对口扶贫协作第二次联席会议，并亲赴西海固进行扶贫考察，为闽宁结亲、山海共融按下"快进键"，之后又多次参加联席会议，并作了重要讲话。到中央工作后，习近平始终关注闽宁扶贫协作进展情况，2008年4月，在宁夏考察调研期间，深入到西海固地区调研了解闽宁扶贫协作工作；2016年7月，习近平在宁夏考察调研并主持召开东西部扶贫协作座谈会，强调闽宁扶贫协作是东西部扶贫协作和对口支援的一个生动例子；2020年6月，习近平在宁夏考察时，对进一步深入推动新时代闽宁扶贫协作作出重要指示，强调"要巩固提升脱贫成果，保持现有政策总体稳定，推进全面脱贫与乡村振兴战略有效衔接"。①② 在习近平总书记的亲自谋划、亲自推动下，闽宁协作开辟了东西部协作的新机制，走出了变"输血"为"造血"的扶贫路，创造了具有中国特色反贫困治理的成功范例，带动两地干部群众在共同富裕道路上接续奋斗。③ 截至2021年底，福建累计派出2000多名干部、专业人才倾情帮扶，宁夏380多名干部到福建挂职取经，5700多家福建企业落户宁夏，5万多西海固群众在闽实现稳定就业。经过闽宁两省区共同努力，当年的闽宁村发展为闽宁镇，"干沙滩"变成了"金沙滩"。④ 在完成脱贫攻坚任务后，闽宁协作继续发力，正在进入全面发力、全方位协作的新阶段。在2022年9月4日召开的闽宁协作第二十六次联席会议上，产业、消费、人才、科技等成为闽宁深度协作的重要领域，并拓展到城乡建设用地增减挂钩节余指标跨省域调剂、公共资源交易平台信息共享互认等。⑤ 2022年7月，宁夏党政代表团赴广东、福建考察学习期间，组织开展深圳、厦门两场经贸合作暨企业家恳谈会，推动签约招商引资项目142个，计划投资827亿元，涉及"六新六特六优"等重点产业，为宁夏与

---

① 从东西部协作"闽宁经验"典范中汲取智慧和力量［EB/OL］.http://www.cfgw.net.cn/epaper/content/2022 12/14/content_54465.htm.
② 接续奋斗　闽宁山海情再谱新篇［EB/OL］.https://baijiahao.baidu.com/s?id=1742214380420610570&wfr=spider&for=pc.
③ 刘俊义.这里是闽宁协作的典范，如今有了新的奋斗目标[N].中国民族报，2022-11-02.
④ 刘昆，王建宏，等.闽宁协作再谱新篇[N].光明日报，2021-07-27（1）.
⑤ 王建宏，张文攀.闽宁协作：新课题在探索中破解[N].光明日报，2021-09-05（4）.

东部沿海地区深化经贸合作交流谱写了新的篇章。①

（二）加快东西部科技合作

"西部有难题，东部给答案"，东西部科技合作在互惠互利中实现了合作共赢。东西部科技合作，推动人才交流、平台联建、联合攻关、成果转化和产业化，已成为欠发达地区破解创新难题、提升科技创新能力的金钥匙，同时为缩小东西部发展差距、促进共同富裕提供关键支撑。

从科技欠发达地区到稳步迈入全国创新第二梯队，宁夏借东西部科技合作"东风"，在日新月异的科技发展浪潮中，走出了富有"宁夏特色"的开放创新之路。多年来，以习近平总书记视察宁夏时提出的"越是欠发达地区越需要实施创新驱动发展战略""欠发达地区可以通过东西部联动和对口支援等机制来增加科技创新力量"等重要讲话为指引，宁夏紧紧围绕自治区产业转型升级和经济社会发展的重大科技需求，以各类创新平台和产业集聚区为载体，通过市场机制促进东部科技创新要素向宁夏合理流动，推动了自治区各类创新主体与国家大院大所、东部地区企业、高校和科研院所的广泛合作，提升了宁夏科技创新能力和产业技术水平，增强了经济社会持续健康发展的创新动力。目前，"科技支宁"东西部合作机制不断完善，初步形成了面向全国的"1+N"开放创新合作模式。自2016年以来，宁夏已累计组织实施东西部科技合作项目近1500项，研发总投入近120亿元，各级财政累计投入超21亿元；柔性引进科技创新团队62个，吸引了包括百余名院士在内的9000多名区外创新人才参与宁夏科技创新活动，东部地区参与共建创新载体160多个，参与宁夏科技创新的区外创新主体达到736家，合作共建园区8个，联合建立国家临床医学中心宁夏分中心17个，在北京、上海等地建设离岸孵化器和飞地科研育成平台10家；在东西部科技合作机制的带动下，吸引了超过9000名科技创新人才参与宁夏科技创新工作。②2022年5月，科技部批复同意《宁夏回族自治区建设东西部科技合作引领区行动方案》，支持宁夏进一步深化东西部科技合作，打造东西部跨区域协同创新样板；同年7月2日，全国东西部科技合作工作推进会在银川召开，支持宁夏启动"科技支宁"2.0。

---

① 从内陆出发，宁夏融入区域经济发展"一盘棋"［EB/OL］.中国网，http://sl.china.com.cn/2023/0110/161602.shtml.

② 贺兰山网评：不拒众流 方为江海［EB/OL］.宁夏新闻网，https://www.nxnews.net/sx/sxdpx/202301/t20230105_7817476.html.

自治区第十三次党代会将创新驱动战略置于"五大战略"之首,把打造科技创新高地列为高质量发展"九大支撑"第一条,提出实施创新力量厚植、创新主体培育、创新协同联动、创新生态涵养"四大工程",高水平建设全国东西部科技合作引领区。《报告》提出,要"实施创新协同联动工程,坚持政府引导、市场主导,完善部区合作、东西协作长效机制,引导区内企业、高等院校、科研机构与东部地区建立和完善协同创新共同体,推动东西部人才智力交流互动、科技成果转移转化,提升自主创新和开放合作能力,高水平建设全国东西部科技合作引领区"①。2022年,在原有的"10+9"合作主体基础上,宁夏又与南京中医药大学、天津科技大学、湖南农业大学、重庆大学4所高校以及重庆签署了合作协议,合作主体数量迈入"双两位数"时代,形成了"11个省市+13所高校"的合作格局。②

为进一步深化东西部科技合作,打造东西部跨区域协同创新样板,推动宁夏成为区域有影响力的科技创新高地,自治区党委办公厅、人民政府办公厅于2022年10月28日印发《关于高水平建设全国东西部科技合作引领区的实施方案》(宁党办〔2022〕76号),从总体要求、重点任务、创新机制等方面明确了建设全国东西部科技合作引领区的方法路径,③突出在合作体制机制创新、科技攻关和成果引进转化、人才交流合作、科技创新主体协同发展上发挥引领作用,为宁夏科技创新事业再添"新引擎";旨在切实抓好部区合作、东西部合作、科技成果转化"三个平台",推动部区会商议题落地,争取国家部委和大院大所支持,持续拓宽高质量科技成果供给渠道,鼓励企业、高校、院所与东部各类创新主体深度对接合作,带动更多创新资源、创新成果、创新人才向宁夏汇集,着力提高宁夏科技创新水平。

---

① 中国共产党宁夏回族自治区第十三次代表大会开幕#梁言顺代表中国共产党宁夏回族自治区第十二届委员会作报告[EB/OL]. https://www.nx.gov.cn/zwxx_11337/nxyw/202206/t20220610_3557654.html.
② 宁夏交出东西部科技合作新答卷——专题报道[EB/OL]. 中国共产党新闻网, http://cpc.people.com.cn/n1/2022/1229/c448645-32596077.html.
③ 自治区党委办公厅、人民政府办公厅印发《关于高水平建设全国东西部科技合作引领区的实施方案》的通知[EB/OL]. https://kjt.nx.gov.cn/zcfg/tfwj/202210/t20221028_3819559.html.

第二章　宁夏主动服务和融入新发展格局面临的机遇与挑战

第一节　宁夏主动服务和融入新发展格局面临的机遇

《报告》从五个方面分析了我区发展面临的宝贵机遇和有利条件。本书将结合《报告》内容和国内外发展动态，从战略机遇、发展机遇等方面分析宁夏在主动服务和融入新发展格局过程中应如何利用好面临的机遇。

一、战略机遇

我们正处在千载难逢的战略机遇期。我国发展仍处于并将长期处于重要战略机遇期，我国经济长期向好的基本面没有变。宁夏作为全国的一部分，同样处于重要的发展战略机遇期。谋划和抓好一个地方的发展，不能眉毛胡子一把抓，必须要有战略思维。具体而言，应从以下几方面入手：

（一）积极融入西部大开发战略，进一步加快经济高质量发展

自西部大开发战略实施以来，宁夏特色优势农业快速发展，农产品供给能力大幅提高；新型工业化步伐加快，工业整体实力显著增强；第三产业发展充满活力，对经济社会发展的支撑和带动作用不断凸显，一个现代化的生产体系正在形成。持续加大对基础设施建设的投入，交通、邮电、能源等基础设施和基础产业发展迅速，生态环境显著改善，为经济发展迈上新台阶奠定了坚实基础。[①] 西部大开发战略实施的前二十年，宁夏在经济、政治、文化、社会、生态文明建设和党的建设等领域都取得了重大进展，为高质量发展奠定了坚实的基础：三大产

---

① 李文庆.西部大开发宁夏发展报告[J].新西部，2019（28）：60-63.

业结构由 2000 年的 15.6∶41.2∶43.2 调整为 2018 年的 7.6∶44.5∶47.9，经济总量显著增加，综合经济实力明显提升；2000 年宁夏城镇化率只有 32.54%，2012 年城镇化率超过 50%，2018 年达到 58.88%；城乡居民收入明显增加，分别于 2007 年和 2017 年突破万元，从 2012 年的 19507 元、6776 元增加到 2018 年的 31895 元、11708 元；居民消费观念和消费结构发生巨大变化，城镇居民人均生活消费支出从 2000 年的 4231 元提高到 2018 年的 21977 元，农村居民人均生活消费支出从 2000 年的 2583 元提高到 2018 年的 10790 元。

2020 年 5 月 17 日，中共中央、国务院印发《关于新时代推进西部大开发形成新格局的指导意见》（以下简称《意见》），提出了 36 条重磅举措和"大保护、大开放、高质量"9 个字的西部大开发新格局定位——这是西部大开发进入第 3 个 10 年之际提出的一个战略，也是新时代首次制定西部大开发战略——其中有多处内容提到宁夏，释放出一系列重大利好信号。例如，《意见》提出，推动北部湾、兰州—西宁、呼包鄂榆、宁夏沿黄、黔中、滇中、天山北坡等城市群互动发展。支持陕甘宁、川陕、左右江等革命老区和川渝、川滇黔、渝黔等跨省（自治区、直辖市）毗邻地区建立健全协同开放发展机制；支持在西部地区建立若干区域医疗中心。探索利用人工智能、互联网等开展远程医疗，支持宁夏建设"互联网+医疗健康"示范区。①

新时代推进西部大开发将为宁夏提供更大的发展机遇和发展空间。例如，在生态保护方面，梳理《意见》全文，可以发现在这份关系到加快形成西部大开发新格局、推动西部地区高质量发展的重磅文件中，"生态"二字贯穿始末，出现 20 次之多，"绿色"也出现了 10 次，通篇传递了一个明显信号，即守住生态环境底线，实现绿色发展将成为西部地区经济社会发展的"主旋律"。宁夏是我国生态安全战略格局中黄土高原—川滇生态屏障和北方防沙带的重要组成部分，在黄河流域生态安全上也处于重要位置，生态区位十分重要。但如何在守住环境"底线"的同时，实现经济的高质量发展，就涉及另一个问题：如何协同推进经济高质量发展和环境高水平保护，将"绿水青山"真正转化为"金山银山"。贯彻、落实好党中央、国务院的重大决策部署和新要求，协同推进经济高质量发展和环境高水平保护，考验的是地方党委和政府的定力和智慧。宁夏围绕山、水、

---

① 中共中央 国务院关于新时代推进西部大开发形成新格局的指导意见［EB/OL］．中国政府网，http：//www.gov.cn/zhengce/2020-05/17/content_5512456.htm．

林、田、湖、草开展的系统化生态项目，与黄河战略、西部大开发战略中的"生态安全""绿色发展""生态保护""生态工程""生态补偿"等战略要求高度契合，因此也为宁夏生态保护提供了更大的发展空间。2020年1月3日召开的中央财经委员会第六次会议，主要研究了黄河流域生态保护和高质量发展问题、推动成渝地区双城经济圈建设问题等议题。习近平总书记在会上强调："黄河流域必须下大气力进行大保护、大治理，走生态保护和高质量发展的路子。"① 自治区第十三次党代会报告深入贯彻习近平总书记重要讲话和重要指示批示精神，全面落实习近平生态文明思想，提出实施生态优先战略、打造绿色生态宝地，指出要"推动绿色低碳大发展，统筹抓好节能降碳增效、绿色低碳循环、绿色生活创建，大力推进能源革命""坚决整治环保突出问题，实现环境质量稳中向好，好中向优，让清新空气，清洁水体，清净土壤成为全区人民最普惠的福祉""构建布局均衡、功能完善、稳定高效的整体生态系统""实行最严格的生态环境保护制度"——充分体现了自治区党委坚定走绿色发展道路、建设美丽新宁夏的战略定力和坚强决心，是着眼于历史担当所为、高质量发展所需、人民群众所盼的深远部署。在新发展格局中，宁夏将坚持生态优先、绿色发展的战略定位，围绕制约黄河流域生态保护和高质量发展的难点问题，努力使宁夏成为黄河流域名副其实的生态优先、绿色高质量发展的先行区。

（二）以"先行区"建设为牵引，推动高质量发展实现新突破

作为欠发达省区，宁夏经济结构矛盾突出、资源环境约束趋紧、增长动力后劲不足，面临发展不足、质量不高双重难题，迫切需要实现经济社会发展和生态环境保护协调统一、协同共生，走出一条高质量发展的新路子。"三区建设"是全面建设社会主义现代化美丽新宁夏必须紧盯的奋斗目标，其中，黄河流域生态保护和高质量发展先行区不仅具有引领意义，而且是政治责任所在、黄河流域所需、宁夏发展所向。

2016年、2020年，习近平总书记两次视察宁夏时，都对黄河保护和治理提出了明确要求，并在2020年视察时赋予宁夏建设黄河流域生态保护和高质量发展先行区重大使命任务。宁夏作为全国唯一一个全境属于黄河流域的省份，既有区位、能源、特色产业等优势，又面临水资源严重短缺和生态极度脆弱等挑战；既有宁

---

① 习近平主持召开中央财经委员会第六次会议［EB/OL］.理论网，https://www.cntheory.com/zycjwyhlchy/zycjldxzhy/202110/t20211008_20162.html.

东能源化工基地、引黄灌区等发展基础较好的地区，又面临繁重的巩固脱贫攻坚成果任务；既有产业转型升级的广阔空间，又存在水资源利用效率不高、碳排放强度高、生态修复难度大等短板，这些情况在黄河流域具有典型代表性。先行先试，意味着宁夏必须跳出一时一域，考虑"国之大者"，方能担当重任，在黄河流域生态保护和高质量发展中走出一条新路子，为国家区域发展战略添新篇。

2020年7月，宁夏出台《关于建设黄河流域生态保护和高质量发展先行区的实施意见》，提出了"五区"战略定位和"一带三区"总体布局，明确要把宁夏打造成为黄河流域河段堤防安全标准区、生态保护修复示范区、环境污染防治率先区、经济转型发展创新区、黄河文化传承彰显区；提出了抓好保障黄河安澜、保护修复生态、治理环境污染、优化资源利用、转变发展方式、完善基础设施、优化城镇布局、保障改善民生、加快生态建设、发展黄河文化10项重点任务。[1]随后，宁夏组织编制宁夏黄河流域生态保护和高质量发展规划，制定"三山"生态保护修复、国土绿化和湿地保护修复、水安全保障等专项规划，会同国家发展改革委共同研究编制《关于支持宁夏建设黄河流域生态保护和高质量发展先行区的实施方案》，启动了《宁夏建设黄河流域生态保护和高质量发展先行区促进条例》立法工作[2]，紧紧抓住用水权、土地权、排污权、山林权四项关键改革精准发力，通过"四权改革"破解难题、激发活力……2022年4月，国务院批复同意《支持宁夏建设黄河流域生态保护和高质量发展先行区实施方案》（发改地区〔2022〕654号）（以下简称"实施方案"）。《实施方案》指出，支持宁夏建设先行区，有利于通过政策先行先试为黄河流域其他地区积累可复制经验，以点带面助推黄河流域生态保护和高质量发展，有利于通过制度创新增强黄河流域生态绿色发展活力，书写绿水青山转化为金山银山的"黄河答卷"；《实施方案》要求，要坚持"改革创新、服务全域""以水而定、量水而行""生态优先、保护为主""绿色发展、低碳引领"的基本原则，并从大力推动水资源节约集约利用、加快构建抵御自然灾害防线、构建黄河上游重要生态安全屏障、大力推动节能减污降碳协同增效、加快产业转型升级、建立健全跨区域合作机制、深化重点

---

[1] 关于印发《支持宁夏建设黄河流域生态保护和高质量发展先行区实施方案》的通知［EB/OL］.中国政府网，http://www.gov.cn/zhengce/zhengceku/2022-04/29/content_5688127.htm.

[2] 2022年1月，宁夏回族自治区人大第十二届五次会议审议通过了《宁夏回族自治区建设黄河流域生态保护和高质量发展先行区促进条例》。该《条例》作为全国首部关于黄河流域生态保护和高质量发展的地方性法规，为加快推进先行区建设提供了有力的法治保障。

领域改革等方面做出了具体部署。① 全面建设社会主义现代化美丽新宁夏，发展始终是第一要务；抓住了先行区建设，就是抓住了宁夏发展的全局和重点。作为黄河流域生态保护和高质量发展先行区，宁夏将以生态保护和高质量发展为主旋律，走出一条富有宁夏特色的高质量发展新路子，未来会有更大的作为和更快的发展。

（三）实施"东数西算"战略，铺就宁夏数字经济发展"快车道"

近年来，得益于国内生产消费等环节集聚的海量数据、产业部门和公共服务领域不断拓展的应用场景、数据要素的整体成本优势以及无接触需求，中国数字经济蓬勃发展，数字技术研发、商业模式创新、核心价值实现等方面走在了世界前列，正在快速成长为名副其实的数字经济大国。"十四五"时期，数字经济转向"深化应用、规范发展、普惠共享"的新阶段，对算力的培育配置以及相关基础设施建设运营提出了更高的要求。为此，2020年，国家发展和改革委员会发布了《关于加快构建全国一体化大数据中心协同创新体系的指导意见》（发改高技〔2020〕1922号），统筹围绕国家重大区域发展战略，在京津冀、长三角、粤港澳大湾区、成渝等重点区域，以及部分能源丰富、气候适宜的地区布局大数据中心国家枢纽节点，支持开展全国性算例资源调度，形成全国算力枢纽体系。②《"十四五"数字经济发展规划》进一步明确了构建算力、算法、数据、应用资源协同的全国一体化大数据中心体系，部署实施"东数西算"工程的目标任务。

"东数西算"是新时代推动西部大开发形成新格局的重要抓手。西部大开发开启第三个十年之际，中共中央、国务院印发《关于新时代推动西部大开发形成新格局的指导意见》指出：要推动西部建设现代化产业体系，积极发展大数据、人工智能和"智能+"产业，大力发展工业互联网；推动"互联网+教育""互联网+医疗""互联网+旅游"等新业态发展，推进网络提速降费，加快发展跨境电子商务。③ 显然，"东数西算"正是新时代推动西部大开发形成新格局的重大

---

① 银川市人民政府描绘绿色发展新画卷——宁夏黄河流域生态保护和高质量发展先行区建设起步有力开局良好［EB/OL］．银川政府网，http：//www.yinchuan.gov.cn/xwzx/mrdt/202107/t20210721_2935034.html．
② 关于加快构建全国一体化大数据中心协同创新体系的指导意见［EB/OL］．中国政府网，http：//www.gov.cn/zhengce/zhengceku/2020-12/28/content_5574288.htm．
③ 中共中央 国务院关于新时代推进西部大开发形成新格局的指导意见［EB/OL］．中国政府网，http：//www.gov.cn/zhengce/2020-05/17/content_5512456.htm．

建设工程，是推动中国西部高质量发展的重要抓手，是数字经济时代西部乃至全国建设现代化产业体系的重要基石。

2022年2月，国际发展和改革委员会、国家互联网信息办公室、工业和信息化部、国家能源局批复同意在京津冀、长三角、粤港澳大湾区、成渝、内蒙古、贵州、甘肃、宁夏等8地设立国家算力枢纽节点，并在节点地区规划建设10个国家数据中心集群，加之此前国家新型互联网交换中心的挂牌运营，宁夏成为全国唯一"交换中心+枢纽节点"双中心省区。宁夏枢纽的获批，标志着宁夏进入国家重大生产力布局，算力体系建设上升到国家战略，将极大地提升宁夏算力资源集约化、规模化、绿色化水平，并充分发挥"一业带百业"作用，有效带动宁夏数字经济延链补链、集群发展，促进数字产业化与产业数字化协同推进、互动发展，推动宁夏与东部地区数字产业无缝链接、合作发展。

2022年2月24日，自治区人民政府办公厅印发《关于促进大数据产业发展应用的实施意见》（宁政办规发〔2022〕1号），明确要科学规划产业布局，按照"因地制宜、错位发展、产业集聚"的原则，加快推进全国一体化算力网络国家枢纽节点宁夏枢纽建设，高标准建设中卫数据中心集群，打造面向全国的算力保障基地。并保障项目建设用地，降低生产用电成本，大数据、云计算等企业享受自治区降低优势产业用电成本政策；推进技术融合应用，鼓励大数据、云计算和软件企业为政府、社会和企业提供应用服务，加强关键技术攻关，鼓励企业开展大数据、云计算和软件技术基础研究，突破核心关键技术，研发创新产品，对获批国家、自治区大数据与软件优秀产品、解决方案、试点示范项目的，给予投资额20%最高200万元的资金支持，着力打造数字经济新优势和大数据产业新高地。[①]2022年6月，宁夏回族自治区第十三次党代会报告中提出：要抢抓"东数西算"机遇，高水平建设全国一体化算力网络宁夏枢纽，标志着宁夏信息技术产业发展迎来重大历史机遇。[②]2022年8月5日，自治区人民政府办公厅印发《全国一体化算力网络国家枢纽节点（宁夏）枢纽建设方案》（宁政办发〔2022〕52号）（以下简称《方案》）。根据该《方案》，宁夏枢纽节点建设将分为起步区建设

---

① 自治区人民政府办公厅关于促进大数据产业发展应用的实施意见［EB/OL］. 宁夏回族自治区政府网，https://www.nx.gov.cn/zwgk/gfxwj/202202/t20220214_3322583.html.
② 中国共产党宁夏回族自治区第十三次代表大会开幕　梁言顺代表中国共产党宁夏回族自治区第十二届委员会作报告［EB/OL］. https://www.nx.gov.cn/zwxx_11337/nxyw/202206/t20220610_3557654.html.

阶段（2021~2023年）、全面建设阶段（2024~2025年）两个阶段；宁夏枢纽全面建成后，标准机柜总数将达到72万架，总体投资超7000亿元，拉动大数据及相关产业规模达到万亿元级，其中起步区建设谋划了七大工程46个重大项目，总投资超3000亿元。①

2022年9月15日，首届"西部数谷"算力产业大会——建设"东数西算"示范工程分论坛在宁夏银川召开。华为、中兴、宁夏联通等30家企业签署了战略合作协议，构建"东数西算"产业生态联盟。②截至2022年9月，宁夏已引进美团、奇虎360、欢聚集团等200多家互联网企业，国家电子政务云、亚马逊公有云、超算云等上线运营，百度、阿里等20家企业CDN节点投入运营；国家（中卫）数据中心集群已建成亚马逊、美利云、中国移动、中国联通、天云网络、创客超算6个超大型数据中心，在建中国电信、中国广电、炫我科技、爱特云翔等6个数据中心；已建成数据中心机房总面积达25万平方米，安装机架超过3万个，服务器装机能力达到65万台。③根据《2022年中国综合算力指数》，宁夏的算力质效指数排名全国第四，西部第一，④宁夏必将打造成"东数西算"的全国最大的超算中心之一、全国重要的算力调度平台、算力网络的全国示范网络、与产业界共创"东数西算"新辉煌。但从目前数据产业本身看，宁夏的大数据产业主要集中于存储，大数据投资项目主要是数据中心，即"机房经济"。要想挖掘数据资源，不仅需要实现数据的积累和挖掘，更需要技术和产业的支撑，通过数字技术实现数据的升值，更需要基础产业的提升和融合发展。

（四）深入推进共同富裕战略，促进区域协调发展

共同富裕是全体国民在不断提升物质财富、精神生活和文化活动的基础上，收入分配均等化程度不断提升的过程，其本质是全体国民总体的"富裕程度"和全体人民共享富裕的"共同程度"的均衡状态。⑤共同富裕战略解决发展目的

---

① 自治区人民政府办公厅关于印发全国一体化算力网络国家枢纽节点宁夏枢纽建设2022年推进方案的通知［EB/OL］．宁夏回族自治区政府网，https：//www.nx.gov.cn/zwgk/qzfwj/202208/t20220815_3672063_wap.html.

② 首届"西部数谷"算力产业大会分论坛举行［EB/OL］．宁夏回族自治区政府网，https：//www.nx.gov.cn/zwxx_11337/nxyw/202209/t20220916_3782550.html.

③ 宁夏：擘画"东数西算"新蓝图　高标准打造西部数谷［EB/OL］．银川新闻网，http：//www.ycen.com.cn/xwzx/rd/202209/t20220914_163916.html.

④ 中国综合算力指数［EB/OL］．http：//dsj.guizhou.gov.cn/xwzx/gnyw/202208/t20220808_75991270.html.

⑤ 席恒．西部地区乡村振兴促进共同富裕的难点与重点［EB/OL］．https：//baijiahao.baidu.com/s?id=1751874676806015759&wfr=spider&for=pc.

问题，是社会主义的本质要求，是中国式现代化的重要特征。党的十八大以来，党中央把握我国阶段性变化，明确提出要把实现全体人民共同富裕摆在重要位置，并多次召开会议专题研究共同富裕问题。随着绝对贫困的消除和全面小康社会的建成，战略重心由实现全面小康走向促进共同富裕，也是水到渠成的应有之义。①

2021年8月17日，中央财经委员会第十次会议召开。会议指出，"要坚持以人民为中心的发展思想，在高质量发展中促进共同富裕，正确处理效率和公平的关系，构建初次分配、再分配、三次分配协调配套的基础性制度安排，加大税收、社保、转移支付等调节力度并提高精准性，扩大中等收入群体比重，增加低收入群体收入，合理调节高收入，取缔非法收入，形成中间大、两头小的橄榄型分配结构，促进社会公平正义，促进人的全面发展，使全体人民朝着共同富裕目标扎实迈进"②。2021年第20期《求是》杂志刊发了重要文章《扎实推动共同富裕》，文章强调"现在已经到了扎实推动共同富裕的历史阶段"，要"在高质量发展中促进共同富裕"。"促进共同富裕"的重要性和紧迫性，在党的十九届六中全会上得到了更为直观的体现，也被摆在了更高的位置。在普遍认为具有重大风向标意义的《中共中央关于党的百年奋斗重大成就和历史经验的决议》中，"共同富裕"出现5次，"富裕"出现8次，"分配"出现8次，"公平"出现11次……2021年12月召开的中央经济工作会议提出了当前必须正确认识和把握的五个新的重大理论和实践问题，其中以共同富裕问题为首。

实现共同富裕离不开经济的高质量发展。高质量发展的本质内涵，是以满足人民日益增长的美好生活需要为目标、兼顾效率与公平的可持续发展。高质量发展要求稳定居民收入来源，促进居民消费，其根本目的在于扩大内需，促进经济增长，由此带来居民增收、消费扩大、经济增长、居民增收的良性循环。③尽管共同富裕不是均贫富，但经验表明，如果一个社会内部收入和财富差异过大，那么社会就会失去公平性。④因而，着力推动区域协同发展，缩小地区发展差距是

---

① 厉以宁，黄奇帆，刘世锦，等.共同富裕[M].北京：中信出版集团，2022.
② 习近平主持召开中央财经委员会第十次会议［EB/OL］.理论网，https://www.cntheory.com/zycjwyhlchy/zycjwyhhy/202110/t20211008_20156.html.
③ 刘元春，宋扬，周广肃，等.读懂共同富裕[M].北京：中信出版集团，2022.
④ 郑永年.共同富裕的中国方案[M].杭州：浙江人民出版社，2022.

推动共同富裕实现的路径之一。《推动形成优势互补高质量发展的区域经济布局》一文中指出，"不能简单要求各地区在经济发展上达到同一水平，而是要根据各地区的条件，走合理分工、优化发展的路子"，"形成优势互补、高质量发展的区域经济布局"。[①] 区域协调发展是党的十九大提出的国家重大战略，是实现共同富裕目标的基本途径和重要举措。[②] 为此，要加快建立全国统一大市场，让劳动、资本、技术等各类生产要素在全国范围内自由流动，更好地发挥各区域比较优势，推动东部、中部、西部、东北地区协同实现产业转型升级；要进一步加大对相对落后地区的支持力度，优化财政分配和生产力布局，更加注重重大科技基础设施、数字基础设施区域配置的平衡性，充分发挥其辐射带动效益，让相对落后地区更好地抓住新一轮科技革命和产业变革带来的发展机遇；要进一步增强西北地区、东北地区的内生发展动力，更加注重其营商环境和创新生态建设，加大开放力度，支持民营经济和外资经济更高质量发展。[③]

现代国家崛起和发展的一般规律决定了国家内部增长极地区的出现与形成。而社会主义社会共同富裕目标的提出，必然要求增长极地区能够对欠发达地区发挥溢出效应，辐射带动欠发达地区的经济发展。[④] 以"区域协调发展"打通阻碍全体人民共同富裕的地区梗阻，让我们看到了宁夏作为西部地区、欠发达地区的新机遇。自治区第十三次党代会提出实施"共同富裕战略"，明确了把握的原则、实现的路径、着力的重点，也充分展现了自治区党委把为民造福作为一切工作最根本落脚点的政治自觉和责任担当。[⑤]

二、发展机遇

（一）宁夏正处在发展动能的加速转换期

（1）宁夏已具备打造科技创新高地的基础。"十三五"以来，宁夏全社会

[①] 习近平．推动形成优势互补高质量发展的区域经济布局［EB/OL］．中国政府网，http：//www.gov.cn/xinwen/2019-12/15/content_5461353.htm?from=timeline&isappinstalled=0．
[②] 肖金成，洪涵．促进区域协调发展 迈向共同富裕之路［J］．经济，2022（11）：18-21．
[③] 马建堂．奋力迈上共同富裕之路［M］．北京：中信出版集团，2022．
[④] 韩保江，等．全体人民共同富裕的物质文明［M］．北京：社会科学文献出版社，2022．
[⑤] 中国共产党宁夏回族自治区第十三次代表大会开幕　梁言顺代表中国共产党宁夏回族自治区第十二届委员会作报告［EB/OL］．宁夏回族自治区政府网，https：//www.nx.gov.cn/zwxx_11337/nxyw/202206/t20220610_3557654.html．

R&D 经费投入强度排名从全国第 23 位上升到第 19 位，综合科技创新水平指数排名从全国第 22 位上升至第 18 位，迈入二类创新地区，科技部将宁夏科技创新实践总结为"宁夏模式""宁夏现象"。根据《宁夏回族自治区 2021 年国民经济和社会发展统计公报》（以下简称《宁夏 2021 年统计公报》），全年全区登记自治区级科技成果 399 项，同比增长 71.2%。全年申请专利量 12924 件，同比增长 39.4%。全年共签订技术合同 3127 项，技术合同成交金额 25.16 亿元。年末全区拥有国家级工程技术研究中心 3 个，自治区级工程技术研究中心 83 个，国家级重点实验室 3 个，自治区级重点实验室 40 个，自治区级产业技术协同创新中心 5 个，自治区临床医学研究中心 25 个，自治区技术创新中心 404 个，国家级企业（集团）技术中心 12 个，自治区级企业（集团）技术中心 83 个，国家地方联合工程研究中心 26 个，自治区工程研究中心 50 个；根据国家统计局发布的《全国科技经费投入统计公报》，注册地在宁夏的上市企业仅 16 家，披露的研发投入合计 2.7 亿元。根据《宁夏回族自治区科技创新"十四五"规划》，2020 年全区全社会研发经费支出达到 59.6 亿元，其中企业研发经费达到 47 亿元，占全社会研发经费支出的 78.8%。这要归功于当地 1600 家各类科技型企业，422 家有研发活动的规模以上工业企业。

（2）宁夏正处在产业升级的转型关键期。近年来，宁夏一些特色产业加快发展，新兴产业保持两位数增长，涌现出吴忠仪表、共享铸铜等"单打冠军"，产业转型进入了提速换挡的关键时期。根据宁夏 2022 年统计公报，全年全区实现生产总值 4522.31 亿元，比上年增长 6.7%，两年平均增长 5.3%，其中，第一产业增加值 364.48 亿元，增长 4.7%；第二产业增加值 2021.55 亿元，增长 6.6%；第三产业增加值 2136.28 亿元，增长 7.1%；第一产业增加值占地区生产总值的比重为 8.1%，第二产业增加值比重为 44.7%，第三产业增加值比重为 47.2%。第二、第三产业增加值对 GDP 增长的贡献率以及占 GDP 的比重稳中向好、长期向好，第二产业的基础地位和支撑作用显著，第三产业的主导地位和拉动作用明显，如图 2–1 所示。

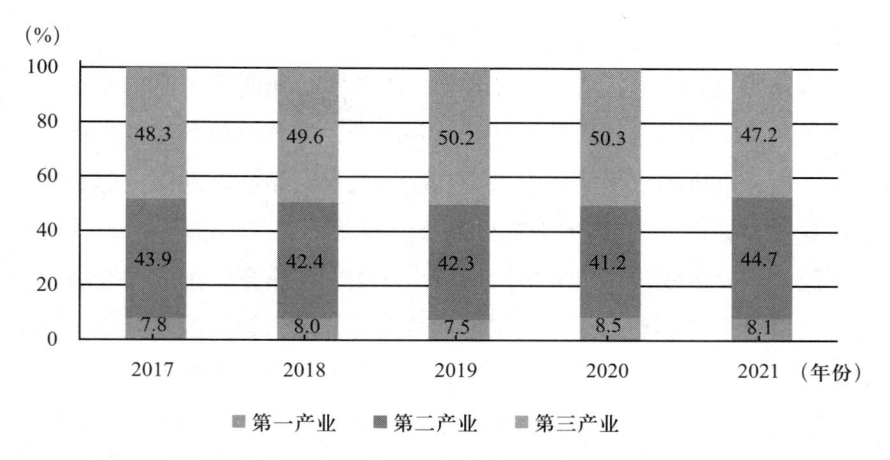

图2-1 宁夏三次产业增加值占地区生产总值的比重（2017~2021年）

资料来源：历年《宁夏统计年鉴》和《宁夏统计公报》。

（二）发展内陆开放型经济潜力巨大

在中国版图上，宁夏位于几何中心，地理位置可谓"不东不西，不南不北"。深居内陆，一不沿边，二不靠海。作为内陆地区，宁夏在地理区位、交通运输、经济体量上不具备优势，所以其进出口贸易规模不大，引进外资规模有限，但是发展内陆开放型经济潜力巨大。随着自由贸易试验区、跨境电商综合试验区、综合保税区、内陆口岸以及中欧班列的快速发展，宁夏正在快速补齐对外开放短板，逐步打造对外开放新高地，对外贸易正处于持续高速增长的阶段。

2008年8月，国务院出台的《关于进一步促进宁夏经济社会发展的若干意见》中明确提出，把宁夏打造成内陆开放型经济区，这为宁夏实现又好又快的跨越式发展指明了方向。2010年6月，《中共中央、国务院关于深入实施西部大开发战略的若干意见》提出，"要大力发展内陆开放型经济，积极推进宁夏、新疆、甘肃等省、自治区同中亚、中东国家的经贸合作"。为宁夏推动服务国家战略、实现自身跨越式发展提供了前所未有的机遇。2012年9月10日，《国务院关于宁夏内陆开放型经济试验区规划的批复》（国函〔2012〕130号），同意在宁夏回族自治区设立内陆开放型经济试验区，原则同意《宁夏内陆开放型经济试验区规划》；同年9月12日，时任中共中央政治局常委、国务院副总理李克强在"2012宁洽会暨第三届中阿经贸论坛"开幕式上，正式对外宣布设立"宁夏内陆开放型经济试验区"，标志着宁夏成为中国内陆地区第一个对外开放试验区、全国首个以整省域为单位的试验区,被赋予先行先试政策优势。

2020年6月10日,习近平总书记在宁夏考察时强调,要抓住共建"一带一路"重大机遇,坚持对内开放和对外开放相结合,培育开放型经济主体,营造开放型经济环境,以更高水平开放促进更高质量发展。站在新的历史起点,自治区第十三次党代会提出,"更高水平扩大开放,主动融入'一带一路',深入推进内陆开放型经济试验区建设,提升中阿博览会、中国(宁夏)国际葡萄酒文化旅游博览会等国家级平台影响力,推进国家葡萄及葡萄酒产业开放发展综合试验区建设,争取设立中国(宁夏)自由贸易试验区,积极参与西部陆海新通道建设,加强与京津冀、长三角、粤港澳大湾区等区域合作,创新招商引资机制和模式,实施争取国际知名企业入宁、央企入宁计划,提升开放型经济水平"[①]。

2021年9月24日,《宁夏回族自治区推进"一带一路"和内陆开放型经济试验区建设"十四五"规划》(宁政办发〔2021〕54号)正式印发,明确陆海开放通道、高效空中通道、数字贸易通道、开放平台、开放园区、开放经济、区域合作七类重点项目,为宁夏更好地融入服务"一带一路"、提升内陆开放型经济试验区建设水平、加快融入国内国际双循环、推动形成全方位全领域开放发展新格局擘画了蓝图。

(三)中国同阿拉伯国家关系迈进全面深化发展的新时代

2014年和2018年中阿合作论坛第六届、第八届部长级会议上,习近平主席两次提出打造中阿命运共同体的倡议和构想,得到阿拉伯国家的积极响应;2020年,在约旦召开的中阿合作论坛第九届部长级会议上,构建中阿命运共同体的主张写入《安曼宣言》。应沙特阿拉伯王国国王萨勒曼邀请,国家主席习近平于2022年12月7日至10日赴沙特首都利雅得出席首届中国—阿拉伯国家峰会(以下简称"中阿峰会")、中国—海湾阿拉伯国家合作委员会峰会并对沙特阿拉伯进行国事访问,展开新中国成立以来对阿拉伯世界规模最大、规格最高的外交行动。中阿峰会是中国与阿拉伯国家的首次峰会,也是2019年以来中阿领导人的首次面对面交流,对于巩固中阿政治互信、深化中阿各领域合作、推动中阿传统友好关系再上新台阶具有重要意义,将成为中阿关系史上的重要里程碑。中

---

① 中国共产党宁夏回族自治区第十三次代表大会开幕　梁言顺代表中国共产党宁夏回族自治区第十二届委员会作报告[EB/OL].宁夏回族自治区政府网,https://www.nx.gov.cn/zwxx_11337/nxyw/202206/t20220610_3557654.html.

阿双方"一致同意全力构建面向新时代的中阿命运共同体",推进"八大共同行动",标志着中国同阿拉伯国家关系迈出了历史性步伐,迈进全面深化发展的新时代。2022年12月1日,在首届中阿峰会召开前夕,中华人民共和国外交部发布了《新时代的中阿合作报告》(以下简称《报告》),《报告》在对中阿友好合作关系进行历史回顾和全面总结的基础上,围绕百年未有之大变局下深化战略合作,携手构建面向新时代的中阿命运共同体提出了全面系统的战略构想。《报告》的发布以及首届中阿峰会的召开将中阿关系推向了更加辉煌的新阶段。中阿峰会期间发表了三份文件,即:《首届中阿峰会利雅得宣言》,宣布了中阿双方一致同意全力构建面向新时代的中阿命运共同体;《中华人民共和国和阿拉伯国家全面合作规划纲要》,就双方在政治、经贸、投资、金融等18个领域合作作出规划;《深化面向和平与发展的中阿战略伙伴关系文件》,涉及双方同意深化中阿战略伙伴关系、倡导多边主义、加强在"一带一路"倡议框架内合作、加强中阿合作论坛建设等重要内容。由此可知,全力构建面向新时代的中阿命运共同体,已成为中国和阿拉伯国家的共同意愿、共同目标、共同行动。在反国际化逆流中,中阿全面合作、共同发展、面向未来的战略伙伴关系弥足珍贵,平等互利的基本原则将重塑双边和多边国际关系,互利共赢必将成为南南合作的典范。中阿峰会充分表达了中国和阿拉伯世界对和平、安全与稳定的美好向往,以及对多元化经济、低碳经济、数字经济的强烈愿望。[①]

宁夏是我国同阿拉伯国家合作关系中地位独特、优势凸显的省份,在增进中阿各国交流互鉴、互联互通方面具有重要的平台作用,多年来为携手构建中阿命运共同体作出了积极贡献。自2010年首届中国—阿拉伯国家经贸论坛在宁夏成功举办以来,宁夏已成功举办了三届中国—阿拉伯国家经贸论坛和五届中国—阿拉伯国家博览会,共有112个国家和地区、24位中外政要、318位中外部长级嘉宾、6000多家国内外企业参会参展,累计签订各类合作项目1213个,涉及现代农业、高新技术、能源化工、生物制药、装备制造、基础设施、"互联网+医疗健康"、旅游合作等多个领域,为中阿双方企业相互交流合作搭建了桥梁、创造了条件,也为各省区市和国内企业拓展与"一带一路"沿线国家的经贸合作搭建了有益平台,有力地促进了我国与"一带一路"沿线国家和地区的经贸

---

① 王应贵,娄世艳.中阿经贸合作全面升级 人民币结算将水到渠成[N].二十一世纪经济报道,2022-12-14(005).

投资交流合作。中国—阿拉伯国家博览会已成为中阿共建"一带一路"的重要平台。

宁夏与阿拉伯国家经贸合作亦取得显著成效。一是宁夏对阿贸易规模不断扩大。2021年，宁夏与阿拉伯国家贸易总额为5.7亿元、同比增长53.4%，其中：与沙特阿拉伯贸易总额9284万元（同比增长280.4%）、与阿尔及利亚贸易总额2878万元（同比增长111.9%），与科威特贸易总额1282万元（同比增长114倍）。2022年1~10月，宁夏与阿拉伯国家贸易总额3.2亿元（同比增长54%），主要出口商品包括橡胶轮胎、电极糊、蛋氨酸、抗生素、照明灯具等；埃及已成为宁夏与阿拉伯国家的第一大贸易伙伴，双方贸易额占我区与阿拉伯国家贸易额的32.3%。二是阿方在宁投资步伐加快。截至2022年11月，阿拉伯国家累计在宁投资设立外商投资企业10家，实际到位资金1391万美元；投资来源地涉及沙特阿拉伯、阿联酋、约旦、巴勒斯坦、也门、埃及、利比亚7个国家，主要投向餐饮住宿、乳制品加工、百货批发等领域。三是宁夏与阿拉伯国家投资与经济合作稳步推进。截至2022年11月，宁夏企业在埃及、毛里塔尼亚、约旦、阿联酋、沙特阿拉伯、阿曼6个阿拉伯国家投资设立了23家境外投资企业，总投资额4.35亿美元，主要涉及农牧业、采矿业、纺织业、进出口贸易、电子商务、物流仓储服务、餐饮服务管理、境外工程等领域；承担的援助毛里塔尼亚畜牧业技术示范中心项目获毛方高度评价，得到了商务部验收推广；宁夏交建中标2.8亿元建设巴基斯坦公路和跨铁路桥项目，实现了宁夏基建企业"走出去"质的突破；沙特阿拉伯吉赞、阿曼杜库姆等境外产业园区稳步推进；对外投资合作带动了产品、技术和服务的出口。①

2023年，第六届中国—阿拉伯国家博览会将在宁夏召开。未来，宁夏应抢抓中阿经贸合作新机遇，充分发挥中国—阿拉伯国家博览会在中阿共建"一带一路"中的重要平台作用；不断优化对外开放环境，推进对外贸易创新发展，加强与包括阿拉伯国家在内的"一带一路"沿线国家产业链对接合作，加快"引进来""走出去"步伐，不断充实和深化与阿全方位、多层次、宽领域的合作新格局，用实际行动促进中阿战略合作伙伴关系行稳致远，为构建面向新时代的中阿命运共同体作出贡献。

---

① 相关数据和资料来源为宁夏海关及宁夏回族自治区商务厅。

第二节 宁夏主动服务和融入新发展格局面临的挑战

一、高质量发展主题下的国内形势

如前文所述，2020年以来，受新冠肺炎疫情冲击、俄乌冲突、主要发达国家通胀高企等因素影响，世界经济复苏增长严重受挫，全球性、系统性的经济和金融风险持续累积。当前我国经济也面临需求收缩、供给冲击和预期转弱三重压力。在上述大背景下，只有认真办好自己的事、推动实现高质量发展，才能有效对冲各种风险挑战，才能真正推动实现两个大局。从现实来看，当下至少有八个方面的体制性、基础性的问题，形成了国内市场大循环的堵点。

一是地区间过度竞争产生的负面效应。地区间的相互竞争、比拼经济增速和规模被认为是中国经济持续高速增长的内在动力之一。但地区竞争的负面效应亦不能忽视，低水平重复建设、地方保护等阻碍了市场优胜劣汰功能的发挥。近年来，随着供给侧结构性改革的推进，这种现象虽有所减少，但仍在一定范围内客观存在。

二是城乡二元架构导致市场分割。表现在要素配置方面，劳动力在城乡的流动、区域间的流动仍存在不少束缚，农村集体经营性建设用地入市机制还在探索。在商品服务方面，一些在农村流通的商品与在城市的同类商品看上去很像，但质量标准相去甚远，甚至部分就是假冒品牌、伪劣商品。在交通物流、市场设施和公共服务等方面，城乡之间差距比较明显，制约着商品、要素的自由流动，反过来加剧了城乡发展的不平衡。

三是部分领域行政配置资源的色彩仍然浓厚。例如，在能源领域，油气进出口仍然高度受管制。中国是能源进口和消费大国，却在能源定价上缺乏话语权，这与该领域的高度管制政策不无关系。又如，在电力领域，由于上网电价与煤炭价格不平衡配置会造成大规模电荒。国家为此推出了有序放开全部燃煤发电电量上网电价，电力市场化改革由此才迈出了重要一步。此外，还有一些领域存在不同程度的"玻璃门""弹簧门"现象，关于一些领域的市场准入，不同地方的政策各不相同，企业注册受到地方限制。

四是物流体系不够畅通，物流费用居高不下。持续发展建设使我国交通运输体系发生了翻天覆地的变化，成为世界交通大国。但与世界交通强国相比，我国社会物流成本依然偏高，难以适应推动高质量发展要求。从全国情况看，近五年社会物流总费用与 GDP 的比率均维持在 14.6% 左右，显著高于全球平均水平；而美国的物流费用只有 GDP 的 7%，欧洲、日本在 6%~7%，甚至连东南亚发展中国家也只有 10% 左右。基本原因有三：一是交通运输体系发展不平衡，重点城市群、都市圈的城际和市域铁路存在较明显短板，枢纽城市辐射能级有待提升；二是交通运输联运组织效率不高，货物多式联运，旅客联程联运比重偏低，综合物流成本高；三是创新驱动与绿色发展不足，智能交通技术应用深度和广度有待拓展，绿色低碳发展任务艰巨，清洁能源推广应用仍需加快。

五是部分行业存在人为的限行、限购等政策性梗阻。过去几年，治理过剩产能取得了显著进展，但仍有不少行业受到限购、限行、限牌照等简单政策手段的限制，一些本来可以满足的需求得不到释放。以汽车行业为例，根据世界银行数据，2021 年千人汽车保有量，美国为 874 辆、澳大利亚为 747 辆、意大利为 695 辆、加拿大为 670 辆、日本为 591 辆，中国仅为 209 辆，市场前景十分广阔。在一些地方，消费者虽然有很强的购车需求，却因为限号、限牌等政策无法购买。目前一些城市写字楼已经出现产能过剩，而楼房型的立体停车库几乎是空白，如果从规划上把原来要建的部分写字楼调整为立体停车库，既可以拉动消费，又可以平衡市场。

六是部分关键产品高度对外依赖威胁产业链安全。改革开放初期，市场和资源"两头在外"的发展方式加速了中国融入世界经济的步伐，推动了工业的快速发展，但也形成了一些关键技术、关键零部件对国外的过度依赖。近年来，西方主要国家民粹主义盛行、贸易保护主义抬头，在高科技领域对中国的遏制打压不断升级，中国产业链安全面临严重威胁。例如，高端通用芯片、集成电路、钢铁等领域产业基础能力不足，部分核心关键技术受制于人，存在重大隐患。

七是要素市场化改革亟须提速。随着改革开放的不断推进和加入 WTO 后与国际规则的不断接轨，我国产品市场已经实现了较高程度的开放，但在我国经济体制转向社会主义市场经济的过程中，由于存在跨区域和跨部门间的行政壁垒，使得要素资源配置的权限固化在烦琐的行政审批制度中，难以实现自由有序地流动，土地、劳动力、资本、技术等生产要素市场在运行过程中不同程度地存在行政干预过多、市场化运作不畅、资源配置效率不高等问题。此外，虽然我国数据要素改革已经取得显著成效，但是数据这一新型要素在发展中仍处于起步阶段。2022年6月22日召开的中央深改委第二十六次会议明确指出，"要完善数据要素市场化配置机制，推进公共数据、企业数据、个人数据分类分级确权授权使用，加快建立数据资源持有权、数据加工使用权、数据产品经营权分置的产权运行机制"。①

八是国有资本内外循环有待打通。2021年，全国国有企业资产总额308.3万亿元、负债总额197.9万亿元、国有资本权益86.9万亿元，大多股权资本是工商产业型资本，总资本回报率和全要素生产率都不高。国有企业占据产业链条的上游和基础环节，是"一带一路"重大项目的主要承担主体。打通和提升产业链，扩大开放水平，都需要国有企业发挥更加积极的作用。国有企业改革的一个重要方向是加快国有资本管理从单一的资本投资公司管理向资本投资与资本运营双重管理的转变。在以内循环为主体的经济发展格局中，国有企业把资本投资和资本运营结合起来，具有十分重要的战略意义。一方面这为民营企业腾出了产业市场空间，有利于民营经济进一步发展；另一方面，资本运营类公司管理资金作为股权投资，投到民营企业的、外资企业的、国有企业的工商产业公司里，投进制造业、商业等实体经济，不仅使国有资本保值增值，而且可以发挥国有资本的带动力和影响力，实现国有资本在国内外的合理流动和保值增值。

二、宁夏自身发展的瓶颈制约

在当前和今后一个时期，宁夏欠发达地区的基本区情没有变、滞后于全国平均水平的历史方位没有变，综合实力不强、发展质量不高仍然是主要矛盾，短板弱项还不同程度的存在，决定了宁夏必须把大抓发展、抓大发展、抓高质量发展作为全区上下的第一要务，并作为解决宁夏一切问题的基础和关键。《报告》中用"六个最"，对全区发展中存在的短板弱项进行了深刻分析：

一是发展不足是最大实际。2021年，全区实现生产总值4522亿元，居全国29位，仅高于西藏、青海；人均地区生产总值虽然逐年增长，但是只相当于全

---

① 中央深改委：加快构建数据基础制度 将平台企业支付和其他金融活动纳入监管［EB/OL］.观点网，https://www.guandian.cn/article/20220622/301517.html.

国平均水平的 77.2%，进一步加快发展的空间较大（见图 2-2）。特别是从产业发展层面来看，长期以来，宁夏产业结构失衡，产业优化升级滞后，产业结构偏重偏能，传统产业产能过剩，而科技含量与附加值较高的新兴产业比重较低。此外，民营经济发展滞后的问题也不容忽视。宁夏民营企业与国有企业相比规模小、实力弱，常陷入融资难的困境，且在同等条件下，民营企业享受优惠政策的门槛偏高，使其不易获得资源、资金的支持，处于劣势地位。在宁夏销售收入超过百亿元的国有大企业中，国能宁夏煤业集团、中石油宁夏石化公司、国电宁夏电力公司等均占据了宁夏绝大多数煤炭、原油资源和电力运营权；而民营企业则多数在国企较少涉足的能源、电力、原材料下游行业求生存。[①]

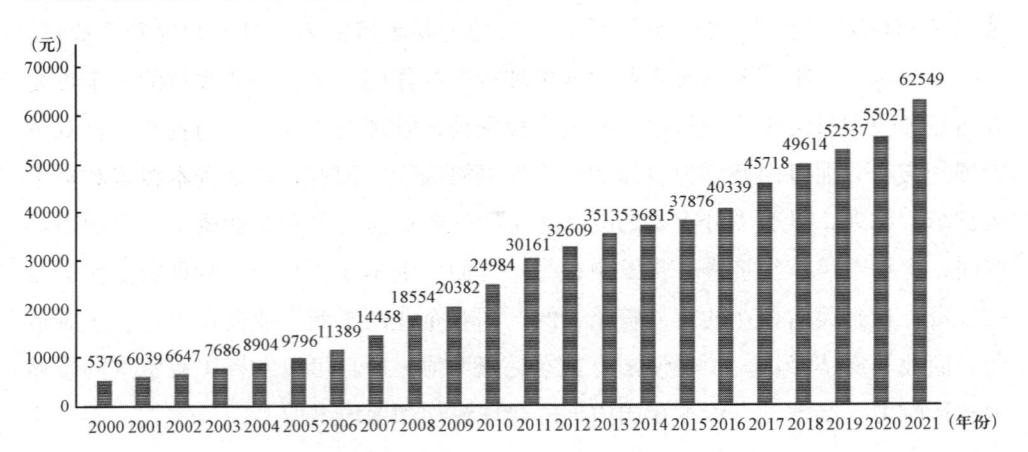

图2-2　宁夏历年的人均地区生产总值变动趋势

资料来源：国家统计局。

二是质量效益偏低是最大难题。宁夏重工业在国民经济中占 90% 以上，从事初级产品加工的企业占 80%，与党中央高质量发展的要求有较大差距。2021 年，宁夏城镇居民人均可支配收入为 38291 元，农村居民人均可支配收入为 15337 元，均低于全国平均水平；二者比值为 2.50，收入差距高于全国平均水平。

三是创新能力较弱是最大瓶颈。截至 2021 年末，全区拥有国家级工程技术研究中心 3 个，自治区级工程技术研究中心 83 个；国家级重点实验室 3 个，自治区级重点实验室 40 个（含省部共建国家重点实验室培育基地 2 个）；自治区级

---

① 黄彦平.浅谈宁夏民营企业发展存在的问题及解决对策[J].中小企业管理与科技，2019（10）：145-146.

产业技术协同创新中心 5 个，自治区临床医学研究中心 25 个，自治区技术创新中心 404 个；国家级企业（集团）技术中心（含分中心）12 个，自治区级企业（集团）技术中心 83 个；国家地方联合工程研究中心 26 个，自治区工程研究中心 50 个。[①] 虽然创新基础设施比较完备，但是创新驱动能力不强，全区 R&D 经费投入强度为 1.52%、比全国平均水平低 0.92 个百分点，有研发活动的企业不到 30%，每万名劳动力中研发人员 38.24 人，仅为全国平均水平的 38%。

四是人才短缺是最大困扰。目前，全区仅有院士 2 名（其中 1 名已退休），国家"千人计划"专家 2 名、"万人计划"专家 18 名，高技能人才仅占技能劳动者的 13.9%，比全国低 14.6 个百分点。这一问题可归因于人才流失较多且人才引进力度不够，但根本原因在于区内教育水平仍存在很大上升空间，如表 2-1 所示，2021 年末，全区各级各类学校 3322 所（含小学 484 所），教职工 120607 人。全年全区学前教育毛入园率为 90.2%，小学学龄人口入学率为 100%，初中阶段毛入学率为 118.3%，高中阶段毛入学率为 93.89%，高等教育毛入学率为 58.6%，九年义务教育巩固率为 100%，由此可见区内的基础教育水平良好，但高等教育水平还有较大提升空间。

表 2-1　宁夏 2021 年全年的各类学校及其学生数量

类别	学校数（所）	招生人数（人）	在校学生数（人）	毕业学生数（人）
普通高等学校	20	55592	172581	37372
研究生	0	4536	11527	2611
成人高等学校	1	11665	25632	13233
中等职业教育学校	31	28183	76339	23721
普通中学	318	151774	454301	150473
高中（含完全中学）	70	57485	167356	50447
初中	248	94289	286945	100026
普通小学	1129	103543	603706	94303
幼儿园	1490	103399	261440	104764
特殊教育学校	15	1284	7436	1417

资料来源：宁夏统计局官网。

---

① 《宁夏回族自治区 2021 年国民经济和社会发展统计公报》。

五是开放程度不高是最大短板。从对内开放看,宁夏原材料和市场"两头在外",且交通运输便捷度不够,虽然2021年全年全区货物运输总量4.69亿吨,比上年增长9.5%;货物运输周转量812.54亿吨千米,增长16.3%。全年全区旅客运输总量0.38亿人,下降0.8%;旅客运输周转量105.40亿人千米,增长5.7%(见表2-2),但宁夏与国内主要目标市场运输距离远,公路运输占物流运输的80.5%,物流成本比较高。从对外开放看,2021年全区实现进出口总额33.19亿美元,仅占全国的5.5‰,实际利用外资2.9亿美元,仅占全国的1.7‰。

表2-2 宁夏2021年全年的货物和旅客运输量

运输方式	货物				旅客			
	运输总量		运输周转量		运输总量		运输周转量	
	绝对值(万吨)	较上年增长(%)	绝对值(亿吨千米)	较上年增长(%)	绝对值(万人)	比上年增长(%)	绝对值(亿人千米)	较上年增长(%)
总计	46931.01	9.5	812.54	16.3	3774.48	−0.8	105.40	5.7
铁路	9422.74	9.1	234.50	9.3	720.29	29.2	29.03	19.8
公路	37506.00	9.6	577.70	19.4	2713.00	−6.5	26.81	−5.0
航空	2.27	−22.5	0.33	−11.6	341.19	−1.6	49.56	4.9

资料来源:宁夏统计局官网。

六是生态环境脆弱是最大现状。宁夏三面环沙,地处中部干旱带,全区中度以上生态脆弱区域占国土面积的40.23%。以水生态环境为例,黄河两岸湿地面积大幅下降,水生生物多样性持续降低,黄河流域宁夏段整体性、系统性的生态退化趋势日渐加重;中南部地区浅层地下水中高氟水分布面积达79%,深层水为61%,固原的茹河、清水河,石嘴山的沙湖等河湖自净能力弱,水质易受外部条件影响。根据2022年3月21日中央第四生态环境保护督察组对宁夏开展第二轮生态环境保护督察反馈的督察报告,宁夏是西北地区重要生态安全屏障,但与中央要求和群众期盼相比,生态环境保护仍然存在较大差距,一些领域和地区问题比较突出,违规取水、生态破坏等问题依然突出。①

---

① 中央环保督察组向宁夏反馈:违规取水现象普遍 | 追踪〔EB/OL〕.腾讯网,https://new.qq.com/rain/a/20220322A09JA100.

第三章　宁夏主动服务和融入新发展格局的路径选择

构建新发展格局是中央把握未来发展主动权的战略先手棋。宁夏要立足自身资源禀赋，在紧要处落好服务和融入新发展格局棋子。结合《报告》精神，本章将从七个方面分别论证宁夏主动服务和融入新发展格局的发力点应如何选择及其合理性。

第一节　以先行区建设助力黄河流域生态保护与高质量发展

中央全面深化改革委员会第十五次会议提出，"要把构建新发展格局同实施国家区域协调发展战略衔接起来，在有条件的区域率先探索形成新发展格局，打造改革开放新高地"[①]。黄河流域范围宽广，是我国重要的生态屏障和经济地带，在我国经济社会发展和生态安全方面占有十分重要的地位。《报告》将加快建设先行区摆在"三区建设"首位进行安排部署，以发挥先行区建设的牵引作用，用先行区建设引领现代化美丽新宁夏建设，切实为新发展格局形成提供战略支点。总体上看，黄河流域生态保护与高质量发展战略是中央高度重视的区域发展战略，对于推进黄河流域经济带发展、新时代西部大开发形成新格局、"一带一路"建设和构建新发展格局都具有重要的支撑作用。[②] 作为黄河流域上游地区以及沿黄九省（区）中唯——个全境属于黄河流域的省份，宁夏更是深入推动先行区建设的前沿阵地和重中之重，深入推动先行区建设，助力

---

① 中央全面深化改革党员会第十五次会议召开［EB/OL］.中国政府网，http：//www.gov.cn/xinwen/2015-08/18/content_2915043.htm.
② 马燕坤，王喆.成渝地区双城经济圈科学高效治理：现实透视与体制机制创新［J］.经济体制改革，2021（4）：50-57.

黄河流域生态保护与高质量发展须从以下几个方面突破，从而加快助力宁夏主动服务和融入新发展格局。

一、以"碳中和、碳达峰"为目标加速产业绿色化转型

黄河流域是我国重要的生态安全屏障，产业结构调整是保护流域生态环境、推动流域高质量发展的重要环节。李克强总理在2021年国务院政府工作报告中指出，"要扎实做好碳达峰、碳中和各项工作，优化产业结构和能源结构"[①]。因此，在"双碳"目标下推进宁夏地区产业结构调整是加快推进黄河流域生态保护和高质量发展先行区建设的重要途径。

（一）大力发展现代化农业

现代化农业发展是增强碳汇能力的重要途径，要推动黄河流域循环农业的发展，加强科学技术在农业生产中的应用。要探索低碳农业发展模式，减少农业生产中化肥的施用量，降低农业发展的碳排放量。同时，促进资源循环利用，提升资源利用效率，科学种植，保护耕地，增强农业发展的固碳作用。

一是重视农业基础设施建设，加强田间道路、灌溉设施、农产品物流集散中心和助农服务网点等的建设，为智慧农业的发展提供基础保障。

二是制定农业碳达峰、碳中和的政策与评价标准，制定促进发展低碳农业的相关政策和考核制度，将农业碳排放与农业产出纳入地方政府考核指标，逐步形成低碳农业发展模式；成立农业碳达峰、碳中和领导小组，研究制定黄河流域农业碳达峰、碳中和政策。

三是建设低碳农业数据库。一方面，收集完善涉农主体碳足迹数据。鼓励智慧农服平台通过农机管理、种养监管、运输及仓库监管等方式，收集农业产业链各环节的碳足迹情况，逐步建立起覆盖全周期的农业生产碳足迹数据库；另一方面，在完善信用信息体系的基础上，探索建立涉农主体碳账户。通过采集农业碳足迹、农业产出、节能减排、信用信息数据，为涉农主体建立农业碳账户，并定期计算农业低碳生产绩效指标，引导相关企业按要求开展环境信息披露。进一步加强农业碳足迹和碳账户数据的研究利用，挖掘总结降低碳足迹

---

① 2021年李克强总理作政府工作报告[EB/OL].中国政府网，http://www.gov.cn/zhuanti/2021lhzfgzbg/index.htm.

的产业链运作模式,及时指导碳足迹过高的农业主体更新生产技术、改进生产方式,向低碳化转型。

(二)大力发展林业碳汇产业

林业碳汇产业的发展能够进一步优化黄河流域产业结构,推动产业绿色化发展,带动低碳经济发展。碳中和目标的基本方向是实现碳排放与碳吸收之间的平衡,在上述目标下调整产业结构,通过产业的低碳化改造、发展战略性新兴产业等手段降低黄河流域碳排放总量;充分利用资源优势,大力发展林业碳汇产业,退耕还林、还草,保护生态系统,强化森林资源保护,提升黄河流域的碳汇能力。

(三)大力发展生态工业

工业转型升级与低碳发展是复杂的系统工程,不仅是能源和排放的问题,更涉及工业部门增长动能转换、生产方式革新、用能形态升级、竞争力重塑等重大议题。针对目前黄河流域经济宁夏产业仍以资源粗放型生产为主的发展现状,亟须以创新驱动带动地区产业转型升级,建设现代化产业集群,推动实施"取消、升级、发展"的三步走战略。

一是取消生态破坏型产业。严格依据《黄河流域绿色发展指标体系》《黄河流域生态文明建设考核目标体系》等相关政策文件,对于只有完全依靠生态资源消耗才能生存的生态破坏型产业,可通过产业置换逐步将其"消化"。

二是升级传统制造业。一方面,要加大传统产业的创新力度,促进5G、区块链等新兴技术的研究投入以及高端科技人才的引进和培养,并通过产、学、研相结合的方式加快创新科技应用到产业建设中的速度,通过信息化改造推动黄河产业转型升级,提升能源利用率;另一方面,要积极培育产业聚集群,以产业园区为载体打造一个科技引领、效率提升、污染减少的产业技术创新圈。

三是发展战略性新兴产业。结合自治区"六优六特六新"产业发展规划,大力发展新能源、新材料、高端装备制造等战略性新兴产业,积极探索产业发展新模式,促进新技术、新能源、互联网、人工智能等在产业发展中的应用,形成新兴产业发展的基本格局,推动地区产业低碳化、智能化转型。此外,在碳中和目标下调整地区产业结构,要把推进制造业绿色化转型作为重要方向,加快先进制造业的发展进程,提升产业竞争力,加大绿色产业链建设,打造先进制造业、绿色生态产业集群。

（四）大力发展现代化服务业

随着信息技术的快速发展，以互联网、人工智能、5G技术等为代表的数字经济发展模式成为推动经济高质量发展的重要动力。要充分利用新一代信息技术，促进黄河流域服务业的高质量发展，充分发挥技术的带动作用，促进传统服务业转型升级。

一是发展现代物流业，强化集成式管理，降低物流成本，为客户提供更优质的服务。现代物流业能够服务和支持其他产业的优化及发展，有利于流域内产业进行生态化转型。

二是发展金融业，保障产业生态化转型资金供给，增强金融辅助功能。例如，建设金融服务低碳农业制度，依据低碳生产绩效完成度，给予参与主体不同梯度的碳市场额度；适当采取财政补贴及信贷专项支持等手段鼓励农业经营主体采用低碳设备与技术。

二、构建新型高效的府际协调机制

地方政府惯常于站在各自的发展视角思考问题。区域内的利益分割是区域内重复建设、要素壁垒、产业同质等问题产生的根源。由于局部利益的存在，地方政府在财税、土地、生态、社保、市场监管等方面政策和制度都较难做到很好的衔接和统一。构建新型高效的府际协调机制有利于提高黄河流域区域一体化发展的运行效率，建立高度统一、合作共担、共建共享的分工与协作长效机制，推动相邻地区政策规划的协调配合以及基建项目的精准对接，从而有利于推动先行区建设和宁夏主动服务和融入新发展格局。具体而言，构建新型高效的府际协调机制须联合流域内省区从如下要点发力：

第一，推动建立央地多层面的议事协调机构。一是主动承担和发挥府际协调机制的提议和推动作用，协调沿黄九省（区）及周边地区，推进黄河流域区域一体化发展建设；二是积极响应由国家发展改革委牵头的沿黄九省（区）合作机制，推动组建黄河流域一体化建设领导小组，统筹指导和综合协调黄河流域一体化建设，研究审议重大规划、重大政策、重大项目和年度工作计划，协调解决重大问题，督促落实重大事项。

第二，推动构建多领域的成本分担和收益共享机制。区域内的利益分割往往是区域内重复建设、产业同质、要素壁垒等问题产生的根源。为此，一是认真梳理各地区的区域发展阶段和地方性政策法规，提议建立地区间利益共享机制，解决市场失灵产生的外部性问题。二是建立较高统筹层次的利益协调机制。由于区域内分工的存在，某些区域需要通过输出自然资源甚至牺牲一部分生态环境来实现区域内经济协同发展，因此有必要建立生态共建、资源共享的补偿机制，以更好地协调区域内各方利益，避免恶性竞争，实现优势互补、共赢发展。

第三，推动搭建多类型的政府合作平台。一是推动成立黄河流域一体化基础设施建设平台，统筹推进重大基础设施建设，加强区域经济发展项目合作；二是促动建立黄河流域一体化投融资平台，为各领域经济建设和生态保护提供融资保障；三是助推搭建黄河流域一体化政务信息共享网络平台，整合政府和社会资源，共建共享电子政务网络体系，建立协同办公、资源共享、科学管理的运行机制；四是增强城市间的民间互动，促进产业发展、项目建设、卫生医疗、文化教育等领域的交流与合作。

第四，推动制定统一的市场准入规则。一是探索建立统一的"负面清单"市场准入规则，明确制定负面清单的基本原则和价值取向；二是推进行政审批、投融资、市场监管、机构调整等方面的配套改革，为实现由事前审批向事中、事后监管过渡做好准备；三是推进企业登记和许可在政策条件、程序方式、服务措施等方面的统一，以及市场主体的信息互通互认，实现各地市场主体准入同标准、无差异、无障碍；四是推动建立统一的行政审批制度，创新利益相关者参与评价机制，提高黄河流域区域一体化发展的运行效率。

第五，以黄河流域生态保护和高质量发展战略实施为依托促进梯度循环联动。实施黄河流域生态保护和高质量发展战略，要把握"重在保护、要在治理"的战略要求，把黄河长治久安和流域生态环境保护放在重要位置，坚持走绿色、可持续的高质量发展之路。在构建新发展格局背景下，更要突出发挥黄河推进上下流域经济协作的重要纽带作用，积极推进流域内要素的优化配置，探索流域经济内部上下游循环互动的新路径、新模式，深化推进黄河流域的经济交流协作，全面推动流域生态环境大保护和经济社会高质量发展。

三、协同推进黄河流域"经济—社会—生态"三位一体高质量发展

协同推进黄河流域"经济—社会—生态"三位一体高质量发展是推动黄河流域生态保护和高质量发展先行区建设的应有之义,有利于推进以人为核心的新型城镇化,从而以城市群、都市圈为依托构建大中小城市协调发展格局,推进以县城为重要载体的城镇化建设,进而通过促进区域协调发展助力先行区建设和宁夏主动服务和融入新发展格局。

(一)坚持全流域一盘棋,做好高质量发展的顶层设计

黄河流域生态保护和高质量发展需要从全流域的角度,统筹好上下游、干支流、左右岸的关系,同时涉及生态环境、经济发展、社会文化等各个层面。因此,要坚持全流域一盘棋的思想,从总体上做好顶层设计和战略谋划。

一方面,要推动构建更为高效务实的黄河流域生态保护和高质量发展协调机制,统筹研究解决黄河流域发展中的重大问题,实行重大设施统一规划、重大改革统筹推进,率先在生态环保、基础设施、产业转型等重点领域取得突破性进展。

另一方面,要做好全流域的战略谋划与布局。通过编制黄河流域生态保护和高质量发展国土空间规划,对流域的水资源治理与开发、生态环境保护与治理、黄河文化传承创新发展、人口与城镇布局、产业发展与动能转换等重大问题进行统筹规划,明确各区域定位,科学合理划定生态空间、城镇空间与农业生产空间,规范保护开发秩序。

(二)推动经济带建设和区域开放合作,释放高质量发展新动能

一是打造以中心城市为中心、城市群和重点开发区域为支撑、重要交通通道为辐射轴带的高质量发展格局,构筑流域高质量发展的网络体系,强化面向中西部地区的综合服务和对外交往功能,着力构建区域经济中心、科创中心、文化高地、内陆开放高地、国家综合交通枢纽。

二是强化省域中心城市的区域协调功能,发挥流域其他中小城市的战略支点作用,形成区域中心城市、省域中心城市和中小城市相互支撑、互动发展的

格局。

三是提升沿黄城市群集聚集约发展水平和辐射带动能力，培育发展新型都市圈，形成区域竞争新优势，为城市群高质量发展、经济转型升级提供重要支持。依托黄河流域上中游地区的发展轴线，加快建设太银高铁路线，推动打造银川—太原—石家庄—济南—滨州—东营发展轴，形成联结黄河流域上中下游、东中西部的北部发展轴线，推动上下游联动发展。

四是推动高水平开放发展。坚持"引进来""走出去"并举，聚焦先进制造业和生产性服务业，依托各类产业园区，积极对接东部沿海和发达国家，引资引智相结合，高水平承接产业转移。深化与"一带一路"沿线国家的多领域合作，推动企业高质量"走出去"，积极申请建立自由贸易试验区，打造开放型经济新高地，加快开放型经济体制机制创新。

五是深化流域合作分工，推动区域联动发展。进一步推动黄河"几"字弯都市圈等区域增长极在产业布局、要素配置、文化交流等方面开展协作，促进资源优势互补、协同发展。加强产业统筹协调，完善上中下游产业分工协作体系，实现产业合理对接、错位发展。

六是深化科技创新要素合作，围绕流域重点领域开展协同攻关，推动国家重大科研创新平台开放共享，加大科技人才培养和合作，促进科技创新资源有序流动。

四、将黄河流域区域一体化打造成为新的经济增长主引擎

（一）推动与区域一体化相关的基础设施项目

如前文所述，区域基础设施一体化在区域一体化战略中占据先导性、基础性地位，可拉近区域内不同城市的空间距离，是推进高层次一体化的前提条件。如今我国正处在通过加大"新基建"投资对冲经济下行风险、提前布局关键领域的重要时间节点，通过补充基建短板、加大"新基建"投资来提升基础设施一体化水平，能够更好地发挥区域一体化对释放经济长期增长潜力的促进作用。为此，既要加强国家重点一体化区域的基础设施建设，还要加强城市轨道、区域生态、安置房建设、5G网络建设等重要领域的区域一体化基础设施建设。此外，在加大基建投资的过程中还须更好地发挥市场机制的作用，如加强招投标的规范性、公开性和透明性，同时积极引入社会资本，加强政府与社会资本的合作等。长期

的经济增长不可能完全靠政府主导的投资发挥作用，市场在资源配置方面的作用得到充分释放，有利于提高投资效率，减少政府财政负担。

（二）打造区域内强大的统一市场

社会分工的精细程度在很大程度上取决于市场规模。市场规模越大，社会分工越精细；分工越精细，规模经济越显著，生产效率也越高。此外，市场一体化会促进区域内竞争，进而刺激企业改革创新，加强技术和管理的积累，提高效率。为此，一要着力建立区域内一体化的市场体系，破除阻碍商品和要素自由流动的地方政策壁垒；二要梳理区域内各地在土地及税收等各方面的优惠政策，减少市场主体在不同城市所面临的政策不平等问题，让市场主体在规范、透明、公平、公正的政策环境中自由竞争；三要充分培育市场中介组织，扶持会计师事务所、律师事务所、产权交易、资产评估、市场信息提供商以及各类行业协会的发展；四要加强各类交易平台的建设，为市场活动提供更为高效的载体，打造各类一体化交易平台、一体化项目平台、一体化信息平台以及一体化政务平台等。

（三）加强区域内产业分工

经济利益是地方利益的基础，而经济利益的实现有赖于产业体系的发展壮大。过去，由于地方政府各自为政、条块分割，区域内存在产业同质化程度高、产业协同水平低的问题，严重影响了区域经济增长。要促进区域经济一体化，必须加强产业联系、深化产业内分工，充分挖掘潜在的产业优势，并将产业优势转化为经济利益。[①] 为此，一方面，应该充分认清区域内各地的资源禀赋特点和比较优势，因地制宜地发展符合本地特点的特色产业，避免投资和产业的同质化，且在省级行政区划的分工定位相对清晰的情况下，省内的分工有必要进一步细分；另一方面，应该探索创新产业协同模式。产业一体化仅从宏观层面讨论是不够的，还需要有微观的协同机制或载体，以实现利益共享。例如，通过建立跨城市的产业开发区为产业集聚提供空间载体；创建区域内产业技术联盟以促进技术的相互学习和合作，集中力量进行科研攻关；建设区域内

---

① 产业联系对区域经济一体化意义重大，这一联系可以是产业的分工互补，如互联网、制造业和包括金融在内的生产性服务业的互补；也可以是产业链上下游之间的互补；还可以是区域内产业呈现出梯度，存在产业转移的可能性。一方面，产业联系是一体化的前提和动力，产业联系越紧密的地区越容易形成相对完备的一体化；另一方面，产业联系相对紧密的区域，区域一体化对经济增长的促进作用更明显。

产业供应链，以提高物流、仓储等方面的效率，进一步深化区域内分工深度，提高区域内产业附加值。

第二节　加快推进更高水平对内对外开放

《报告》强调，开放程度不高是制约宁夏发展的最大短板。党的二十大报告也指出，"必须完整、准确、全面贯彻新发展理念，坚持高水平对外开放，加快构建以国内大循环为主体、国内国际双循环相互促进的新发展格局"[1]。由此可见，加快推进更高水平对内对外开放有助于全面提升宁夏的对内对外开放程度、彻底打破其发展最大短板、打造内陆开放新高地和构建开放型经济新体制，也将有力促进宁夏主动服务和融入新发展格局。

一、积极推动对内开放，夯实对外开放的基础和前提

基于以国内大循环为主体的新发展格局，我国亟须摆脱"两头在外"的旧发展模式，将经济发展的重心转移到国内。特别是在百年未有之大变局叠加新冠肺炎疫情与俄乌冲突的新形势下，我国开放战略思路亟须重大转换，即应从过去强调对外开放转向对外开放与对内开放共同促进、共同发展，既要以对外开放倒逼对内开放，更要以对内开放促进和提升对外开放的水平和层次。换言之，现在对内开放的紧迫性和重要性在一定程度上已经高于对外开放，进一步对内开放已经成为深化对外开放的基础和前提，对内开放合作更具基础性地位且自主可控。[2]长期以来，宁夏对外开放取得了举世瞩目的成就，但对内开放却并不充分，相关政策文件如表 3-1 所示。为融入国内大循环为主体的新发展格局，宁夏应从以下几个要点发力。

---

[1] 二十大报告全文［EB/OL］.中国政府网，http://www.gov.cn/zhuanti/zggcddescqgdbdh/sybgqw.htm.
[2] 范恒山.新时期对内开放合作的基本特点和主要任务[J].今日国土，2020（7）：13-16.

表 3-1 对内开放相关政策文件汇总

日期	政策文件	发文部门	发文字号	相关内容
2022年1月19日	《国务院办公厅关于促进内外贸一体化发展的意见》	国务院	国办发〔2021〕59号	针对调控体系不够完善，统筹利用两个市场、两种资源的能力不够强，内外贸融合发展不够顺畅等问题提出相关意见
2021年11月25日	《市场监管总局商务部关于推进内外贸产品"同线同标同质"工作的通知》	市场监管总局商务部	国市监认证发〔2021〕76号	为推动内外市场衔接联通与一体化发展，以高水平外部循环带动高质量国内循环，就推进内外贸产品"三同"工作有关事项提出七点要求
2021年7月20日	《国务院办公厅关于印发全国深化"放管服"改革着力培育和激发市场主体活力电视电话会议重点任务分工方案的通知》	国务院办公厅	国办发〔2021〕25号	制定"放管服"改革电视电话会议任务分工方案，针对存在问题提出具体措施
2021年4月15日	《国务院办公厅关于服务"六稳""六保"进一步做好"放管服"改革有关工作的意见》	国务院办公厅	国办发〔2021〕10号	提出进一步推动优化就业环境、减轻市场主体负担、扩大有效投资、激发消费潜力、稳外贸稳外资、优化民生服务、加强事中事后监管七项意见
2022年8月9日	《自治区人民政府办公厅印发关于推进全区内外贸一体化发展若干措施的通知》	自治区人民政府办公厅	宁政办发〔2022〕49号	结合我区实际，制定了完善内外贸一体化制度、提升内外贸一体化发展能力、推动内外贸一体化融合发展、优化内外贸融合发展环境等措施

续表

日期	政策文件	发文部门	发文字号	相关内容
2021年8月19日	《自治区人民政府办公厅印发关于服务"六稳""六保"进一步做好"放管服"改革有关工作实施方案的通知》	自治区人民政府办公厅	宁政办发〔2021〕43号	提出进一步优化就业环境、减轻市场主体负担、促进有效投资、释放消费潜力、促进外贸外资稳定、优化民生服务、加强事中事后监管几项实施方案
2021年1月4日	《自治区人民政府办公厅关于印发支持出口产品转内销的政策措施的通知》	自治区人民政府办公厅	宁政办规发〔2020〕24号	加快转内销市场准入,促进"同线同标同质"发展,加强知识产权保护,推动产销融合发展,发挥投资带动作用,提升内销便利化水平,做好金融服务和支持,强化财税政策支持

资料来源:笔者整理。

(一)推动内外贸一体化经营

"打通内外贸,构建双循环",是发挥我国超大规模市场优势、扩大高水平对外开放的内在要求。推动内外贸一体化发展,能够扩大国内市场需求、挖掘消费潜力,助推消费提质升级,同时能增强国内国际两个市场两种资源联动效应,提升贸易投资合作质量和水平。构建新发展格局的提出,使双循环的主次和相互关系更趋明确,在更加强调自身高质量发展、强调国内统一市场建设的同时,更加强调内外政策制度的协调一致性,这必然要求内外贸政策制度和发展实践的协调一致。因此,内外贸一体化发展更是新发展格局要求的内外政策制度协调的直接体现。国务院办公厅于2021年12月30日印发《关于促进内外贸一体化发展的意见》(国办发〔2021〕59号)(以下简称《意见》),就促进内外贸一体化,形成强大国内市场,畅通国内国际双循环作出部署,其中,针对市场主体,该《意见》提出,支持市场主体内外贸一体化经营;鼓励有条件的大型商贸、物流企业"走出去";支持跨国大型供应链服务企业发展,提高国际竞争力,增强产业链供应链韧性;培育一批国内国际市场协同互促、有较强创新能力和竞争实力的优质贸易企业,引导带动更多企业走一体化经营道路;培育一批种养加、产供销、内外贸一体化的现代农业企业。①但必须要看到，内贸和外贸是在国内外两个标准体系下进行的经济活动，企业产品在技术、质量、标准上存在差异。当前，内外贸一体化过程中仍然存在一体化调控体系尚需完善，企业统筹利用两个市场、两种资源的能力依旧不足等问题。进一步推动内外贸一体化发展提质增效，尚需政府、社会、企业等方面多管齐下，协同发力。内外贸一体化包括内外贸在经营主体和管理制度等方面的一体化。企业是内外贸一体化发展的实施主体。为此，要鼓励企业创新内外贸融合发展模式，充分利用现代信息技术，加快线上线下融合，促进产销衔接、供需匹配，积极培育内外贸新业态新模式，促进内外贸产业链供应链融合。

（二）贯彻区域一体化政策

地区之间的非一体化竞争机制和区域壁垒在一定程度阻碍了对内开放。因此，应继续推行区域一体化改革政策，为构建全国统一大市场蓄力。建设全国统一大市场是"十四五"时期畅通国内大循环的重要任务。在不同区域的市场推行一体化建设，有利于最终形成国内统一大市场。相关研究显示，我国国内城市相互间的协作性不足，缺乏统一开放的制度规则。

首先，要利用宁夏沿黄城市群的比较优势，进行区域间协作。2021年10月8日，中共中央、国务院印发《黄河流域生态保护和高质量发展规划纲要》，提出要"高质量高标准建设沿黄城市群"破除资源要素跨地区跨领域流动障碍，促进土地、资金等生产要素高效流动，增强沿黄城市群经济和人口承载能力，打造黄河流域高质量发展的增长极，推进建设黄河流域生态保护和高质量发展先行区。②在经济相对落后、集聚性优势不显著的地区，可以通过劳动力跨区域供给、原材料供给等比较优势的发挥，参与到全国的统一大市场体系、国内循环，甚至是国际循环中，突出"地方化经济"的特色。③为此，宁夏应充分发挥在沿黄城市群中的优势，依靠丰富的能源、粮食资源，与周边地区开展贸易协作，积极融入区域经济一体化发展。同时，宁夏应继续推动与京津冀、长三角、粤港澳大湾区、新型城市群之间的合作交流，学习、引进其先进技术，增强区域务实性合作带动力。

---

① 国务院办公厅关于促进内外贸一体化发展的意见［EB/OL］.http://scjss.mofcom.gov.cn/article/tz/tzzc/202201/20220103246699.shtml.
② 黄河流域生态保护和高质量发展规划纲要［EB/OL］. http://scdfz.sc.gov.cn/gzdt/zyhy/gwyxx/content_70896.
③ 文爱平.区域一体化，畅通国内大循环[J].北京规划建设，2022（3）：194–207.

其次，在制度建设和公共服务上促进地区开放。《"十四五"规划和2035年远景目标纲要》中提出"要稳步拓展规则、制度、管理、标准等制度型开放"。对于中西部内陆区域，立足于参与国内大循环为基础，重点是提升市场一体化支撑能力，应优先完善现代物流网络，推动一体化综合交通运输高效的基础设施网络，加快公共资源交易平台及综合性商品交易平台建设，在区域内部尽快建立要素及资源市场。①

最后，要打破行业垄断，解除部门间不必要的管制。既要转变政府职能，减少对行业部门间的过度干预，深化"放管服"体制改革，"放""管"结合——既要在宏观经济管理、公共物品提供、营商环境改善等方面及时"伸手"，打破市场分割、行业垄断、地方保护等现象，又要完善和改革现有的考核评价标准。

二、实行高水平对外开放，构建开放型经济新体制

党的二十大报告中提及，"我们强调构建新发展格局，不是关起门来搞建设，而是要继续扩大开放"②。双循环要实现国内国际双循环相互促进，不是仅进行国内大循环，更不是闭门造车。推动更高水平对外开放，是构建新发展格局的应有之义和必然要求。通过对外开放，可以引入外部的高端生产要素和稀缺资源，提升国内产业链供应链的稳定性和竞争力；可以深度地参与全球价值链，在国际竞争中提升效率和整体竞争力；还可以引进更加优质和多样化的产品，满足人民群众的需求，推动国内消费升级。③因此，宁夏应积极推动对外开放，为更高水平、更深层次的对外开放贡献区域力量。具体而言，实施高水平对外开放，构建开放型经济新体制须从以下几个要点发力：

（一）促进对外贸易高质量发展

外贸是拉动经济增长的"三驾马车"之一，对于稳经济、促发展发挥着重要作用。2022年的国务院《政府工作报告》将"进出口保稳提质"纳入2023年发展主要预期目标的重要内容，要求"推动外贸外资平稳发展""充分利用

---

① 文爱平.区域一体化，畅通国内大循环[J].北京规划建设，2022（3）：194-207.
② 二十大报告全文[EB/OL].中国政府网，http://www.gov.cn/zhuanti/zggcddescqgdbdh/sybgqw.htm.
③ 赵丽娜，刘晓宁.推动黄河流域高水平对外开放的思路与路径研究[J].山东社会科学，2022（7）：152-160.

两个市场两种资源，不断拓展对外经贸合作"。① 2022年5月26日，《关于推动外贸保稳提质的意见》（国办发〔2022〕18号）印发，就帮扶外贸企业应对困难挑战等作出进一步部署，为更好实现进出口保稳提质任务目标明确了发力方向。② 对于推动外贸保稳提质，需明确一些认识。首先，外贸保稳提质是对出口和进口的双向要求，是实现出口和进口双向的保稳提质；其次，外贸保稳提质的基础在于保"稳"，需采取有力措施，确保外贸规模和国际市场份额稳定在合理区间；最后，外贸保稳提质的关键在于提"质"，就是要提高外贸发展的质量和效益。

得益于统筹疫情防控和经济社会发展的成效，近两年外贸订单回流效应明显。但不应盲目乐观，要坚持问题导向，聚焦新情况、解决新问题，围绕外贸发展的痛点难点有针对性地施策，在加强外贸企业生产经营保障、促进外贸货物运输保通保畅、增强海运物流服务稳外贸功能等方面切实发力，确保实现外贸保稳提质目标任务，更好地发挥外贸对经济增长和高质量发展的"稳定器"和"调节器"作用。

首先，要在加强外贸企业生产经营保障上下功夫，强化对现有外贸企业的跟踪服务，提升存量外向型企业活跃度，做好助企纾困工作，特别是要及时掌握和解决中小微外贸企业的困难，着力保订单、稳预期。

其次，要推动跨境电商加快发展、提质增效，促进高附加值产品开拓国际市场，促进企业用好线上渠道，促进平台培育建设，支持外贸企业拓展渠道。

再次，要引导有进出口潜力的招商引资落地企业在宁夏开展对外经贸业务，扩大对外经贸市场主体。

最后，要密切跟踪外贸发展的国际环境和外贸企业的动态变化，加大出口信用保险支持、进出口信贷支持，进一步加强对中小微外贸企业的金融支持。

此外，要加快建设跨境电商产业集聚区，不断加强海外仓储建设，降低跨境电商物流成本，支持跨境电商企业租赁、建设海外仓；要积极引导本地生产型企业和商贸企业开展跨境电商业务，推动枸杞、葡萄酒、纺织服装等传统外贸企业"上线触网"，形成传统外贸企业与跨境电商协同发展的良性循环，加快拓宽贸易

---

① 2022年李克强总理作政府工作报告［EB/OL］.中国政府网，http://www.gov.cn/zhuanti/2022lhzfgzbg/bgjd.htm.
② 国务院办公厅关于推动外贸保稳提质的意见（国办发〔2022〕18号），政府信息公开专栏［EB/OL］. http://www.gov.cn/zhengce/content/2022-05/26/content_5692364.htm.

新通道。

(二)"引进来"和"走出去"并重

2022年10月25日,国家发展改革委等部门发布的《关于以制造业为重点促进外资扩增量稳存量提质量的若干政策措施》(发改外资〔2022〕1586号)提出,要"推动利用外资高质量发展,支持外商投资企业更好融入国内大循环,促进国内国际双循环"。① 目前,大部分在华外资企业在本地生产、销售、采购,带动了上下游关联产业的配套和发展,是双循环的参与者、践行者和贡献者,对构建新发展格局发挥着关键作用。为助力宁夏企业融入双循环新发展格局,需进一步扩大对外开放水平,实施"对等开放"战略。

(1)就高质量"引进来"而言,外资企业不仅是资金与前沿技术的供给者与传播者、更高效率的生产组织者、更先进企业制度的载体,而且是连接双循环的天然纽带和推动国内国际双循环相互促进的重要力量。② 此外,还要警惕当前成熟外资撤走或关闭现象的发生。③ 一些政府部门或地方政府,比较重视新来的外资,对已经在中国的"老外资"重视不够,对他们的后续服务也不够。引进外资也不能只是大型外资,还应该有中型外资、小型外资,这样才能够形成一个有活力的、多元化的外资生态。进一步推动宁夏融入国内国际双循环良性互动,一是要主动建立高效便捷的政务营商环境,打通市场主体在经营过程中所面临的痛点、堵点。二是结合宁夏产业优势,制定差异化的引资策略,以更加灵活、多元化的方式引进外资。不仅要保持引资规模的稳步增长,还要积极寻求引资结构的持续优化。例如,针对海外企业缺乏足够资金在宁夏建厂的情况,可积极联系外资企业以专利技术、高含金量产品等入股,与当地企业开展合作,进而推动"外国人+外国技术+中国资本+中国注册"的新型国际化模式。三是进一步深化资金、人才、科技等领域开放的协同效应,在开放中推进

---

① 国家发展改革委等部门印发《关于以制造业为重点促进外资扩增量稳存量提质量的若干政策措施》[EB/OL].http://wzs.mofcom.gov.cn/article/n/202210/20221003360524.shtml.
② 余姗,樊秀峰,蒋皓文.双循环格局下"引进来"如何促进制造业高质量"走出去"——基于制度环境的门槛效应分析[J].云南财经大学学报,2022(2):24-35.
③ 当前,不同国家、不同行业的外资企业在华生产制造布局各有进退,政治、经济、国际关系、新冠肺炎疫情冲击、市场性因素均是背后重要原因。目前外资表现出一些典型动向:全球能源、资源等生产要素和工业制成品、消费品的贸易流通,被俄乌冲突和新冠肺炎疫情持续冲击,对跨国企业提出了严峻挑战;生产和供给安全的考虑权重大幅上升,使得在全球范围或在中国国内"去中心化、分散布局"的新趋势加速形成。部分跨国公司近年还采取了"1+中国"的新策略。但就整体而言,中国的市场因素变得越来越重要,在技术能力、人才、产业链上具备竞争力,因此对外资来说仍是非常重要的投资基地。

自主创新，发挥后发优势。在科技研发方面，要用好国际创新资源，积极开展对外技术交流，提高自我创新的认知水平；在人才引进方面，要提高其针对性，在创新链的薄弱环节加大力度，引进急需、特殊人才，并对引进的外籍专家提供高水平公共服务。四是继续扩大技术引进贸易，特别是高新技术引进。"引进来"的技术溢出可以推动制造业价值链攀升，但这一效应与技术质量紧密相关，需要在扩大技术引进贸易的同时加强政策引领，对技术引进质量严格把控，强化对技术引进的吸收。特别是在中美贸易摩擦和疫情冲击背景下，企业更需合理研判全球经济形势，探寻新形势下扩大技术引进贸易的可能来源和可行性，推动制造业价值链向高端攀升。[①]

（2）就高水平"走出去"而言，"走出去"是中国加快转变经济发展方式、调整优化国内产业结构、推动中国由经济大国转变为经济强国的必由之路。[②]宁夏需从以下几点发力，加快推动"走出去"发展模式和路径的升级：一是以"走出去"推动"一带一路"区域价值链的构建。引导本土企业合理有序地进行对外投资，加强与"一带一路"沿线国家的基础设施及产能合作，争取在发达国家投资设厂，建立海外生产基地、布局营销网络，实现资本在更大空间范围内的优化配置。二是引导企业积极学习和引进东道国的先进技术、产销模式，利用"走出去"企业的逆向技术溢出机制提高本土企业的经济实力和生产技术水平。三是通过"走出去"的逆向技术转移机制、研发资源共享机制、研发成果反馈机制和海外市场竞争机制，有效提升企业技术水平，进而为高质量"引进来"奠定基础。[③]四是重视"走出去"新兴模式的探索和应用。要明确"走出去"的战略重点，帮助企业进行海外投资合理规划、做好产业指引，让当地资本在海外更多投资于有助于产业链供应链强链补链、有助于稳定战略资源供给、有助于促进国内产业升级的领域，避免过多在低端领域进行重复投资。五是增强企业风险意识，做好"走出去"各个环节的风险识别与防控。要防控金融、政治、法律等传统风险，采取多元化分散化的风险趋避手段；同时要做好风险应对预案。

---

① 屠年松，龚凯翔."引进来""走出去"的技术溢出对制造业价值链的效应研究——基于研发能力和产业集聚的门限回归检验[J]. 暨南学报（哲学社会科学版），2022（7）：64—79.
② 逯新红. 中国支持企业"走出去"十年之路[J]. 中国对外贸易，2022（10）：14—17.
③ 李丹，董琴."引进来""走出去"与我国对外开放新格局的构建[J]. 中国特色社会主义研究，2019（2）：41—46.

（三）将开放通道建设作为服务"双循环"的重要抓手

可以预见的是，加快开放通道建设有利于深化陆海内外联动，强化宁夏作为西部大开发起点和丝绸之路经济带重要节点的作用。提升宁夏在参与共建"一带一路""西部陆海新通道"等区域布局中的地位，真正将交通优势转化为经济优势，将有利于打通宁夏向南开放的大门，提高与RCEP国家之间的贸易效率，进一步拓宽宁夏优质化工产品和农产品的海外市场，使之更快融入国内国际产业链、供应链、价值链，为加快推进国家内陆开放型经济试验区建设，构建开放型经济新体制奠定坚实基础。

一是要畅通陆海开放通道。自治区第十三次党代会《报告》提出"要更高水平扩大开放，主动融入'一带一路'，积极参与西部陆海新通道建设"[①]。2022年上半年，宁夏西向至中亚国际货运班列发运4列251车，货重0.74万吨、货值1062万美元；东向铁海多式联运班列发运513列2.53万车，货重160.2万吨、货值2.19亿美元。[②] 陆海通道在节约企业物流成本的同时提高了物流效率。因此，应进一步优化国际货运班列运行线路，加强货源组织，提高集散能力，培育品牌线路；同时，要加强与沿边沿海口岸合作，联动内蒙古的甘其毛都、二连浩特口岸，新疆的霍尔果斯、阿拉山口口岸，积极开行"一单到底""一箱到底"公铁海国际货运班列。

二是要拓展空中开放通道，加快构建现代综合立体交通体系。2022年，银川河东国际机场新增至义乌、恩施、北海等7个通航城市航班，加密至成都、深圳、南京等13个城市航班。随着陆上丝绸之路越拓越宽，空中丝绸之路也应越飞越畅。作为拥有西北地区首个获批准第五航权、全国第5个实现"省会通"机场的地区，宁夏应持续深化机场"三基"建设，充分发挥第五航权开放机场的功能，围绕银川河东国际机场建设空港型国家级物流枢纽和区域性国际航空物流中心，推动复飞国际（地区）航线，继续新开、加密国内重点城市航线，推进形成更高质量、更有效率、更具活力的空中开放体系。

三是要借助平台资源，积极融入全国开放大通道。宁夏需积极加入中国集装箱协会、西部陆海新通道运输协调委员会、中国交通运输协会等组织，加快培育

---

① 中国共产党宁夏回族自治区第十三次代表大会开幕［EB/OL］.宁夏回族自治区政府网，https：//www.nx.gov.cn/zwxx_11337/nxyw/202206/t20220610_3557654.html.
② 宁夏融入服务 共建"一带一路"打好对外开放"组合拳"［EB/OL］.http：//www.yidaiyilu.gov.cn.

高质量跨境物流企业，整合公铁海空多方资源，不断夯实通道发展的基础，加强货源组织，提高集散能力，培育品牌线路。

（四）全力推进高水平开放平台的建设，提升开放载体能级

宁夏是国家批准的首个内陆开放型经济试验区，是中国—阿拉伯国家博览会的永久举办地，拥有宁夏国家葡萄及葡萄酒产业开放发展综合试验区、银川跨境电商综合试验区等一批开放平台，是国家向西开放的重要窗口。但如表 3-2 所示，在西北内陆四省份中，宁夏所拥有的各类开放平台数量仍然偏低。因此，需充分利用现有平台，统筹推进各类开放平台的审批与建设，使宁夏尽快加入内陆开放型经济新高地行列。

表 3-2　西北内陆四省份各类开放平台数量（截至 2021 年底）

省份	自由贸易试验区	综合保税区	国家级经济技术开发区	跨境电子商务综合试验区
陕西	1	6	5	3
甘肃	0	1	4	2
宁夏	0	1	1	1
青海	0	1	2	2

资料来源：笔者整理。

一方面，要继续发挥中阿博览会和中国（宁夏）国际葡萄酒文化旅游博览会对对外开放的促进作用。2016 年 1 月，在阿盟总部演讲时，习近平总书记指出，中阿博览会已成为中阿共建"一带一路"的重要平台；2020 年 6 月 10 日，习近平总书记在宁夏考察时强调，要抓住共建"一带一路"重大机遇，坚持对内开放和对外开放相结合，培育开放型经济主体，营造开放型经济环境，以更高水平开放促进更高质量发展。[1] 截至目前，宁夏已成功举办五届中阿博览会，与 186 个国家和地区开展经贸交流合作，在 36 个国家和地区设立了 152 家企业，累计签订经贸合作项目 1024 个。[2] 中阿博览会为宁夏提供了对外开放的平台，在很大程度上拓展了宁夏的国际经贸交流合作空间。中国（宁夏）国际葡萄酒文化旅游博览会的召开也成功搭建起了世界了解中国葡萄酒的平台，畅通了中国葡萄酒走向世界的渠道。下一步，要更大力度地支持和重视展会平台搭

---

[1]　深化经贸合作　共建一带一路——写在第五届中阿博览会开幕之际［EB/OL］．中国政府网，http：//www.gov.cn/xinwen/2021-08/18/content_5631793.htm.

[2]　宁夏内陆开放型经济稳步快走 [EB/OL].http：//www.nx.jcy.gov.cn.

建，充分利用已有展会平台，围绕"六新六特六优"重点产业领域，精心策划好展会，努力使富有宁夏特色的产品和文化走出国门，在更大范围打响品牌知名度和影响力。

另一方面，要推进各类产业园区发展，完善上下游产业链、供应链之间的衔接效用。在新格局构建方略的指引下，通过整合政府、高校、企业等各方资源与力量，在综合实力引领，人才、资本及优质企业品牌集聚，拉动地方经济增收等方面，产业园区具有不可替代的作用。一是以产业规划为根本，着眼于企业的现实需求，在筑强园区平台载体上夯基础、强保障、助企业"开疆拓土"，从而随着强势企业的落地，引入更多高端产业和服务资源，吸引更多专业人才集聚；二是从运营服务及政策上加大对企业的扶持力度，降低企业经营成本，提升园区供给体系的创新力和关联性，提升自身在新格局中的供给层次。此外，要实现"国内国际双循环"，就应充分发挥园区的产业资源集聚能力，推动资源下沉，以产业生态圈建设引领产业发展，以产业功能区为载体加强供应链衔接配套，并嫁接全球产业价值链，实现全球资源共享、共创、共赢。

（五）高水平谋划中国（宁夏）自由贸易试验区申建工作，打造内陆开放型经济新高地

自由贸易试验区是国内国际双循环相互促进的重要枢纽。一方面，自贸试验区应发挥制度创新优势，可以在健全法律法规体系、完善监管体制、加强规则对接、促进标准认证衔接和推进同线同标同质等方面先行先试，率先落地实施有关政策制度措施；另一方面，自贸试验区通过发挥改革开放新高地的引领和示范带动作用，为全国内外贸融合发展探索新模式。与此同时，自贸试验区通过把制度创新的成果和最佳实践案例在国家及地方层面复制推广，使自贸试验区相关制度创新红利在更大范围内得到释放。

从国际形势看，中国未来的外部发展环境不容乐观，美国推动西方国家对中国进行发展"遏制"已是大趋势，中国已不太可能在全球化"顺境"下发展。就国内的经济与社会发展需求而言，中国需要有更多不同环境下的成功发展实践，为更多的地方发展提供借鉴。我国自贸试验区布局不平衡，中西部自贸试验区数量明显不足。中西部地区经济发展滞后与开放不足密切相关，应在推动新一轮高水平开放过程中给中西部地区更多发展机会，通过自贸试验区建设提高中西部地区承接国际产业转移的能力,带动区域开放型经济发展。宁夏是国家批准的首个内陆开放型经济试验区,通过前期的探索,已为自由贸易试验区的建设积累了良好的经验。申建自由贸易试验区可以深化"一带一路"建设与黄河流域生态保护和高质量发展的联动融合,有助于形成陆海内外联动、东西双向互济的开放格局,使宁夏这样的西部地区尽快补齐开放不足的短板,走向开放前沿。① 因此,要积极争取中央和国家部委的支持,抓住自由贸易试验区申建的关键环节;坚持"国家使命与区域特色"的有机结合,大胆吸收和借鉴国内外先进自贸区的成熟经验,不断完善基础设施和政策制定,积极探索富有宁夏特色的制度和产业,增强申建自贸区的底气。

宁夏国家葡萄及葡萄酒产业开放发展综合试验区落户宁夏,标志着宁夏葡萄酒产业正式进入国家战略。为推进葡萄酒产业面向世界,要坚定打造国际品牌的恒心,并有国际化的视野,把宁夏葡萄酒放在国际大背景、世界大格局中谋划推进,既要将世界葡萄酒生产技术、市场经营等方面的成功经验、先进理念"引进来",也要加快推动宁夏葡萄酒产业"走出去",与国际接轨、开拓国际市场,打造"世界葡萄酒之都"。

此外,笔者认为,应将深化次区域经济合作② 与扩大内陆开放更加紧密地结合起来,提升境内外联动发展水平。次区域经济合作是一种低于区域一体化的合作层次,是一个融经济、政治、安全、文化与制度建设为一体的合作。③④ 虽然中央政府在对外经济关系方面占主导地位,但财政分权制度使各地方政府亦具有动力参与次区域合作。在不损害国家整体利益和对外经济合作目标的前提下,大力开展跨境地方政府间经济合作,如通过加强与国际组织和相关国家、地区的沟通协调,搭建平台和创造有利条件推动跨国基础设施和国际通道的建设,促进跨境贸易、产业、人力资源等方面的合作,能够提升对相关国家的对外开放水平,增强我国在国际范围内的主动权、影响力和发言权。就我国而言,目前较为成熟的有大湄公河次区域经济合作、泛北部湾次区域经济合作、图们江次区域经济合作

---

① 申建中国(宁夏)自由贸易试验区打造内陆开放新高地[EB/OL].http://www.nxzx.gov.cn.
② 全球范围的世界经济合作主要指以国家为主体来设置规则,形成统一的适用于各国的契约形式,但难度较大。"次区域"以国家的某一地区为单位,以参与主体是否具有独立行政权来区分国际区域经济合作;以是否跨越国界划分国际次区域经济合作和国内次区域经济合作。
③ 丁斗.东亚地区的次区域经济合作[M].北京:北京大学出版社,2001.
④ 吴世韶.地缘政治经济学:次区域经济合作理论辨析[J].广西师范大学学报(哲学社会科学版),2016(3):61-68.

等。与沿海沿边地区相比，内陆地区经济基础薄弱，在对外开放和经济发展方面处于不利地位，若缺乏外部动力的推动，很难通过市场机制的自发作用形成集聚效应。在市场机制不完善、对外开放吸引力不足的情况下，内陆地区地方政府在跨境次区域经济合作过程中应加大政府行为力度，成为推动跨境次区域经济合作的倡导者、参与者和重要支持者。次区域经济合作为宁夏与中东国家开展合作提供了可行路径。

（六）持续打造市场化、法治化、国际化营商环境

对于市场主体而言，好的营商环境就像阳光、水和空气，须臾不能缺少。优化营商环境是畅通双循环的主要抓手，既关系到招商引资和外贸，又影响到经济发展的活力与质量。随着外资企业诉求深刻变化，优惠政策在良好营商环境中的重要性下降，经济运行的市场化、法治化、国际化水平成为良好营商环境的核心竞争力，也成为我国改善营商环境需要着力补齐的短板，包括扩大市场准入的开放度、增强市场竞争的有序性、提高知识产权保护的规范性等。这不仅是外资企业的要求，更是中国企业的要求。

党中央、国务院高度重视营商环境建设，2019年10月出台《优化营商环境条例》，首次以政府立法的形式为各类市场主体投资兴业提供制度保障，强调通过转变政府职能，激发市场活力和社会创造力，增强经济发展动力。因此，立足经济从高速发展转向高质量发展的时代大局，营商环境建设是当下最紧要的事情之一，应不断深化、持续建设。应坚持市场化、法治化、国际化原则，以市场主体需求为导向，以深刻转变政府职能为核心，创新体制机制，强化协同联动，完善法治保障体制，对标国际先进水平，为各类市场主体投资兴业营造稳定、公平、透明、可预期的良好环境，加快建立统一开放、竞争有序的现代市场体系，依法促进各类生产要素自由流动，保障各类市场主体公平参与市场竞争。当前的关键：一是最大限度为各类要素跨境自由流动提供便利，实现成本最小化；二是将营商环境的具体要求上升为法律、转化为可问责的制度规则；三是从准入前国民待遇、负面清单管理、知识产权保护、生态环境保护、劳工权益、竞争中性、服务业开放、数字贸易八个方面推动与国际接轨，实现营商环境趋同化。①

---

① 黄奇帆．战略与路径：黄奇帆的十二堂经济课[M]．上海：上海人民出版社，2022．

第三节　在扩内需、优供给上加力提效以实现供需结构的动态平衡

党的二十大报告指出："我们要坚持以推动高质量发展为主题，把实施扩大内需战略同深化供给侧结构性改革有机结合起来，增强国内大循环内生动力和可靠性，提升国际循环质量和水平，推动经济实现质的有效提升和量的合理增长。"① 由此可见，在扩内需、优供给上加力提效以实现供需结构的动态平衡，有助于将实施扩大内需战略同深化供给侧结构性改革有机结合起来，以创新驱动、高质量供给引领和创造新需求，加快构建新发展格局。具体而言，在扩内需、优供给上加力提效以实现供需结构的动态平衡，应分别从需求侧和供给侧突破。

在扩内需方面，习近平总书记指出："中国将顺应国内消费升级趋势，采取更加积极有效的政策措施，促进居民收入增加、消费能力增强，培育中高端消费新增长点，持续释放国内市场潜力。"② 因此，当前的重点在于解决"如何增强消费对经济发展的基础性作用"的问题。

在优供给方面，"十四五"规划明确指出："深化供给侧结构性改革最终目的是满足需求及激发经济增长动力，主要手段是优化要素配备和调整生产结构，主攻方向是提高供给质量、增强核心竞争力，重点任务是补齐内循环短板。"③ 因此，当前的重点在于如何从体制机制创新和科技创新两个维度深入推动供给侧结构性改革，进而为供需两侧增长提供强有力的支撑。

一、以全面促进居民消费为重心助力内需扩容提质

消费对于经济增长具有基础性作用，是扩大内需工作的首要切入点。我国社会主要矛盾是人民日益增长的美好生活需要和不平衡不充分的发展之间的矛盾，体现在消费层面就是传统消费远未达到饱和状态，新的消费热点正在形成，我

---

① 二十大报告全文［EB/OL］.中国政府网，http://www.gov.cn/zhuanti/zggcddescqgdbdh/sybgqw.htm.
② 王珂，齐志明，王锦涛.更好发挥消费对经济发展的基础性作用[N].人民日报，2022-05-08（1）.
③ 中共中央关于制定国民经济和社会发展第十四个五年规划和二〇三五年远景目标的建议［EB/OL］.中国政府网，http://www.gov.cn/zhengce/2020-11/03/content_5556991.htm.

国城乡居民的消费正在从生存型消费向发展型、享受型消费升级。因此，刺激消费、扩大内需必须顺应这一趋势。全面促进居民消费增长和升级，有利于推动内需扩容提质，增强消费对经济发展的基础性作用，进而持续释放消费潜力，最终贯通消费环节和打通国内大循环堵点，从而助力形成需求牵引供给、供给创造需求的更高水平动态平衡，促进国民经济良性循环。对于宁夏而言，还有利于形成区域经济的良性循环和发挥空间溢出效应，进而主动服务和融入新发展格局的构建。2022年12月，中共中央、国务院印发了《扩大内需战略规划纲要（2022—2035年）》（以下简称《纲要》）。该《纲要》指出，"坚定实施扩大内需战略、培育完整内需体系，是加快构建以国内大循环为主体、国内国际双循环相互促进的新发展格局的必然选择，是促进我国长远发展和长治久安的战略决策"[1]。具体而言，以全面促进居民消费为重心助力内需扩容提质须从以下几个要点发力：

（一）扩大中等收入群体比重，缩小收入分配差距，激发消费活力，形成有效需求

一方面，要努力扩大中等收入群体的比重。收入是消费的基础，不同收入水平决定不同的消费需求层次。就中等收入群体来看，从消费结构、消费品质、消费模式上都有明显的需求特征。中等收入群体消费结构偏向享受型消费和服务型需求领域，其恩格尔系数水平低，服务消费特征更为明显，享受型消费比重更高。根据样本数据，中等收入群体高质量消费品和享受型消费的绝对消费额分别是低收入群体的4.8倍和6.3倍。[2] 因此，进一步释放居民消费需求潜力的关键在于扩大中等收入群体的比重。

另一方面，要逐步缩小收入分配差距。收入差距也是衡量全体人民共同富裕程度的重要指标。事实上，在剥去种种社会关系的外衣后，人们之间能力的差距远没有现实世界中收入分配和财产分配差距那么大。如果能够创造一个人力资本公平发展的社会环境，人们的积极性、创造力普遍而充分地发挥出来，公平和效率就可以互为因果，在提升社会公平的同时促进经济增长。在社会主义制度下，既要不断解放和发展社会生产力，不断创造和积累社会财富，又要防止两极

---

[1] 中共中央 国务院印发《扩大内需战略规划纲要（2022—2035年）》[EB/OL].中国政府网，http://www.gov.cn/xinwen/2022-12/14/content_5732067.htm.
[2] 邓龙安.新发展格局背景下中等收入群体消费需求的释放决策与动态调整[J].商业经济研究，2022（2）：184-188.

分化，切实推动人的全面发展、全体人民共同富裕取得更为明显的实质性进展。实现共同富裕，既要做大蛋糕，也要分好蛋糕。做大蛋糕的根本是高质量发展经济，让发展成果惠及全体人民；分好蛋糕是侧重分配制度的改革。要把收入分配改革与构建城乡统一的要素市场体系结合起来，把市场机制的初次分配与资源配置功能有效统一起来，处理好整体的收入分配制度顶层设计与具体的城乡改革实践探索的关系问题，妥善处理好效率和公平的关系；要大力提高劳动要素在初次分配中的比重，清理规范隐性收入，取缔非法收入，增加低收入者收入，扩大中等收入者比重，加大居民财产收入的比重，使居民能够充分享受到资产增值所带来的红利；要加大社会保障体系建设的资金投入，扩大社会保障体系覆盖面，扩大政府的转移支付力度，发挥财政在分配过程中的"兜底"作用，适当引入有条件的企业参与社会保障体系建设；要建立对困难群体多元化救助和帮扶机制，科学制定最低生活保障金的增长机制；要努力缩小城乡间、区域间、行业间收入分配差距，逐步形成橄榄形分配格局。

（二）巩固脱贫成果，防止返贫现象发生，刺激贫困地区的造血功能和消费能力

在巩固脱贫攻坚成果上持续用力，不断促进贫困地区经济社会发展和群众生活改善，为继续推进乡村振兴奠定坚实基础。

一是巩固脱贫攻坚成果。健全防止返贫监测帮扶机制，对脱贫不稳定户、边缘易致贫户进行常态化监测，将其纳入帮扶政策范围，完善快速发现和响应机制，采取有针对性的帮扶措施。做好易地搬迁后续帮扶工作，加强就业、产业扶持和后续配套设施建设，确保搬迁群众稳得住、有就业、逐步能致富，促进脱贫提质增效。

二是推进脱贫摘帽地区乡村全面振兴。贫困地区脱贫摘帽后，自我发展能力仍然较弱，主要体现在交通、水利、生产设施相对落后，教育、医疗、科技、管理等人才匮乏，特色优势产业在吸纳就业、刺激经济等方面能力偏弱，可能存在"小马拉大车"等问题，需要继续增强其造血功能。对重点帮扶县，应予以财政投入、产业政策等方面的倾斜，扩大对集中连片贫困区域的交通、物流、能源、水利等基础设施投入，加强发达城市和脱贫摘帽乡村的产业合作，减免特色优势产业的税收，打造一批特色鲜明、功能完备的产业园区和产业集群，推进农业与加工业、文化旅游业、康养服务业、信息化产业等高度融合发展，延长产业链还应通过科技下乡、乡村义诊、教育扶贫等形式推动优质资源进一步下沉到农村基层，激发贫困地区贫困人口内生动力，激励有劳动能力的低收入人口勤劳致富，增强可持续发展能力。

三是推进政策衔接。要抓紧梳理现有扶贫政策，总结脱贫攻坚的实践经验和理论成果，把攻坚期的超常规帮扶举措转为常态化支持政策，强化脱贫攻坚政策与农村社会保障政策的衔接，逐步将针对绝对贫困的脱贫攻坚举措调整为针对相对贫困的常规性社会保障措施。

（三）健全现代物流体系，降低企业流通成本

物流体系是双循环的物质载体，是实现双循环的重要依托。现代物流体系打破了时空限制，扩大了居民消费产品的地理范围和获得渠道，丰富了居民的消费选择，也降低了居民的消费成本。新冠肺炎疫情的暴发倒逼越来越多的消费者开始在线上购物，加速了消费者从传统零售向线上渠道转移的趋势。但宁夏物流运输体系存在成本高、效率低等问题，需要从以下几个方面加以改善：

一是建立健全数字化商品流通体系。要和打造新基建一样，重点解决物流网络在偏远落后地区的"最后一公里"问题，畅通城乡末端物流配送网络，加快布局数字化消费网络，大力开拓城乡消费市场，为广大居民特别是农村居民创造良好的消费条件。

二是将线上渠道作为品牌打造的"必选项"，利用5G、物联网、大数据、人工智能、区块链等现代化技术，发展线上消费，同时应思考线上和线下渠道（包括消费者直达、社交电商、电商平台和实体渠道）的结合与互动。

三是支持电商、快递进农村，推动农村商贸流通转型升级，提高快递点在农村的分布密度，疏通电商网络在农村的毛细血管，补齐农产品冷链物流设施短板，加快农产品分拨、包装、预冷等集配装备和分拨仓、前置仓等仓储设施建设，开展农商互联农产品供应链建设，提升农产品流通现代化水平。

四是发展乡镇商贸企业，打通连接城乡消费的结合点，推动农村特色产品进入城市，提高农村消费能力，通过工业品下乡提高农村居民生活质量，释放消费潜力。

五是加大对物流企业的资金和政策扶持力度，激发物流企业的活力，鼓励物流企业到农村投资，鼓励传统流通企业向供应链服务企业转型，建立健全物流产业市场准入机制，平等对待不同所有制的物流企业，最终形成物流企业有序竞

（四）引导居民转变消费观念，顺应居民消费升级的趋势

随着居民收入水平的提高，更多消费者从注重消费数量向注重消费质量转变，追求更加健康、绿色、环保的消费方式。麦肯锡发布的《2021中国消费者报告》显示，自新冠肺炎疫情暴发以来，中国消费者的健康和质量意识普遍提高，家人安全、整体公共卫生、对疫情蔓延的担忧以及个人健康均位列中国消费者最关注的十大问题之中。这表明生产须以市场需求为导向。

（1）在绿色消费方面，政策制定上要鼓励消费者消费绿色产品，增强居民绿色消费意识，加强舆论的监督作用，营造绿色消费的社会氛围，扩大有效供给，规范绿色产品市场；把提高绿色产品供给质量作为企业主攻方向，鼓励企业加大绿色产品研发、设计和制造投入，推动形成供给结构优化和总需求扩大的良性循环；完善质量认证机制和绿色产品市场准入机制，向绿色生产和绿色消费提供财政税收政策支持。借助新技术完善绿色消费体系，通过大数据、信息技术、物联网、云平台等高新技术手段助力消费绿色化。

（2）在健康消费方面，要提高消费和服务的性价比，使消费者能够用更少的钱享受更好的产品和服务，加快医疗保健新产品研发创新，加速体育健身、健康家居、智能穿戴等新产品迭代，推动在线问诊、健康微直播、线上健身平台等新业态发展；企业要从全人群、全生命周期、衣食住行用等细分市场中挖掘需求、优化服务；政府要推动体育、健康等领域基础设施建设，用优质供给进一步满足健康生活新需求。

（五）落实带薪休假，扩大节假日消费

《中华人民共和国国民经济和社会发展第十四个五年规划和2035年远景目标纲要》中提到，扩大节假日消费，完善节假日制度，全面落实带薪休假制度。[①]这将对我国消费市场、消费规模以及消费结构产生巨大影响。因能够在短期内集中释放消费潜力、促进经济繁荣，假日消费成为了扩大内需、加快内循环的重要体现。为更好地释放假日经济的消费潜力，未来应在进一步增加居民收入水平的基础上，统筹疫情防控和消费市场恢复，推动消费持续稳定回升。可从丰富本地

---

① 中共中央关于制定国民经济和社会发展第十四个五年规划和二〇三五年远景目标的建议［EB/OL］.中国政府网，http://www.gov.cn/zhengce/2020-11/03/content_5556991.htm.

消费、提升文化消费等方面着手，即：

一是丰富本地旅游消费供给，鼓励发展"轻旅游""微度假"等旅游模式，积极打造和引入符合本地发展实际的特色景点、主题乐园、生态旅游区等，构建新颖、有趣的本地旅游消费场景，丰富居民在节假日的本地消费和周边消费。

二是提升本地商圈供给水平，构建多层次、高水平的商圈体系，满足多样化本地消费需求，进一步释放不同层次的消费潜力。例如，提高教育、娱乐、体育、艺术等文化消费供给水平，通过提供丰富、优质的文化消费，提升居民闲暇时间的精神消费比例，在推动消费升级的同时进一步释放消费潜力。

三是开展有针对性的促消费措施，多措并举保障居民假日玩得开心、买得放心、过得舒心。例如，在满足疫情防控要求的条件下发展夜间经济，支持有条件的地区开展夜间特定时段摆摊试点，适当延长营业时间和增设夜间消费场所，促进城市夜间游消费。

四是鼓励实行弹性休假、错峰出行、预约旅游，加快数字技术在旅游消费场景中的应用，支持建设"一码畅游""便捷入住"等数字旅游项目。根据疫情防控情况实时动态优化重点景区分流限流措施，加强对自驾游、自由行等新型旅游消费的统计监测。

五是进一步增加节假日天数，鼓励弹性作息，有条件的地方和单位可根据实际情况，依法优化调整夏季作息安排，为职工周五下午与周末结合外出休闲度假创造有利条件，保障劳动者的合法权益，把带薪休假作为劳动者的基本权利。

六是各级政府应加大公共投资力度。例如，交通设施更新、大型房车露营地建设、文物的维护、自然环境的保护、特色食物的宣传等，以此来刺激假日经济的发展。

（六）着力建设区域消费中心城市

城市作为重要的人居环境，消费是城市的一项基本功能。发展消费中心城市绝对不只是以消费促经济这一个层面的价值，而是通过消费城市的建设提高人居质量。根据宁夏实际，应着力建设辐射带动能力强、资源整合有优势的区域消费中心城市，不断强化集聚辐射和引领带动作用，通过中心城市的辐射作用，带动周边区域发展，在更大范围内形成需求牵引供给、供给创造需求的更高水平动态平衡。

对于建设消费中心城市，政府需做好全方位、长周期、多角度的战略设计，从前端规划到实施落地，需要政府结合城市特征与商业发展规律，在消费场景、消费内容、消费硬软件环境等方面制定一系列的战略规划和指导意见。例如，规划建设城乡融合新型消费网络节点，积极发展"智慧街区""智慧商圈"；深化步行街改造提升工作，加快商业街提档升级，鼓励有条件的街区加快数字化改造，提供全方位数字生活新服务；优化百货商场、购物中心、便利店、农贸市场等城乡商业网点布局，引导行业适度集中；促进传统百货店、大型体育场馆、闲置工业厂区向消费体验中心、休闲娱乐中心、文化时尚中心等新型发展载体转变；完善社区便民消费设施，加快规划建设便民生活服务圈、城市社区邻里中心；加强消费环境建设，开展城市环境美化建设，提高服务质量和水平，制定完善促进消费相关政策，提升城市消费竞争力；鼓励国内外重要消费品牌"首发"，促进时尚、创意等文化产业新业态发展等。与此同时，政府作为牵头主体，也需协调平台公司、存量商业体物业权利人、房企开发商、商业运营商、品牌商户与消费者的利益关系，通过合理的引导促进各利益方形成合力，共同推进目标的实现。

建设消费中心城市的过程中还需要特别关注如下几点：

一是大力推动服务消费。按经济发展的规律，进入人均GDP超过1万美元这一阶段后，消费的增长会超过投资的增长，尤其是消费增长中服务消费的增长会变得越来越重要。换言之，人均收入水平提高到一定阶段以后，吃、穿、用等基本依赖于制造品的增长，已经比较乏力了，而服务消费的增长更快。此外，制造业的产品可贸易，产品可以不是在本地生产的，但服务业的产品由于它的不可贸易性，就取决于这个城市本身的供给能力。

二是以公共消费促进私人消费。仅从概念角度讲，消费本身应该包括公共消费，医疗、教育、文化等很多产业都有很强的公共品性质。尽管有很多东西是由市场提供的，但还有相当部分是由政府来提供，甚至公租房、廉租房本身就有社会保障的性质。除直接统计外，更要看到公共消费本身也是能够促进私人消费的。当前情况下，因为一些领域存在短板，很多消费要么被挤出了，要么被挪到国外了。例如，如果城市中公租房、廉租房等保障性住房供应不足，大家买房租房的价格比较贵，这种高居住成本就会减少其他消费品的消费。如果在公共消费里增加住房供应，居民住房消费支出相应地减少，就有更多的资源去消费其他消费品。又如，国内教育、医疗、文化等方面的发展并不尽如人意，如果能够在属于公共消费的环节里（如文旅、教育、健康等行业），打造出更好的产品和服务吸引居民消费，则更多消费将在国内支出以促进国内消费。事实上，公共消费的提高会直接提升一个城市的综合生活质量，而这也会吸引更多的人在城市住下来，相应的私人消费也"被"提升了。

三是打通堵点以强化集聚辐射和引领带动作用。要使中心城市周边区域人群在消费中心购物、享受服务，就要求周边区域和中心城市之间有更加便捷的交通基础设施和连接，在信息、物流、人流等各个方面能够更好地接入中心城市，在一些特定的行业还要有相应的制度改革。

（七）完善社会保障体系，增加居民隐性收入

西方经济学普遍认为，收入是消费最重要的决定因素。事实上，除显性收入所得（如工资、利息、租金等）外，社会保障也被视为一种隐性收入所得，它能帮助居民有效应对风险，从而发挥了"类收入"的功能。换言之，社会保障水平的不断提高是减少居民预防性储蓄和发挥内需积极作用的关键。为此，应建立健全落后地区的社会保障体系，使全体人民共享小康社会的发展成果，实现包容性增长。[1]事实上，消费不足既反映出社会层面出现了扭曲，也表明下一步的改革重点是纠正这些扭曲。

一是加强顶层设计，优化现有社会保障制度。扎实推进养老保障制度与医疗保障制度改革，逐步消除制度碎片化，实现制度并轨从而提高社会保险的制度统一性、公平性和可携带性；强化社会救助兜底性保障作用，促进分层次、分类别社会救助体系建设，逐步丰富社会救助类型、拓展救助对象、创新救助方式等。

二是补齐社会福利短板，健全社会福利项目体系，加大财政支持，推动普惠型、服务型社会福利发展等。[2]

三是以机制创新、税收优惠和政策引导等为工具，结合政策宣传以社会保障体系结构优化为导向加快提升补充性保障供给能力，促进商业性养老保险、商业医疗保险、企业年金、慈善事业等协调发展，满足社会成员的多样化保障需求。

---

[1] 章成，洪铮. 社会保障、包容性增长与居民消费升级 [J]. 人口与发展，2022（1）：58+103-116.
[2] 郑功成，何文炯，童星，等. 社会保障促进共同富裕：理论与实践——学术观点综述 [J]. 西北大学学报（哲学社会科学版），2022（4）：35-42.

此外，适应就业形态转变及人口流动的现实，应适度增强社会保障制度的灵活性，如调整社会救助跟随户籍保障的基本原则及强制计提新业态就业人员的基本社会保障金等。

四是创新社会保障体系的运行机制，形成社会保障体系的整体合力作用。扩大社会保障范围，提升统筹层次。逐步实现各类群体社会保障关系的无差别转移和流动，特别是要增强流动人员社会保障关系的可流动性与可携带性，增加新业态就业人员参保强制性，切实提高此类群体的社会保障水平。

五是通过数字赋能推动社会保障服务均等化，加快适应社会经济发展水平的社会保障服务标准体系的建设，促进区域范围内社会保障服务内容、流程及行为的统一，提升数字经济下社会保障对象识别、服务供给、监督管理的精准性和有效性，推动农村地区商业银行、社会服务与保险公司等服务资源的整合，进而提升农村居民社会保障服务可及性，促进服务均等化。①

二、发挥投资对扩大内需规模、优化供给结构的关键作用

当前我国经济正面临着供给结构严重错配的问题，特别是低水平供给与无效供给过剩、高水平供给与有效供给不足的现象并存。从投入产出的角度看，产出结构的变动必然是由要素投入变动所致。在经济发展的不同阶段，资本、劳动、技术等多种要素组合的配置结构会发生变化。不管如何变化，通过有效投资所积累的资本要素在其中都发挥着关键性作用。一方面，投资是连接需求和供给的重要手段，在长短期都具有对经济增长的双重效应。例如，在深入推进供给侧结构性改革的过程中，运用一定的投资政策既可以实现短期稳增长，又可以落实长期调结构的双重目标；另一方面，狭义的技术进步属于体现型技术进步②的范畴，而资本体现型技术进步是其中最主要的一种表现形式，这类投资不仅能实现资本深化，而且能大幅提升技术水平。跨国实证研究表明，设备

---

① 刘欢，向运华.基于共同富裕的社会保障体系改革：内在机理、存在问题及实践路径[J].社会保障研究，2022（4）：45-59.
② 技术进步可以分为"不体现型技术进步"（Disembodied Technical Change）和"体现型技术进步"（Embodied Technical Change）两大类。其中，体现型技术进步指许多新技术必要要与投入要素（尤其是物质资本和人力资本）紧密结合才能促进经济增长。随着科技的不断进步和发展，以资本体现型为主的技术进步有赖于对具有先进技术的机器设备方面的投资。

投资占 GDP 的比重每提高 1 个百分点，GDP 增长将相应提高 0.393 个百分点。①因此，要拓展投资空间，优化投资结构，保持投资合理增长，实施和推进一批强基础、增功能、利长远的重大项目建设，结合消费市场共同打造高质量的内需供给体系。

（一）推动企业设备更新和技术改造，扩大战略性新兴产业投资

一方面，传统制造业依然是工业经济的主体。因此，要坚持市场导向，通过推动企业加大对传统制造业升级改造投资，强化数据、信息等先进生产要素应用，加强上游原始创新与下游销售网络建设，培育上下游协同创新、复杂产品设计、质量品牌建设、个性化定制等先进产业能力，全面优化提升供给水平；扩大企业在人力资源、设备改造、技术升级等方面的投入，注重发展劳动密集型产品代工与先进制造能力相结合的生产模式，从以增量为核心的外延式投资向以提质为核心的内涵式投资转变，健全制造业高端化标准体系。

另一方面，政府应积极为战略性新兴产业发展提供配套保障。要重视建设高标准的市场体系，不断优化营商环境，构建亲清政商关系，基于产业链视角落实配套工程，实施"换笼立新"，通过产业、财税、资本、人才等多方面政策创新，吸引高端人才落地生根，帮助企业平衡好长短期利益，增强创新动力，坚定发展信心。特别是要针对新兴产业发展的不同特点和所处的阶段，搭建多元化的投融资渠道，丰富投资退出通道，创新金融服务和产品，引导金融资本、产业资本与社会资本共同支持战略性新兴产业发展。

（二）积极支持和着力推进重大项目建设，加强重大项目储备

积极扩大有效投资，既有利于扩大当前需求，应对经济下行压力，又有利于优化供给结构，推动高质量发展。新冠肺炎疫情暴露了社会治理、公共卫生设施、应急能力建设、物资储备体系等领域尚存的一些短板弱项，具体表现是：公共卫生设施有待完善，应急医疗卫生物资储备设施严重不足，城镇污水、垃圾、供水供热供气等市政设施服务供给能力短缺。换一个视角，这些短板也指明了下一步的投资方向。2022 年 8 月 1 日，国家发展改革委召开上半年发展改革形势通报会。会议强调，推动稳增长各项政策效应加快释放，充分发挥投资关键作用，更好发挥推进有效投资重要项目协调机制作用，切实加大力度做好项目前期

---

① 徐文舸. 投资对优化供给结构发挥关键性作用的综述研究 [J]. 今日科苑，2019（1）：83—89.

工作，加快政策性开发性金融工具资金投放并尽快形成实物工作量。① 因此，政府投资要坚持服务于国家重大战略，聚焦关键领域和薄弱环节，合理扩大有效投资，加大补短板强弱项力度；坚持资金和要素跟着项目走，加大项目资金、用地、能耗等要素保障力度，加快推进项目开工建设；推进新型基础设施、新型城镇化、交通水利等重大工程建设，支持有利于城乡区域协调发展的重大项目建设，推动实施西部陆海新通道等重大工程；推进重大科研设施建设、重大生态系统保护修复、公共卫生应急保障、重大引调水、防洪减灾、送电输气等领域的重大项目，提高储备项目质量。

（三）发挥政府投资的撬动作用，形成市场主导的投资增长机制

一方面，要解决地方政府与企业之间的天然软约束所产生的潜在的、隐性的信用扩张冲动，重构地方国企的功能和管理体系；拓展投资空间，发挥中央基建投资、地方政府专项债券等作用，在严控风险的基础上，用好用足地方政府发债额度，支持国家重点领域、重大工程、重大项目建设，聚焦关键领域和薄弱环节，积极扩大有效投资，保证投资行为的持续性和长期性。

另一方面，政府要发挥投资撬动作用，激发民间投资活力，创新政府投资和民间资本的合作模式，通过项目招标、BOT（建设—经营—转让）或者交钥匙等模式引导民间资本参与公共卫生、物流仓储、基础设施设备生产等短板领域，对于已经列入重点投资项目清单的民间投资重大工程和重点项目要积极落实建设条件，有序推动民间投资项目。对政府而言，要引导民间资本投资，当务之急是做好将社会收益内化为企业收益的制度安排，即：当社会收益没有确定受益人时，政府应通过经营授权（如政府和社会资本合作模式）内化社会收益；而当社会收益有确定受益人时，政府应推动投资者与受益人股份合作，并严格保护产权，营造公平合作的投资环境。② 在此特别要强调优化民营企业发展环境，依法保护民营企业产权和企业家权益，促进民营经济发展壮大的重要性。在中国市场，国有经济（或公有制经济）和民营经济（或非公有制经济）都是现实的存在。在真实的市场中，还存在股权比例不同的混合所有制企业主体。如果从经济规模看，民营经济的规模更大一些，对中国经济作出了重要

---

① 国家发展和改革委员会 国家发展改革委召开上半年发展改革形势通报会［EB/OL］. https：//www.ndrc.gov.cn/fzggw/wld/mh/lddt/202208/t20220802_1332554.html.
② 王东京. 中国经济突围：新发展阶段的关键议题［M］. 北京：中信出版集团，2022.

贡献。

（四）推动扩投资促消费政策加快见效

"文件治国"是我国国家治理的基本表现形态之一，国家的正式政策对地方的社会经济发展有着不容忽视的作用。① 由于作为"文件传递链"起点的国家正式政策文件的内容往往是方向性、原则性和指导性的，因此上述文件要转化为具体的治理效能，需要各地因地制宜地执行。掌握更为精确的关于本地分散化知识的省级政府作为政策传递者，除了决定是否传递政策原型以及传递速度，同样需要根据本地的具体情况对国家发布的政策进行内容上的细化和更新。但在文件传递实践中，经常会出现部分地方政府原封不动地传递上级政策，充当文件"二传手"的现象。

2022年10月26日召开的国务院常务会议部署了持续落实好稳经济一揽子政策和接续措施，旨在推动经济进一步回稳向上。会议指出，要推动扩投资促消费政策加快见效。一是财政金融政策工具支持重大项目建设、设备更新改造，要在第四季度形成更多实物工作量。推动项目加快开工建设，确保工程质量。支持民间投资参与重大项目。加快设备更新改造贷款投放，同等支持采购国内外设备，扩大制造业需求并引导预期；二是促进消费恢复成为经济主拉动力。扩大以工代赈以促就业增收入带消费，将消费类设备更新改造纳入再贷款和财政贴息支持范围。因城施策支持刚性和改善性住房需求。② 这是党的二十大后的首场国常会，同时是第三季度经济数据出炉后的首场国常会，所传递出的高层对经济形势的判断及具体举措等信息值得品味。一分部署、九分落实。通观新华社整篇稿件，"落实"二字多次出现，是本次国常会着重强调的主题，同样是深入学习贯彻党的二十大精神的具体体现。为保证相关政策切实落实不打折扣，一要相关部门加大对政策的学习宣传解读力度，并结合各自实际进一步细化扶持办法；二要及时对各项政策落实过程中的新情况新问题进行梳理分析，加强政策效果评估，不断推出更完善的措施解决政策落实中的难点；三要加强政策激励，针对执行意识淡薄或弱化的现象，既要形成强大的外在压力，

---

① 刘河庆.政策采纳与政策内容再生产：地方政府政策执行行为及其微观结果（华中科技大学社会学文库·青年学者系列）[M].北京：社会科学文献出版社，2021.
② 李克强主持召开国务院常务会议［EB/OL］.光明网，https://epaper.gmw.cn/gmrb/html/2022-10/28/nw.D110000gmrb_20221028_1-02.htm.

也要实施科学合理的激励机制,不断激发政策执行的内在动力;四要健全问责机制。明确责任主体,坚持有责必问、问责必严,把监督检查、目标考核、责任追究有机结合起来,把解决落实难与治理"为官不为"紧密结合起来,形成政策执行合力。①

三、以体制机制和科技创新深入推动供给侧结构性改革

"推动国内大循环,必须坚持供给侧结构性改革这一主线,提高供给体系质量和水平,以新供给创造新需求,科技创新是关键。"② 由此可见,创新驱动发展是供给侧结构性改革的强大推动力。以体制机制和科技创新深入推动供给侧结构性改革,有利于增强国内大循环内生动力和可靠性,提升国际循环质量和水平,加快建设现代化经济体系,着力提高全要素生产率,着力提升产业链供应链韧性和安全水平,着力推进城乡融合和区域协调发展,推动经济实现质的有效提升和量的合理增长。

首先,加快形成有利于创新的制度安排,以共生创新的理念促进创新生态的完善。提供更多高水平的科技创新供给,突破关键核心技术瓶颈制约,推动新技术快速大规模应用和迭代升级,迫切需要建立与此相适应的科技创新体制机制,以科技创新体制机制改革的强劲"动能"大幅提升科技创新能力和水平的"势能"。③ 但当前科技创新体制机制还存在短板,有些改革举措落实还不到位,整体创新效率需要提高。为此,要推动科技体制改革从立框架、建制度向提升体系化能力、增强体制应变能力转变。例如,要切实加强知识产权保护,实施更加严格的知识产权保护和执法制度,大幅度提高权利人胜诉率、判赔额,从根本上改变目前"侵权易、维权难"的状况,在全社会营造尊重知识产权的氛围和环境;又如,应实施技术转移行动计划,通过完善知识产权许可和管理、加强技术转移机构建设等政策法规和措施,推进财政资金支持的技术成果转移和产业化,大幅度提高科技成果转化率;再如,完善创新导向的评价制度。推进高校和科研院所分类评价,把技术转移和科研成果对经济社会的影响纳入评价指

---

① 王锁明,王明.改革举措落实难的症结与出路[J].人民论坛,2016(32):12-14.
② 李昊匡,刘亮,刘平."双循环"格局下的供给侧结构性改革——基于技术周期性演变的视角[J].福建论坛(人文社会科学版),2022(2):59-71.
③ 推进科技政策扎实落地[EB/OL].光明网,https://m.gmw.cn/baijia/2021-12/23/35400176.html.

标，形成绩效导向的科学评价体系。此外，企业应从独立创新转变为多元主体共生创新，与相关利益方联结成创新共同体，打造良好的产业生态和创新型产业集群。为此，需要健全保护创新的法治环境，打造开放公平的市场环境和崇尚创新的文化环境，营造有利于创新生态完善和各类创新主体健康成长的共生环境。①

其次，鼓励科技创新，激发各类创新主体活力。构建支撑供给侧结构性改革创新体系的关键是把激励搞对。要加强激励，鼓励创新，激发企业、大学和科研机构、新型研发机构、各类专业化服务机构等创新主体内生动力和发展活力，使各类主体在创新体系中各归其位，系统提升各类主体创新能力，增强创新源头供给。具体而言，一是强化企业创新主体地位和主导作用，鼓励企业开展基础性前沿性创新研究，提高企业对国家科技计划、应用导向的科技重大专项方案等决策参与度，建立需求导向、企业牵头、企业采购高校和科研机构研发服务的关键领域产业技术攻关体系；二是突出重点，通过典型示范等方式支持企业创新能力建设，加快培育一批拥有自主知识产权和知名品牌、具有影响力的创新型领军企业，培育一批具有行业竞争力的创新型企业和一批富有创新活力的中小企业集群；三是推动科教融合发展，促进高等学校、职业院校和科研院所全面参与国家创新体系建设，支持大学和科研院所组建跨学科、综合交叉的科研团队。围绕国家战略需求和目标，瞄准国际科技前沿，布局建设一批高水平实验室，提升战略领域的科技创新能力。②

最后，开展产学研合作，推动创新要素向企业集聚，多措并举强化企业创新主体地位。强化企业创新主体地位是把科技研发能力转化为经济发展实力的核心要义。企业最具备成为创新主体的特征和条件，天然具有连接科技与产业的动力，还是促进研发向产品和商品转化的绝佳场所。企业是创新要素配置的主体，最有条件成为创新活动主体。当前，企业创新主体地位还不够突出，规模以上工业企业研发强度低于发达国家水平，企业和科研机构的合作水平低，产学研仍然各自为政，企业基础研究投入不足，引进技术居多等情况比较突出。为此，要多措并举强化企业创新主体地位，推动企业提高对国家科技计划、科技重

---

① 朱惠军. 新时代以供给侧结构性改革为主线[J]. 上海经济研究，2022（7）：23-31.
② 王长明，赵景峰. 创新模式选择、技术环境支持与供给侧结构性改革[J]. 现代经济探讨，2022（8）：88-101.

大专项等的决策参与度,支持企业承担重大科技项目,使企业成为技术创新决策、研发投入和科研成果转化的主体。具体而言:一是可综合运用财税、金融等普惠性政策手段,在前竞争阶段对企业创新活动予以支持,对于企业的基础研究投入予以税收减免,并按照"专精特新"企业的发展生命周期和资金需求层次给予不同的金融支持;二是更加灵活、普遍地运用技术标准、环境保护等手段,不断提高相关门槛,倒逼企业投资研发、加快产业技术升级;三是弘扬企业家精神,强化竞争政策基础地位,加强知识产权保护,营造公平竞争的市场环境,使企业创新投入得到合理回报,鼓励有技术、有实力的企业参与起草行业和产品标准,增强这类企业在市场上的发言权;四是加快科研院所改革,构建有利于科技人才向企业流动的体制政策环境,鼓励科研院所和高校科技人才进入企业,鼓励高校毕业生到企业工作,建立企业、科研机构和高等院校的联合体。

第四节 推动城乡区域协调发展和县域经济发展

改革开放40多年来,城乡发展均进入到新的发展阶段。但从现实情况看,土地、人才、技术、资金等要素仍然呈现向城市的单向流动,城乡发展不均衡,农村内在潜力难以充分发挥。[①] 城乡二元结构体制不仅桎梏了城乡关系,也严重制约了农村和农民消费需求的实现和释放。因此,促进城乡融合发展、缓解区域发展不均衡不充分,是新发展格局下我国经济发展亟待解决的问题,要把推动城乡融合发展作为促进形成双循环的源泉和动力。

城乡之间未能形成良性循环,是我国城乡差距大,城乡问题突出的根源之一。县域与县城未能有效发挥连接城乡的作用,是城乡循环不畅的重要因素。[②] 党的二十大报告指出:"要推进以县城为载体的新型城镇化建设。"[③] 县域经济的孱弱与大中城市的无限扩张在继续拉大城乡差距。以县域为基本单元推进城乡融

---

① 余林徽.以城乡融合发展助力构建"双循环"新格局[J].国家治理,2021(31):35-38.
② 在生产方面,县域和县城经济发展水平低,产业就业带动能力有限,对乡村产业发展的支撑作用不足;在流通方面,县城在产业—市场间的中转作用不足,县域范围内的流通体系不完善;在消费方面,县域内普遍缺乏对农产品品牌创建的引导;在要素配置方面,县—镇—村的要素流动缺乏整体统筹。
③ 二十大报告全文[EB/OL].中国政府网,http://www.gov.cn/zhuanti/zggcddescqgdbdh/sybgqw.htm.

合发展，有利于城乡区域发展差距和居民生活水平差距显著缩小，从而促进城乡区域良性互动和健全城乡融合发展体制机制，推动共同富裕目标的实现，从而畅通内需堵点和促进国内大循环运行。由调研可知，宁夏以县城为重要载体的城镇化建设亦存在诸多弱项，包括产业支撑不够有力、基础设施短板突出、公共服务供给不优、环境设施亟待加强以及城乡融合发展不足等问题。推动宁夏城乡区域协调发展和县域经济发展，须从以下几个要点发力：

一、以"三大路径"促进城乡区域协调发展

党的二十大报告在充分肯定党和国家事业取得举世瞩目成就的同时，也提出必须清醒看到工作存在的一些不足、面临的困难和问题，其中提出"城乡区域发展和收入分配差距仍然较大"[①]。在工业化初期、中期，乡村为工业发展和城镇化发展提供了资源支撑，特别是工业与服务业中的劳动力资源支撑，在经济发展从以外延为主转向以内涵为主，以促进高质量发展的历史阶段，城市反哺农村、联手乡村共同发展需要提升为实现协调发展的主旋律。在构建新发展格局的过程中，各种人流、资金流、信息流、产品流等都会密切城乡之间的关联。应以此为契机，努力打破以往固化的城乡"二元经济结构"中资源流动渠道的"中梗阻"，通过积极实施乡村振兴战略，将巩固拓展脱贫攻坚成果同乡村振兴战略有效衔接。本书将以补齐"短板"促城乡协同发展、以外力帮扶促内生动力激发、以政府与市场协同促资源要素组合优化的思路，探讨宁夏应如何在新发展格局中实现相对贫困治理、产业链的优化升级以及城乡治理，最终形成共建、共治、共享的"互惠共生"的新时代城乡关系，实现"乡村全面振兴样板区"的建设目标。

首先，全面实施乡村振兴战略，补齐农业农村短板。全面实施乡村振兴战略，必须坚持把解决好"三农"问题作为全党工作的重中之重，着力改善农业农村发展的环境和条件。一方面，牢固树立农业农村优先发展政策导向，把实现乡村振兴作为全党的共同意志、共同行动，为农业农村优先发展提供政策保障，特别是要在干部配备上优先考虑，在要素配置上优先满足，在资金投入上

---

① 二十大报告全文[EB/OL].中国政府网, http://www.gov.cn/zhuanti/zggcddescqgdbdh/sybgqw.htm.

优先保障,在公共服务上优先安排。① 另一方面,努力增强农业农村发展内生动力。一是抓好农业生产。落实藏粮于地、藏粮于技战略,保障粮食安全,提高农业质量效益和竞争力。二是不断深化农村改革,健全城乡融合发展体制机制,推动城乡要素平等交换、双向流动,增强农业农村发展活力;加快培育农民合作社、家庭农场等新型农业经营主体,健全农业专业化社会化服务体系;积极探索实施农村集体经营性建设用地入市制度,建立土地征收公共利益用地认定机制,探索宅基地所有权、资格权、使用权分置实现形式;深化农村集体产权制度改革,健全农村金融服务体系。三是实施乡村建设行动,把乡村建设摆在社会主义现代化建设的重要位置,强化县城综合服务能力,把乡镇建成服务农民的区域中心;完善乡村水、电、路、气、通信、广播电视、物流等基础设施,改善农村人居环境。四是对乡村产业发展做好规划和指导,形成乡村经济可持续"造血"的发展机制,以现代技术注入农业生产方式,提升农业发展水平,并使农业这个第一产业的发展与工业生产方式的引入及服务业的融入相交汇,构建更可靠的以农业为本体的全产业链,并融入创新链、做强供应链,提升农业的生产组织能力及与市场对接能力,将其建设成为综合高效的现代农业产业体系。

其次,完善新型城镇化战略,以外力帮扶促内生动力激发。新型城镇化要充分考虑增强城乡发展协调性的要求,推进以人为核心的新型城镇化,使城市更健康、更安全、更宜居,成为人民群众高品质生活空间。具体而言,一是因地制宜优化城市空间布局,建设一批产城融合、职住平衡、生态宜居、交通便利的郊区新城,推动多中心、郊区化发展。优化行政区划设置,发挥中心城市和城市群带动作用,建设现代化都市圈。推进以县城为重要载体的城镇化建设。二是转变城市发展方式,按照资源环境承载能力合理确定城市规模和空间结构,统筹安排城市建设、产业发展、生态涵养、基础设施和公共服务,在缩小城乡收入差距的同时,进一步协调城乡发展,着力在城乡规划、基础设施、公共服务等方面推进一体化进程。三是有力有序有效深化户籍制度改革,放开放宽城市落户限制,提升城市包容性,推动农民工特别是新生代农民工融入城市。四是坚持"房子是用来住的,不是用来炒的"的定位,租购并举、因城施策,促

---

① 杜志雄,郜亮亮."坚持农业农村优先发展"的重要意义及实现路径[J]. 中国发展观察,2019(Z1):14–17.

进房地产市场平稳健康发展，有效增加保障性住房供给。五是统筹城乡格局，着眼长远发展。着力补足乡村基础设施建设的短板，包括修路、供水（自来水）、供电等基本设施，特别是在网络设施、卫生设施（包括乡村公共厕所建设、改造等）、排污系统等方面加快与城市设施的对接。除基础设施建设外，涉及生态环境系统、城乡产业布局、城市及周边地区功能区划分等规划的内容，必须提升规划的科学性及规划实施效果的长效性，例如，城市建设中的排水系统重构问题，要打通城乡需求，做好通盘考虑，以免对未来某些重要基础设施跨城乡运作的系统性效率形成制约。

最后，健全城乡要素合理配置的体制机制，以政府与市场协同促资源要素组合优化。促进城乡要素合理配置既是实现乡村振兴的必然要求，也是实现工业反哺农业、城市支持农村的重要保障。"十四五"时期促进城乡融合发展，应健全有利于城乡要素合理配置的体制机制，坚决破除妨碍城乡要素自由流动和平等交换的体制机制壁垒，促进各类要素更多向乡村流动，在乡村形成人才、土地、资金、产业、信息汇聚的良性循环；健全有利于城乡基本公共服务普惠共享的体制机制，推动公共服务向农村延伸、社会事业向农村覆盖，健全全民覆盖、普惠共享、城乡一体的基本公共服务体系，推进城乡基本公共服务标准统一、制度并轨；健全有利于城乡基础设施一体化发展的体制机制，把公共基础设施建设重点放在乡村，坚持先建机制、后建工程，加快推动乡村基础设施提档升级，实现城乡基础设施统一规划、统一建设、统一管护。此外，各地经验表明，在青壮劳力不断离开乡村进城务工的"人口红利衰减期"，应振兴乡村经济，推进农业现代化，实现城乡融合战略目标有赖于夯实农业产业基础，找准与本地资源禀赋相符合、与本地实际需要相吻合的生产方式与产业结构，提高农户自生能力和龙头企业竞争优势。为此，可以通过盘活土地经营权，吸引城市工商资本下乡，创造、培育、壮大具有持续盈利能力的龙头企业和相关业态，提高农户收入，建设美丽乡村，建构与产业分布、人口分布相契合的小城镇，产城（镇）一体、产乡（村）一体，提升农业全要素生产率，促进城乡要素同权；投入农村基础设施建设，加强农田整理、生态整治，提升农业产业化和现代化水平，提高农户、龙头企业、合作经济组织自生能力和市场竞争优势，实现城乡一体化与融合发展目标。

二、以"创新发展"促进县域经济深度融入新发展格局

县城是一地行政中心和经济中心,吸纳农业转移人口也有潜力,未来可能成为多半乡村转移人口市民化的选择。县域振兴,被学术界、实业界视为抓住乡村振兴战略的"牛鼻子"。从各项要素支撑看,就地城镇化这个"地",如果落实到县城、县域,应不会构成瓶颈约束。就地城镇化的难点是就业。相对于大中城市,县城、重点镇这些就地城镇化的重点载体存在规模较小、集聚度较低,一些行业与产业难以发展,就业类型少、就业容量小的现实情况。面对这些现实,发展县域城镇化,一要立足县城、依托城乡,发展富有特色的"第六经济",即一二三产业融合的经济;二要推进以县城为重点载体的城镇化,人口规模稳中有升,许多产业机会就会滋生出来;三要靠提高农业劳动生产率,把更多人口从农业里中"挤"出来,变成非农业人口;四要靠集体经济组织增加开放性,吸引城里人、外来人,增加"源头活水"。

此外,需要以数字经济赋能县域经济转型升级。在大部分地区,县域经济发展的主要载体仍是农业。县域内要发展数字经济,农村、农业可能就是主战场。一段时期以来,"电商+直播带货"在一些农村持续保持热度,但是数字经济在农村,不是单纯发展"电商+直播带货"那么简单,要以数字技术为手段,推动生产生活方式发生转变,进而促进农业农村转型升级。而突破点可能是发展数字农业。解决农业数字化发展,包含两方面内容:一是通过电商解决农产品销售问题;二是以数字化手段智能控制生产方式。上述第二个方面比第一个方面更为重要,而且投入更大,更难以实现。随着数字技术在我国农村的进一步推广,用物联网监控作物生长、用智慧物流运输农产品、用手机通过服务平台咨询农业问题等,这些日益普及的大数据、物联网、人工智能、云计算等数字化技术,正改变和重塑着一些乡村的生产生活面貌。一言以蔽之,高价值密度的农产品更适合运用数字化手段管理,其所产生的高回报也能够反过来极大促进数字化手段的推广应用,进而推动数字农业和县域发展数字经济。

三、加快推动农业农村现代化

当前我国最大的发展不平衡是城乡发展不平衡，最大的发展不充分是农村发展不充分。2021年8月24日，习近平总书记在河北省承德市双滦区偏桥子镇大贵口村考察调研时曾深刻指出，"即使未来我国城镇化达到很高水平，也还有几亿人在农村就业生活。我们全面建设社会主义现代化国家，既要建设繁华的城市，也要建设繁荣的农村"①。构建新发展格局，突出短板在"三农"，深厚基础也在"三农"。必须优先发展农业农村，聚焦聚力改善农业供给、扩大乡村消费、优化要素配置，加快农业农村现代化，发挥和强化"三农"压舱石作用。

首先，推动农业供给侧结构性改革，促进供需适配。人民对美好生活的需要，相当一部分体现为对绿色优质农产品的需求，以及对"望得见山、看得见水、记得住乡愁"的美丽乡村的向往。目前，农业供给体系对需求变化的适应性还不强，优质农产品供给不足，乡村旅游产品单一，难以满足多层次、多样化市场需求。必须坚持深化农业供给侧结构性改革，以农业高质量供给引领和创造新需求，提高农业质量效益和竞争力。关键点有三：一是以创新引领农业高水平自立自强，进一步提升农业科技创新在农业农村工作中的战略地位，确立农业科技创新优先发展战略。二是以创新构建现代农业产业体系。从实体经济、科技创新、现代金融、人力资源的协同发展出发，坚持问题导向，制度创新与技术创新同频共振、同时发力，通过产业结构创新、产业政策创新、企业发展创新等一系列重大措施，推进农业产业走上高质量发展之路。三是以创新推动农业绿色发展。要把发展绿色农业放在农业现代化转型升级的优先地位，加大农业绿色发展制度创新和政策创新，全力构建减碳、增汇、绿色、优质的新型现代农业发展新格局。

其次，实施乡村建设行动，扩大农村有效需求。目前，农业农村基础设施短板还很突出，农田水利、农村公共服务设施、环境基础设施等建设存在巨大的投资缺口，无论是消费还是投资，都蕴藏着巨大的成长空间。应全面实施乡村振兴战略，强化以工补农、以城带乡，加快乡村建设，加快推进一批牵引性强、有

---

① 习近平在河北承德考察时强调贯彻新发展理念 弘扬塞罕坝精神 努力完成全年经济社会发展主要目标任务［EB/OL］.中国人大网, http://www.npc.gov.cn/npc/kgfb/202108/a5617f3b7c994ae78993452621a3fa53.shtml.

利于生产和消费"双升级"的现代农业农村重大工程项目，特别是适应农村新产业、新业态、新模式发展的现代基础设施，如信息基础设施、冷链物流设施等，全面提高农村基础设施和公共服务水平；同时，加快推进城乡市场一体化建设，培育城乡流通主体，健全农村消费网络，提高农村消费便利化水平，降低农村消费成本，提升农村居民消费品质，有效释放农村农民需求。

最后，优化城乡要素配置，促进"人地钱技"汇聚。要素自由流动和平等交换，是推动农业农村现代化的基础。目前，妨碍城乡要素自由流动和平等交换的体制机制壁垒尚未根本破除，农业农村发展缺资金、缺技术、缺人才的问题还十分突出，劳动力、资本、技术等要素良性循环格局尚未形成，导致农业农村发展活力不足。必须加快建立健全农业农村优先发展的体制机制和政策体系，创设出台一批含金量高的重大政策，促进各类要素更多向乡村流动，在乡村形成人才、土地、资金、产业、信息汇聚的良性循环，为乡村振兴注入新动能。其中，人地关系是关键。应在农村"三块地"①改革上有更大突破，构建基于城乡人口流动的土地权益匹配机制，增强要素流动协同性，让农业转移人口能安心落户、融入城市，让返乡群体、工商资本能扎根乡村、创新创业。

第五节　以创新驱动为力量源泉实施产业振兴战略

2022年8月24日，习近平总书记在经济社会领域专家座谈会上的讲话中指出，"以科技创新催生新发展动能。实现高质量发展，必须实现依靠创新驱动的内涵型增长。我们更要大力提升自主创新能力，尽快突破关键核心技术。这是关系我国发展全局的重大问题，也是形成以国内大循环为主体的关键"②，指明了以创新为根本动力引领新发展格局形成的路径方向。《报告》提出的五大战略中亦将创新驱动战略摆在第一位，在"九大支撑"重点任务中放在第一项，首先解决了发展动力问题。《报告》同时着眼破解全区产业发展深层次的问题，将产业振兴战略作为"五大战略"之一，提出"把推动高质量发展的主攻点放在产

---

① "三块地"是指城镇规划区内建设用地、农村耕地和乡村建设用地。
② 习近平主持召开经济社会领域专家座谈会并发表重要讲话［EB/OL］.中国政府网, http://www.gov.cn/xinwen/2020-08/24/content_5537091.htm.

业上",进而解决了发展支撑问题。新发展格局下实现产业高质量发展是构建现代产业体系、实现经济高质量发展的基本命题和重要支撑。而以创新驱动的产业转型升级也有助于提升宁夏发展的整体水平和竞争能力,产业链不断由中低端迈向中高端,从而逐步实现经济高质量发展,进而更好地服务和融入新发展格局。

一、培养高级创新人才,激发人才创新活力

培养高级创新人才,激发人才创新活力有利于提高区域创新能力和创新绩效,赋能传统产业转型升级,有助于打好关键核心技术攻坚战,提高创新链整体效能,构建实体经济、科技创新、现代金融、人力资源协同发展的现代产业体系[①],进而推动宁夏以创新驱动为力量源泉实施产业振兴战略和主动服务及加快融入新发展格局。

一是强化科技人才队伍建设的战略导向,面向国家需求实施适切人才战略,统筹相关的人才计划和工程,以战略科学家队伍、科技领军人才和创新团队建设为重点,造就顶尖的科技创新人才队伍。此外,应适当超前布局,深化面向"卡脖子"技术突破的基础研究人才储备,提升基础研究人才的科研能力,联合各方力量共建基础研究人才成长平台,进一步激发基础研究人才活力。

二是提升科技人才开放水平,加速面向全球与全产业链的高精尖人才集聚。应推动高水平开放,建立多元化国际科技创新人才工作体系。

三是增强科技人才队伍的自主培养能力,多措并举提升科技人才质量。科技人才队伍的建设要关注人才早期发展,提升各项制度与环境对青年人才的普惠性支持力度与效果;坚持"修炼内功",优化科技后备人才培养结构,大力发展创新教育,推动科教协同、产教融合,夯实创新型人才培养基础,强化企业培养科技创新人才能力。

四是深化科技人才发展体制机制改革,建立科技人才信息平台,完善激励约束机制,强化人才政策协同,实现可落地、高效能的人才发展支撑保障。

五是打通科技人才培养质量提升、人才良性循环、人才政策落地的"最后一

---

① 陈景彪. 我国科技创新人才体制机制的改革与完善[J]. 行政管理改革,2022(9):53-61.

公里",促进人才发展中"能力"向"效能"的转化。

六是将"破"与"立"有机结合,弘扬科学精神和科学家精神,以正确评价导向和科学评价体系引导形成积极健康的科研风气。①

需要强调的一点是,高质量科研成果的产出需要科研创新者心无旁骛,甚至带有一种"癫狂"的献身精神去孜孜以求,持之以恒地从事面对巨大不确定性的创新活动。这就需要匹配制度供给,即科研管理制度所给出的创新环境具有更大的包容性与更多的人文关怀,符合科研规律的持续激励、合理约束。政府必须在这方面提供带有公共产品性质的、看起来"无为而治"的宽松环境,对于创新者、创新主体的好奇心、个性与人格尊严给予爱护,对他们的创新弹性空间及背后的科研规律具有充分的认知。当前加强科研经费管理的思路和机制问题是关键,事关如何遵循科研规律,建立科研创新应有的激励—约束机制。

二、实施功能性产业政策,发挥市场机制的作用

产业政策是根据国家利益,政府通过战略性安排和投入来推动某一领域乃至整个经济发展与增长的政策组合。传统意义上的产业政策指的是"战后"日本、韩国等东亚国家(或地区)曾实施过的干预性产业政策。②20 世纪 80 年代以来,产业政策的理念和实践发生重要转变,干预性产业政策饱受争议,取而代之的是功能性产业政策。越来越多的政府部门与产业政策的研究者认为,政府应通过完善市场制度,改善营商环境,维护公平竞争,支持产业技术的创新与扩散并为之建立系统有效的公共服务体系,帮助劳动者提升技能以适应产业发展的需求等方式实现以上目标,这类政策被称为功能性产业政策。在功能性产业政策中,市场处于主导性的地位上,市场机制是推动产业创新发展与结构

---

① 陈劲,杨硕,吴善超. 科技创新人才能力的动态演变及国际比较研究 [J/OL]. 科学学研究,2022(10):1-18.
② 干预性产业政策被认为是政府为改变产业间资源分配和各种产业中私营企业的某种经营活动而采取的政策。换言之,它是促进某种产业的生产、投资、研究开发、现代化和产业改组而抑制其他产业的同类活动的政策,这类产业政策以对市场进入、产品价格、生产要素配置与要素价格、投资等经济活动的直接(或间接)干预为主要手段,以政府对微观经济运行的广泛干预,以挑选赢家、扭曲价格等途径主导资源配置为主要特征。在干预性产业政策中,政府处于主导性地位,政府"驾驭"、干预甚至替代市场。干预性产业政策在理论上还面临一项严峻的挑战,即"政府失灵"问题,政府由于其自身利益的影响(或利益集团俘获问题)与信息问题,很难正确选择应该扶持的产业、产品、技术路线。

演变的决定性力量,政府是为市场机制的有效作用创造良好的制度环境,并在公共领域或狭义的"市场失灵"领域补充市场机制的不足,政府与市场之间是互补与协同的关系。功能型产业政策尤为注重促进企业创新与能力建设,强调完善有利于创新的市场制度与市场环境,构建科技信息交流与共享平台、技术转移平台、科技成果评估与交易平台、产学研合作创新平台等科技服务公共平台,构建创新活动的普遍性支持,促进制造业发展乃至整个国民经济的质量、效率与国际竞争力的提升。因而,推动制造业高质量发展应转为实施以功能性产业政策为主体的产业政策体系。

实施功能性产业政策,有利于政府根据目前全球领先的产业水平,结合区域的现实需要和自身的比较优势,借鉴发达国家和地区产业转型升级的经验,并结合自身优先发展的产业及其发展目标,进一步规划产业发展阶段和演进路径,并充分发挥市场机制从而优化资源配置,进而助推宁夏以创新驱动为力量源泉实施产业振兴战略及主动服务和融入新发展格局。

(一)积极完善市场机制,让市场在资源配置中发挥基础性作用

一是加强有利于市场机制发挥作用的各种制度的建设,完善与规范相关的法律法规;

二是减少政府直接干预市场的行为,深化政府管理体制机制改革,减少对市场微观经济活动的干预,将政策取向转到维护市场公平竞争、维护良好市场环境上;

三是加强各种市场基础设施的建设,包括物质性基础设施、社会性基础设施、制度性基础设施,降低市场的交易成本,提高市场的运行效率。

(二)构建有利于自主创新的市场环境

一是完善与知识产权保护相关的法律法规及其执行机制,强化知识产权的保护;

二是构建和完善科技服务公共平台及产学研合作的服务平台,并为科技中介与服务机构的发展创造良好的外部环境;

三是建设和完善创新中的风险共担及利益共享机制;

四是构建多层次的人才培养体系,特别是要平衡大学"人才培养""科学研究"与"服务社会"的基本功能,充分发挥大学在创新体系中的作用。

（三）引导优先发展产业实现其发展目标

技术进步是实现产业发展目标的有效途径，针对优先发展的产业，政府要通过间接的方式引导社会资源实现产业发展目标。

一是政府要加大对与优先发展产业有关的基础性理论研究、共性薄弱环节、基础性技术瓶颈的支持，改革科技财政资金管理体制，提高科技领域财政资金投入的效率；

二是加强对优先发展产业所需人力资本的培育；

三是完善优先发展产业产学研结合的机制，打破限制科技创新和科技成果转化的体制机制约束。针对宁夏实际，还应高度重视促进产业绿色发展，协调产业发展与环境可持续之间的矛盾，促进两者之间的协同，将发展资源节约、环境友好型产业，实现绿色发展作为产业结构调整与发展的重点领域。

（四）深化改革开放实施合规产业政策

一是坚定不移地完善市场经济体制，进一步加大改革开放力度，补齐重大制度短板，加快融入新发展格局，尤其是加快推进国内市场的一体化，以释放经济转型升级蕴藏的内需潜力。

二是逐步减少甚至摒弃直接干预、限制竞争的产业政策做法，强调知识产权保护和竞争中性的企业改革。要充分研究国际规则，吸取发达国家和地区的经验，保证政策支持的规范性，以市场化为基础，更大范围地实施竞争中性政策，充分发挥市场配置资源的决定性作用，科学制定产业支持政策。[1]

三、提升产业链供应链现代化水平

提升产业链供应链现代化水平，是畅通国民经济循环的关键，对夯实产业安全基础、有效对冲外部风险具有重要作用。《建议》提出，要"提升产业链供应链现代化水平"，要求"补齐短板、锻造长板，分行业做好供应链战略设计和精准施策，形成具有更强创新力、更高附加值、更安全可靠的产业链供应链"。[2] 当

---

[1] 刘建江，易香园，王莹. 新时代的产业转型升级：内涵、困难及推进思路[J]. 湖南社会科学，2021（5）：67-76.

[2] 中共中央关于制定国民经济和社会发展第十四个五年规划和二〇三五年远景目标的建议[EB/OL]. 中国政府网，http://www.gov.cn/zhengce/2020-11/03/content_5556991.htm.

前,全球产业链供应链面临重构,应深刻认识到推动产业链和供应链现代化、提高全球产业分工地位的紧迫性,加快构建新时代产业基础能力体系,打造具有更强创新力、更高附加值、更安全可靠的现代化产业链。

(一)夯实产业基础能力[1]

产业基础能力强,则产业链安全性、稳定性和发展水平就高,反之,产业链现代化也会失去重要依托。当前产业基础能力和产业链发展水平面临的主要问题是产业基础能力弱,产业链总体上存在着"不稳、不强、不安全、不通畅"的隐忧。[2]

一是加快补短板和锻长板,持续推进产业基础高级化,提高产业链核心能力;

二是完善优质企业培育体系,培育更多具有竞争力的龙头企业和"专精特新"企业,增强产业链控制力;

三是推动制造业与服务业的深度融合发展,发挥生产性服务要素的支撑带动作用,促进制造业价值链升级;

四是推动产业链供应链数字化转型,打造基于质量和效率的竞争新优势;

五是实施绿色供应链行动计划,强化政策引导和技术产业支撑,提高可持续发展能力和面向绿色新规则的产业竞争力;

六是加大对基础零部件、关键材料、工业软件、检验检测平台和新型基础设施等领域的投入力度,促进"点式突破"与"链式协同"相结合,推动重大示范工程实施,加快补齐产业基础短板。

(二)提升产业链控制力

拥有产业生态主导企业、拥有具备"撒手锏"的零部件供应企业,是决定产业链控制能力的关键。因此,提升产业链控制力的重点是以企业和企业家为主体,培育产业生态主导企业和核心零部件企业,增强对全产业链、关键环节、标准和核心技术的控制力。

---

[1] 产业基础能力是指对产业发展至关重要的核心基础零部件(元器件)、关键基础材料、先进基础工艺、工业基础软件,以及产业技术基础、创新环境等的关键支撑能力。

[2] "不稳"主要表现为综合成本上升、贸易摩擦以及疫后全球产业链重构加大了部分产业链环节外迁的压力;"不强"主要表现为附加值仍然不高、创新能力不强,对产业链控制力和竞争力有较大影响的国际一流企业和单项冠军发展不充分;"不安全"主要表现为部分产业链关键环节自主可控能力弱,核心零部件、关键材料和设备等长期依赖进口,有些环节存在被"卡脖子"的风险;"不通畅"主要表现为高质量内循环的供需不匹配、外循环的结构性矛盾以及创新要素配置失衡三个方面。

一是激发国有企业、现代科研院所和新型研发机构的创新活力，建立适应重大技术攻关和产业链主导企业培育的考核评价体系，加快提升核心竞争力。

二是加大对"专精特新"中小企业的支持力度，鼓励中小企业参与产业关键共性技术研究开发，持续提升企业创新能力。与成长为领军企业面对规模的发展性问题相比，成为"专精特新"企业需要解决的通常是有无的突破性问题。因此，政府应提供有利于企业生存的制度保障，维护有助于企业成长的市场环境，引导企业聚焦主业提质增效，加强产权保护制度以保障企业创新的合法权益，打造有利于企业创新的生态环境并为企业创新产品的应用提供更多场景。①

三是强化创新企业培育，把发展培育壮大创新型企业放在更加突出的位置，打造数量多、质量优、潜力大、成长快的创新型企业集群。

（三）促进产业链联动发展

推动产业链联动发展是实现产业链、供应链现代化的重要途径。应重点促进产业链上下游联动发展，支持上下游企业加强产业协同和技术合作攻关，促进服务业和制造业深度融合发展，增强产业链韧性，提升产业链水平。

一是促进供需联动发展，围绕"巩固、增强、提升、畅通"八字方针，提高供给质量和效率，发挥超大规模市场优势，打造具有战略性和全局性的产业链。

二是促进内外联动发展，坚持独立自主和开放合作相结合，促进国内标准和国际标准衔接，在开放合作中形成更强创新力、更高附加值的产业链。

三是促进产业链、价值链、创新链联动发展，加强产业化、市场化联动，建立共性技术平台，促进成果转化应用，打造"政产学研资"紧密合作的创新生态，解决跨行业、跨领域的关键共性技术问题。

四是促进要素协同联动发展，坚持政府引导和市场机制相结合，强化实体经济发展导向，以相关政策协同为保障，促进科技创新、现代金融、人力资源等要素资源顺畅流动，加快构建以信息、技术、知识、人才等要素为支撑的新优势。

---

① 国务院发展研究中心产业经济研究部课题组. 提升产业基础能力和产业链现代化水平研究[M]. 北京：中国发展出版社，2022.

第六节　实施高标准市场体系建设行动和深化重点领域改革

畅通国内经济大循环，必须破除要素自由流动的壁垒和障碍，降低要素使用和流通成本，提高要素配置效率。这就要求深化要素市场化配置改革，加快建设高标准市场经济体系，疏通供给和需求、金融和实体经济的传导机制，形成生产主体与国内市场良性互动，提高国内经济大循环的效率。《报告》提出，要"打造改革开放热土"，并部署了更大力度推进改革、更高水平扩大开放、更实举措优化营商环境三项任务；进而提出实施高标准市场体系建设行动、深化重点领域改革，扎实推进"六权"改革等重大举措，就是要通过改革的办法打破体制机制约束，从根本上提高资源配置效率，主动助力新发展格局的构建。

事实上，为企业改善营商环境，解决企业在生产经营过程中的堵点痛点，突出企业的市场主体地位，进而激发市场活力，是构建新发展格局的基础条件；找准并打通制约国内大循环的突出堵点，是加快构建新发展格局的关键。换言之，服务和融入新发展格局必然要求深化"放管服"改革，扫除阻碍国内大循环和国内国际双循环畅通的制度、观念和利益羁绊，破除妨碍生产要素市场化配置和商品服务流通的体制机制障碍，形成高效规范、公平竞争、充分开放的国内统一大市场，形成高标准的市场化、法治化、国际化营商环境。因此，本部分主要围绕推进市场化改革迭代升级与优化寻找路径。

一、全面推进要素市场化改革，提高要素配置效率

党的十九届四中全会通过的《中共中央关于坚持和完善中国特色社会主义制度、推进国家治理体系和治理能力现代化若干重大问题的决定》明确提出，要健全劳动、资本、土地、知识、技术、管理、数据等生产要素的配置机制。[①] 在经济发展由高速增长阶段转向高质量发展阶段，要素市场化进程已有所提升，但仍

---

① 中共中央关于坚持和完善中国特色社会主义制度 推进国家治理体系和治理能力现代化若干重大问题的决定［EB/OL］．中国政府网，http://www.gov.cn/zhengce/2019-11/05/content_5449023.htm?ivk_sa=1024320u．

亟须深化要素市场化配置改革，健全统一开放的要素市场新格局：

（一）深化土地要素改革

作为要素市场的重要组成部分，土地市场是高标准市场体系建设的关键。2020年和2022年先后印发的《中共中央 国务院关于构建更加完善的要素市场化配置体制机制的意见》《中共中央 国务院关于加快建设全国统一大市场的意见》，均对土地市场建设提出要求。2021年，国务院办公厅印发的《要素市场化配置综合改革试点总体方案》赋予试点地区更大改革自主权，为全国提供可复制可推广的新路径。笔者认为，贯彻落实中央精神要进一步深化土地要素市场化改革。

一是合理规划城乡建设用地，健全城乡建设用地市场交易机制，推动土地指标跨区域交易，搭建统一管理平台，保障土地要素流转流程安全可靠，逐步建立健全城乡统一的土地市场；

二是做好宅基地使用权的确权、等级和领证，探索推进宅基地所有权、资格权、使用权分立，尽快形成有关宅基地交易的法律法规和管理体制，确保土地流转合法化，推动农村宅基地市场化流转；

三是健全城乡存量用地盘活机制。把握城乡建设用地从"增量扩张"向"存量盘活"转变的大趋势，牢牢牵住城市更新和全域国土空间综合整治的"牛鼻子"，建立以政府为主体，以规划为引领，以企业、社会、政府利益共享为核心的存量用地盘活机制，不断提高存量建设用地利用效率。

（二）深化劳动力要素改革

劳动力在各生产要素中最活跃，土地、资本、技术和数据要素的市场化都离不开劳动力要素。因此，提高劳动力市场化配置水平，对整体经济社会发展具有极其重要的意义。

一是健全人力资源市场体系，提升人力资源服务质量，畅通劳动力和人才社会性流动渠道，缓解劳动力市场结构性矛盾；调整和改变传统的劳动力市场组织交易方式，通过信息技术、各类平台与市场领域的连接，实现个人与工作机会的对接。

二是引进高质量人才，推动以体力劳动为主体市场结构向知识、技术型劳动为主转变，提高劳动力供给质量，促进劳动力分工发展；注重促进性和保障性政策的落实，发挥政策在破除劳动力要素流动障碍中的重要作用。

三是推动户籍准入年限同城化累计互认试点，加速城乡之间劳动力流动，在试点经验上不断优化户籍准入制度。

（三）深化资本要素改革

2022年4月29日，中央政治局就依法规范和引导我国资本健康发展进行第三十八次集体学习。资本是重要的生产要素，其不仅是现代经济体系的重要构成，也是推进其他要素发展、提升要素配置效率的重要媒介。以现代创新要素为核心，推进传统存量要素与现代创新要素融合发展是我国要素市场化改革的重要方向。资本要素是其他要素发展的加速器，从发展经济学看，当资本要素实现最佳配置时，其他各类生产要素也达到最佳配置。在新发展阶段，应更好地推进资本要素与其他要素的协调发展，发挥资本市场在推动要素市场化配置机制改革上的重要作用。《关于构建更加完善的要素市场化配置体制机制的意见》在"推进资本要素市场化配置"一节中，用524字对股票市场、债券市场、金融服务和金融业对外开放进行了阐释，统筹了直接金融和间接金融、市场主体和市场生态、国内市场和国际市场，进一步明确了资本市场改革和相关配套措施的关系，提升了资本市场改革的层级。从省级层面看，资本要素市场化改革要多措并举、多管齐下，关键是切实提高中小金融机构服务实体经济的质效。例如，扩大直接融资规模，增加金融服务供给，激发各主体活力，提升资本服务实体经济能力；构建多层次、广覆盖、有差异、大中小合理分工的银行机构体系，优化金融资源配置，推动信用信息深度开发利用，增加服务小微企业和民营企业的金融服务供给；建立县域银行业金融机构服务"三农"的激励约束机制；推进绿色金融创新；完善金融机构市场化法治化退出机制等。

（四）深化数据要素改革

党中央、国务院高度重视数据要素市场化配置改革，改革的重心在于培育数据要素市场，促进数据按需供给、有市流通、有价交易、有偿使用。据统计，国务院各部委已出台共计30余项数据要素市场培育的相关政策，进一步明确了公共数据开放、数据流通交易、数据开发利用和数据安全保护等改革重点；广东和广西已发布专项文件，创新性部署和打造公共数据管运适度分离、市场化数据竞争交易两级市场。目前，全国在制度先行、供给优化、流通试点、应用创新等方面已取得一定进展，但依然存在"数据入市"不到位、"在市交易"不畅通、"收益分配"难实现等突出问题。具体措施方面，广东已走在前列，其很多做法可结合实际，加以参照。例如，加快培育数据要素市场，进一步开放政府数据，减少数据"孤岛"，实施数字赋能计划，推动数据链融合化，推进数字产业化和产业数字化；加快建设全国一体化算力网络宁夏枢纽，打造黄河流域数字经济高质量发展示范带等。此外，做大做强数据要素市场还需要统筹发展与安全。

二、强化企业创新主体地位，提升企业技术创新能力

企业是创新的发动机。人才、资金、技术等创新的资源要素只有通过企业才能有效组合，转化为现实生产力，进而促进经济循环，但企业创新能力不足已成为当前制约双循环的突出短板。因此，迫切需要适应经济转型发展和日趋激烈的国内外竞争要求，进一步加大对企业创新的经济政策支持，加快建立包容审慎的监管体制，采取切实措施加快提升企业技术创新能力。强化企业创新主体地位，提升企业技术创新能力，有利于完善技术创新市场导向机制，促进各类创新要素向企业集聚，形成以企业为主体、市场为导向、产学研用深度融合的技术创新体系，从而促进宁夏以创新驱动为力量源泉实施产业振兴战略和主动服务与加快融入新发展格局。具体而言，须从以下几点发力：

（一）激励企业加大研发投入

《建议》提出，强化企业创新主体地位，促进各类创新要素向企业集聚，形成以企业为主体、市场为导向、产学研用深度融合的技术创新体系。[①]值得注意的是，企业技术创新的"卡脖子"技术多是综合性技术，其突破只靠一个企业单打独斗是不行的，急需联起手来，建设更具系统性和综合性的研发组织模式。为此，应支持大企业牵头组建创新联合体，承担国家重大科技项目，并对企业投入基础研究实行税收优惠，创造有利于科技创新的政策环境。针对特殊领域，政府应继续加大重大产业基金投入，联合产业链上中下游有实力的国有企业、民营企业，建设共性技术平台，共同开展重大技术攻关。

---

① 中共中央关于制定国民经济和社会发展第十四个五年规划和二〇三五年远景目标的建议［EB/OL］.中国政府网，http://www.gov.cn/zhengce/2020-11/03/content_5556991.htm.

（二）支持产业共性基础技术研发

由于产业共性技术的外部公共性特质，使其无法单独依靠企业完成，政府在产业共性技术发展中起着不可替代的作用。但是，目前对产业共性技术研究的支持缺乏长效的支持机制、研发主体缺位[①]、政策支持体系不健全、供给与需求衔接不畅[②]等问题。为此，应集中力量整合提升一批关键共性技术平台，支持行业龙头企业联合高等院校、科研院所和行业上下游企业共建国家产业创新中心，承担国家重大科技项目；支持有条件的企业联合转制科研院所组建行业研究院，提供公益性共性技术服务，或鼓励有条件的地方依托产业集群创办混合所有制产业技术研究院，服务区域关键共性技术研发；打造新型共性技术平台，解决跨行业跨领域关键共性技术问题；发挥大企业引领支撑作用，支持创新型中小微企业成长为创新重要发源地，推动产业链上中下游、大中小企业融通创新；充分发挥法律、法规、金融、财税、人才、贸易等各方面积极因素，形成对共性技术研究的全方位良性支持。

（三）完善企业创新服务体系

2021年6月7日至9日，习近平总书记在青海考察调研时强调，"要加快完善企业创新服务体系，鼓励企业加大科技创新投入，增强企业核心竞争力"[③]。科技创新服务是指围绕科技创新链，为科技创新各环节活动开展提供的各类服务的总称。科技创新服务是现代城市的重要功能之一。[④] 目前，高质量科技创新服务资

---

① 产业共性技术环节则往往存在于应用研究和产品开发之间。一般基础研究可由高校及相关科研院所进行，应用研究则高校、科研院所及企业视情况参与进行，产品开发则主要由企业进行。而以前负责进行产业共性技术研究的科研机构随着20世纪90年代后转制为市场主体，也更加注重追求经济效益的回报而不再愿意将自己研发的共性技术与外界共享——这一现象也导致了我国产业共性技术面临着研发主体缺位的情况。

② 产业共性技术研究最终是为了提升整个产业及企业的创新能力，故应以产业和企业的市场实际需求为导向。但目前产业共性技术多由一些独立于企业的高校和研究机构研发供给，而企业与高校及研究机构在价值取向、利益诉求等方面存在较大差异，容易导致需求方企业和供给方高校及研究机构沟通衔接不畅。此外，在产业共性技术研究中，合作研究情况不足，产业共性技术研究的成果转移及技术扩散机制未能得到很好发挥，容易造成技术供给过程中对技术市场的实际需求有所忽视，导致供给与需求连接不畅。

③ 坚持以人民为中心深化改革开放 深入推进青藏高原生态保护和高质量发展［EB/OL］.光明网，https://m.gmw.cn/baijia/2021-06/10/34912287.html.

④ 2018年经国家统计局修订后印发的《国家科技服务业统计分类（2018）》中将科技服务业范围确定为科学研究与试验发展服务、专业化技术服务、科技推广和相关服务、科技信息服务、科技金融服务、科技普及和宣传教育服务、综合科技服务七大类，另有24个中类和88个小类，科技服务门类划分更加科学、健全。科技创新服务平台按服务阶段、服务对象、服务内容、执行主体等因素差异，包括产业基础技术创新平台、产业共性技术创新平台、产业专用技术创新平台和产业技术创新支撑服务平台等类型，其中，产业共性技术创新平台的市场化开发潜力较大。

源集中于发达地区，欠发达地区普遍缺乏有资源实力、品牌竞争力和综合服务力的科技创新服务机构，尚未形成真正成熟的科技创新服务产业链。为此，宁夏应主动寻求加强战略合作，积极探索合作模式和途径。此外，建立科技创新主体间联动机制也至关重要。需合理界定政府及各类科技创新主体的角色定位和职能范围，探索对各类科技创新主体的激励与考核机制，充分利用现代信息技术等手段对各类资源进行科学配置和合理优化，并充分认识到存在于科技创新服务体系中的各类供需关系，促进科技创新主体间的沟通交流和资源流动共享，减少基于信息不对称的投机行为。例如，完善金融支持创新体系，鼓励金融机构发展知识产权质押融资、科技保险等科技金融产品，开展科技成果转化贷款风险补偿试点；畅通科技型企业国内上市融资渠道，增强科创板"硬科技"特色，提升创业板服务成长型创新创业企业功能，更好地发挥创业投资引导基金和私募股权基金的作用。[①]

（四）着力突破重要产业的"卡脖子"环节

跟踪模仿式的科研，是在我们科技非常落后的情况下的无奈之举。但关键核心技术是国之重器，拿不来、买不来、讨不来。"卡脖子"技术就像"阿喀琉斯之踵"，制约着我国经济的发展。强调科技自立自强，并不是关起门来研发、一切从头开始。

首先，要着重关键领域突破。

其次，加强联合攻关。"卡脖子"技术大都具有投入高、耗时长、难度大的特点，必须调动全社会的力量，共同参与。在"卡脖子"技术攻坚战中，必须发挥新型举国体制优势，积极探索"企业为主导＋科研院所和高校为主力＋政府支持＋开放合作"的组织模式，推动科研力量优化配置和资源共享，提高创新链整体效能，形成各尽其能、协同推进的强大合力。应切实加强基础研究，基础研究是创新的源头活水。

最后，推动基础研究孵化以夯实创新根基。基础研究强调的是"从0到1"的突破，最原创的成果，往往是核心技术突破的源泉。很多"卡脖子"问题的根本是基础理论研究跟不上，源头和底层的东西没有搞清楚，亟须通过实施一批重大科技项目，组建一批重点实验室，建设有特色高水平的大学和科研院所，从而

---

① 张新宁，裴哲.把科技自立自强作为国家发展的战略支撑[J].上海经济研究，2022（5）：5-14+23.

不断提高原始创新、集成创新的整体水平，切实提升原始创新能力，力争取得一大批突破性乃至颠覆性技术研究成果。

（五）加快完善科技创新体制机制

科技创新是一项系统工程，制度支撑是基础，是营造有利于科技创新的良好环境的关键一环。① 在中国科学院第二十次院士大会、中国工程院第十五次院士大会和中国科协第十次全国代表大会上，习近平总书记强调，"推进科技体制改革，形成支持全面创新的基础制度"②。现行科技创新体制下，资源重复配置、科研力量分散、创新主体功能定位不清晰等问题比较突出。迫切需要适应新形势、新要求，加快推进科技创新体制改革，使创新主体各归其位，释放创新、创业、创造潜力，为构建新发展格局注入强大的创新动力。推进科技体制改革，形成支持全面创新的基础制度。

首先，要完善评价制度等基础改革，坚持以质量、绩效、贡献为核心的评价导向，全面准确反映成果创新水平、转化应用绩效和对经济社会发展的实际贡献。在项目评价上，要建立健全符合科研活动规律的评价制度，完善自由探索型和任务导向型科技项目分类评价制度，建立非共识科技项目的评价机制。在人才评价上，要"破四唯"和"立新标"并举，加快建立以创新价值、能力、贡献为导向的科技人才评价体系。

其次，要支持科研事业单位探索试行更灵活的薪酬制度，稳定并强化从事基础性、前沿性、公益性研究的科研人员队伍，为其安心科研提供保障。

再次，要推动科技管理职能转变，按照抓战略、抓改革、抓规划、抓服务的定位，转变作风，提升能力，减少分钱、分物、定项目等直接干预，强化规划政策引导，给予科研单位更多自主权，赋予科学家更大技术路线决定权和经费使用权，让科研单位和科研人员从烦琐、不必要的体制机制束缚中解放出来。

最后，要改革重大科技项目立项和组织管理方式，实行"揭榜挂帅""赛马"等制度，做到不论资历、不设门槛，让有真才实学的科技人员有用武之地。③

---

① 王立，万士林. 完善科技创新体系，营造良好创新生态[N]. 光明日报，2021-11-15（2）.
② 习近平：在中国科学院第二十次院士大会、中国工程院第十五次院士大会、中国科协第十次全国代表大会上的讲话[EB/OL]. 新华网，http://www.xinhuanet.com/politics/leaders/2021-05/28/c_1127505377.htm.
③ 人民日报评论员：形成支持全面创新的基础制度——论学习贯彻习近平总书记在两院院士大会中国科协十大上重要讲话[EB/OL]. 中国政府网，http://www.gov.cn/xinwen/2021-06/02/content_5614887.htm.

三、建立高标准市场制度体系,打造市场运行基础

市场是最稀缺的战略资源,是构建新发展格局的重要优势与关键支撑。市场体系是社会主义市场经济体制的重要组成部分和有效运转基础。高标准制度是市场体系有效运行的基础,夯实各种基础制度有利于市场体系高速运转。

(一)要健全以公平为核心原则的产权保护制度

英国著名经济学家亚当·斯密曾说,产权是市场交易的基础条件。产权保护制度是社会主义市场经济的基石。在市场经济活动中,只有对产权予以严格的保护,才能稳定各类投资者的投资预期,规范并保障市场主体的生产经营行为,维护正常的市场秩序。2020年5月18日,《中共中央 国务院关于新时代加快完善社会主义市场经济体制的意见》发布并提出全面完善产权制度的相关意见,包括国有资产产权管理、全面依法平等保护民营经济产权、深化农村集体产权制度改革、土地承包"三权分置"制度、知识产权保护等。[①] 完备的产权制度是包括产权界定、产权配置、产权流转和产权保护在内的一套完整的体系。产权保护只是其中的一个重要方面。从更大的视野考虑问题,完备的产权制度也只是完备的社会主义制度的一个方面。它涉及相当复杂的问题,可以说,"牵一发而动全身",实施起来工作任务十分艰巨,必然伴随各方利益的博弈,甚至尖锐的冲突。目前区域层面亟须做的是:

一是依法平等保护各种所有制经济产权和企业家权益。实行严格的产权保护制度,有利于激发各个市场主体的活力,降低交易费用,提高资源配置效率。

二是利用互联网技术、大数据、云计算等先进数字技术实现产权保护的数字化、智能化、便捷化,有效激励企业创新,促进企业升级转型。

三是完善监察机制,避免重叠和交叉的安全审查机制,重视产权保护制度对建设高标准市场体系的重要性,使各市场主体平等公平竞争。

(二)重点建设知识产权保护体系,营造良好创新氛围

习近平总书记在中央政治局第二十五次集体学习时强调,创新是引领发展的

---

① 中共中央 国务院关于新时代加快完善社会主义市场经济体制的意见[EB/OL].中国政府网,http://www.gov.cn/zhengce/2020-05/18/content_5512696.htm.

第一动力，保护知识产权就是保护创新。①2022年2月1日，习近平总书记在《求是》杂志发表的《全面加强知识产权保护工作　激发创新活力推动构建新发展格局》中强调，知识产权保护工作关系国家治理体系和治理能力现代化，关系高质量发展，关系人民生活幸福，关系国家对外开放大局，关系国家安全。②③文章从六个方面提出具体要求，基于这六项要求，开展此项工作的基本路径为：

第一，加强知识产权保护工作顶层设计，将知识产权保护工作纳入重要议事日程，建立健全统筹协调机制；

第二，提高知识产权保护工作法治化水平，完善区域内知识产权保护法规和规章，加强知识产权各领域及环节的行政保护，强化知识产权司法保护，强化打击侵权假冒犯罪机制建设等；

第三，强化知识产权全链条保护，完善知识产权纠纷多元化解决机制，全面提升知识产权代理机构监管水平，加大知识产权保护人才培训力度，加强信息化、智能化基础设施建设等；

第四，深化知识产权保护工作体制机制改革，优化知识产权行政管理部门和司法保护部门设置，深化知识产权快速协同保护机制，强化知识产权检察工作体制机制创新，研究加强对各领域新业态的知识产权保护等；

第五，统筹推进知识产权领域国际合作和竞争，鼓励企业、协会、社会团体参与知识产权领域公共外交，健全重大涉外知识产权纠纷信息通报和应急机制，积极宣传我国知识产权保护发展成就等；

第六，维护知识产权领域国家安全，强化高价值专利培育和保护，建立健全海外知识产权纠纷应对指导工作体系，强化国际知识产权风险预警和防控机制建设等。

（三）贯彻实行全国统一的市场准入负面清单制度

全面实施市场准入负面清单制度是一项牵一发而动全身的重要改革，涉及经济体制改革和行政体制改革，需要紧紧围绕处理好政府和市场关系这一核心问题，

---

① 习近平主持中央政治局第二十五次集体学习并讲话［EB/OL］.中国政府网，http://www.gov.cn/xinwen/2020-12/01/content_5566183.htm.
② 这篇文章也是习近平总书记2020年11月30日在十九届中央政治局第二十五次集体学习时讲话的主要部分。
③ 《全面加强知识产权保护工作　激发创新活力推动构建新发展格局》为习近平总书记在中央政治局第二十五次集体学习时的讲话。

按照市场在资源配置中起决定性作用和更好发挥政府作用的要求，抓住"放管服"改革这一"牛鼻子"，持续推进政府职能转变和供给侧结构性改革。从区域贯彻层面看，关键是做好三方面工作：一是落实市场准入负面清单制度的配套制度。在审批体制方面，要规范各级政府及有关部门审批权责和标准，实现审批流程优化、程序规范、公开透明、权责清晰；在监管机制方面，要转变监管理念、创新监管方式、提升监管效能；在社会信用体系和激励惩戒机制方面，要健全社会信用体系，完善企业信用信息公示系统，对守信主体给予褒奖激励、对失信主体采取限制措施、对严重违法失信主体实行市场禁入。此外，要根据维护国家安全的需要，抓紧完善规范严格的外商投资安全审查制度，明确规定审查要素、审查程序和可采取的措施等，对涉及国家安全的外商投资要依法进行安全审查。

二是加强事中事后监管。政府要把更多监管资源投向加强对市场主体投资经营行为的事中事后监管。针对审批事项取消后可能出现的风险，要逐项制定事中事后监管措施或替代方法，明确监管内容、方法和手段，建立统一高效的监管数据采集、监测、分析和预警体系，为防范市场风险和提高监管效率提供有效保障。

三是做好实行市场准入负面清单制度与法律、法规的衔接，清理废除妨碍统一市场和公平竞争的各种规定和做法。要做好市场准入负面清单与《产业结构调整指导目录》《政府核准的投资项目目录》《外商投资产业指导目录》等有关规定的衔接，对未纳入市场准入负面清单的事项要及时废止或修改设定依据，且要加快与市场准入负面清单制度相适应的立法工作，确保市场准入管理措施职权法定、事中事后监管有法可依。

四、改善市场环境质量，畅通市场循环

"双循环"战略的实质关注点不在国内外市场，而在于如何实现循环流通。对于消费和投资来说，改善市场环境是循环流通的根本，但这是长期的政策性和实践性难题，需要不断探索。疏通要素市场化流通的体制机制障碍是改善市场环境的第一步。然后是以问题导向分类推进要素市场化改革。本书认为，双循环战略内在地要求厘清政府—市场关系、建立法治化环境、严格保护市场主体产权、打造公平竞争宽松有序的营商环境、有效激发国内有效需求。因此，双循环战略的核心在于"畅通其流"，而"畅通其流"的关键在于构建新型的政府—市场关

系。为此，应将以下几个方面作为突破点入手：

（一）要完善划定政府—市场功能边界的法律规范

长期以来，政府有效的宏观调控对经济平稳增长起到重要作用，但也造成一些地方政府干预经济的相对任意性、政府—市场边界模糊不清以及一些以行政干预为名的寻租问题，使得市场的资源配置能动性受限。当下，社会主义市场经济运行机制相对成熟，构建适应时代发展的新型政府—市场关系，首先应以法律规范为政府的权力边界划定界限，遵从市场的契约精神，避免任意性的行政命令干预。例如，在资源配置领域，政府的行为应限制在市场难以解决的公共服务领域以及市场难以提供的具有公共性的商品提供上，并作为国家的代理人，以国有资产投资者的身份参与市场竞争，尊重市场秩序。政府是规范市场的法律制定者，也必须是这一法律秩序的遵守者，政府的行为必须有法可依，遵循法治原则。这要求政府加强部门之间的监督管理与制约，特别是对地方行政机关的监督与制约，以保证相关法律的权威性和有效性，才能真正起到以立法消除政策任意性的作用。

（二）充分尊重与保护市场主体的产权

产权包括合法财产的所有权、占有权、使用权、收益权和处置权，是经济主体参与市场活动的"入场券"，也是市场交易的主要内容。在经济循环中，任何一个环节的交易中产权的不确定性都会导致循环受阻。此外，经济大循环的螺旋发展与结构提升依靠知识积累及技术攻坚，因此知识产权的保护具有至少和其他产权一样重要的作用。而技术经验的积累是在重复多次的经济循环中产生的，因此更加需要产权的稳定性，这就要求产权保护的长期性。① 另外，对仿冒行为的宽容非常不利于本土品牌的打造，直接影响产业链升级。由此可见，只有充分尊

---

① 在改革开放后加入国际分工以来，作为后发国家，我国大部分产业领域的技术进步路径是以学习、模仿外资带来的先进技术为主的追赶道路，自主研发与创新虽然在软件和互联网服务等方面赶超效应显著，但在众多关键前沿领域依然依赖国外的高端技术模块化集成。而国外的技术输入是有选择性的，当中国企业的技术发展达到一定阈值，使得发达国家中掌握技术核心、处于全球产业链高附加值端的既得利益者受到竞争威胁时，就必然引发我们今天看到的"技术战"。经济循环中既有的技术积累路径受阻，因此当下自主知识创造与技术攻坚成为技术向前推进、产业链升级与经济循环走向高级化的必由之路。这更加凸显了当前保护产权的重要性：在知识创造与技术攻坚的过程中，基础学科的研究投入作为公共品应由政府来提供，而具有竞争性和排他性的应用性技术应由市场主体自发产出，但在技术产权模糊或得不到可靠保护的情况下，市场主体不会选择技术攻坚这样的高风险投资行为，使得知识与技术的发展止于研究领域。然而在实践中，国家法治环境还有非常大的发挥空间，特别是在市场环境发育不足的区域，地方政府为完成某项任务指标而侵犯市场主体产权的行为依然时有发生。而当市场参与者发生产权纠纷，尤其是知识产权纠纷时，维权困难的现象也经常出现，导致产品仿冒行为频发。这就促使投资者在选择投资地时进行产权风险规避，选择产权更具有保证的地方，这也是一部分企业在市场选择中更倾向于面向海外市场、面向外需的原因之一。

重和保护市场主体的产权,才能使经济具有循环流动、动态上升的自生动力。政府作为市场秩序的监督和维护者,应改善法治环境并自觉遵守法律,畅通市场参与者维权途径,重视经济主体的产权诉求。

(三)构建公平竞争、自由有序的地方营商环境

政府作为公共品的提供者与市场的规范者,具有环境与制度供给的作用。营商环境这一概念概括了市场主体在经济活动中所涉及的体制机制性因素和条件的总和,包括基础设施、社会服务、商务成本、生态和审批流程等多方面的内涵,而这些体制机制条件难以内生于市场的公共领域,只能由政府提供。区域内好的营商环境可以在经济循环的各个流程上降低市场交易成本与企业的生产成本,提高经济循环的整体运行效率,因此能够吸引更多的投资者进入,使市场主体更加丰富,市场更为健全。而区域之间以吸引要素流入与市场主体进入的营商环境竞争则为各地持续改善营商环境提供了有效激励。目前,区域之间的差距主要表现在市场化水平、基础设施环境和社会服务环境等方面。地区营商环境之间的差距使得经济主体虽然在法律上具有在任何地区从事经济活动的权利,但在经济上却由于交易成本和风险只能选择营商环境好的区位,从而形成隐性的市场进入壁垒。区域高水平营商环境的良性竞争可以为市场主体提供更广阔的投资与居住地域选择,有效打破营商环境地域差异所带来的隐性市场壁垒,促进要素与商品在更大范围内的流动,有助于国内统一、平整的大市场构建,形成经济的国内大循环。因此,应调整对于地方政府政绩考核的评估指标,对于经济效益的考核不再追求地方GDP等单一经济增长指标,而是从政府的制度提供这一职能本质出发,注重营商环境构建与改善的考核,促进地方政府积极构建良好的地方营商环境,降低市场的交易成本。

(四)通过挖掘内需,提升市场潜在发展空间

当前形势下,要在战略上保持稳中求进、以保促稳、强化底线管理的原则,以民生为导向、支撑扩大内需,以内部经济大循环为主体,快速扩大有效需求,以稳定经济的基本盘;采取一系列举措有效挖掘释放内需潜力,以全面对冲各种不确定性,提振各类经济社会主体信心,加速构建后小康时代的社会安全网。本书认为,关键是做好以下几方面:

一是大力发展无接触经济和数字经济,利用新基建、数字经济补贴等加快相

关领域潜在消费和投资的转化和扩大；

二是有效启动前期部署的各项市场化、法治化和对外开放的改革规划，加快民营经济投资的提振；

三是在稳定中等收入群体消费的基础上，扩大各类服务和新型消费；

四是在稳外贸的政策作用下，进一步挖掘新兴经济体的出口和投资市场；

五是进一步在更广泛的区域内推进新型城镇化①；

六是将反贫困和民生建设作为扩大内需的重要抓手，将对贫困人口的对口帮扶、脱贫攻坚与新型城镇化措施相结合，切实提高贫困者的劳动能力和收入水平，进而改变贫困人口的生活模式；

七是将产业链后端的价值内化于国内经济体系中，使得国内经济循环链条更加完整②；

八是继续推动大规模基础设施建设以拓展国内需求空间③。

五、分类分步推进市场一体化建设，促进要素自由高效流动

2021年12月，习近平总书记主持召开中央全面深化改革委员会第二十三次会议时强调，构建新发展格局，迫切需要加快建设高效规范、公平竞争、充分开放的全国统一大市场，建立全国统一的市场制度规则，促进商品要素资源在更大范围内畅通流动。④区域市场一体化是全国统一大市场建设的突破口。2022年4月，《中共中央 国务院关于加快建设全国统一大市场的意见》发布，鼓励主要区域开展市场一体化先行先试。市场的一体化是多方面的一体化，包括商品、要素

---

① 与农业现代化并行发展的城市化能够推动农民转移就业、提高收入，从而提高农民的消费水平，产生更多消费需求；成为城市人口之后，原有的农村生活模式被打破，有助于农民群体的消费升级。此外，城市化的过程中必然有配套住宅、基础设施和公共服务建设的大量需求。

② 制造业升级与自主品牌构建尚有较大潜在空间可以挖掘。在参与国际分工的近40年里，"两头在外"的产业链格局使得国内很大一部分中等以上收入水平的消费者习惯使用国外品牌的消费品，但这些消费品的生产流程可能大部分甚至全部都是在国内完成的，国外企业只是出售"贴牌权"。鼓励、扶持具有竞争力的前沿制造业企业自创品牌、搭建与消费者之间的商业平台，可以将产业链后端的价值内化于国内经济体系中，使得国内经济循环链条更加完整，这也是更充分地利用内需的重要方式之一，有助于提升市场深度，并且使企业在国际大循环中处于有利地位。

③ 国内基础设施建设既包含传统基建，更包含新基建，既要继续加大传统基建的建设力度以持续改善基础设施，又要着力于5G、大数据中心、人工智能、新能源汽车充电桩等新型基础设施建设，为未来一个时期的智能化、信息化发展提供助力。

④ 习近平主持召开中央全面深化改革委员会第二十三次会议强调，加快建设全国统一大市场提高政府监管效能 深入推进世界一流大学和一流学科建设［EB/OL］. 中国机构编制网，http：//www.scopsr.gov.cn/zlzx/sgzhy/202205/t20220503_384127.html.

及各行业等。

当前，需要深化市场化改革，打破区域分割和利益藩篱，消除区域间、行业企业间市场壁垒、生产许可垄断、价格垄断、销售渠道垄断等诸多不利于市场公平竞争的行为或现象，加快清理和废除妨碍统一市场和公平竞争的各种规定及做法，促进人员、技术、资本、货物等要素跨区域有序自由流动，以区域市场一体化的实现逐步推进国内统一大市场的建设。研究报告认为，作为黄河流域生态保护和高质量发展先行区，宁夏既要在区内各地市间推动一体化的建设，也可推动流域内市场一体化的率先实现。

一是积极推动要素市场共建，促进市场信息互通、市场共同监管、市场信用体系互认等，支持共建要素交易平台。

二是完善区域交易制度。建立健全用水权、排污权、碳排放权、用能权额度初始分配与交易制度，完善自然资源资产有偿使用制度，为生态地区等提供更多发展权益。

三是促进城乡市场一体化建设。全面放宽城市落户条件，逐步消除城乡户籍背后的社会保障差距鸿沟，以城乡统一的用地市场建设为抓手，全面推动城乡要素市场一体化，促进城乡要素双向自由流动、平等交换和均衡配置，争取将更多优质要素有效配置到农村经济发展的重点领域和薄弱环节。

第七节　统筹好发展和安全"两件大事"

"发展"一词在党的二十大报告中出现118次，"安全"一词被提及49次。虽然上述两个词在党的二十大报告中分别有着不同的组词方法、具体适用的语境、不尽相同的语义和丰富的实践内涵，但是已经充分表明中国对发展和安全的系统性、全面性要求日益凸显，二者是全面建设社会主义现代化国家相互交织、相互促进的基本方面。从马克思主义发展理论的角度来看，这预示着"安全型发展"这一具有世界意义的新发展模式的出场。[①] 构建新发展格局着眼于统筹发展和安全，科学应对错综复杂的国际环境带来的新矛盾、新挑战，有效回应我国社

---

① 吴畏，王媛媛.安全型发展：中国式现代化的发展模式创新[J].华中科技大学学报（社会科学版），2022（6）：1—9.

会主要矛盾转化带来的新特征、新要求，是把握发展主动权、实现高水平安全的战略谋划，具有深刻的历史必然性和强烈的现实针对性。

《报告》也指出，"全面建设社会主义现代化美丽新宁夏，必须统筹发展和安全"，将统筹发展和安全"两件大事"摆在更加突出的位置，并贯穿报告始终。在主动服务和融入新发展格局过程中实现高质量发展和高水平安全的良性互动既是做好工作的基本要求，也是本书研究涉及的关键方面之一。宁夏是欠发达地区，发展不足是最大实际，发展仍是全区上下的第一要务。

统筹发展与安全有两种思路：一是立足于新发展理念，将安全注入发展，实现更高质量的发展，落脚到发展；二是立足于总体国家安全观，将发展导入安全，建设更高水平的平安中国，落脚到安全。[①]

一、以高质量发展促安全

党的二十大报告的第四部分明确提出，要"着力提升产业链供应链韧性和安全水平"，第十一部分提出要"确保粮食、能源资源、重要产业链供应链安全"，将产业链、供应链、韧性与安全提到了极其重要的地位，同时再度强调总体国家安全观，即"以人民安全为宗旨、以政治安全为根本、以经济安全为基础、以军事科技文化社会安全为保障、以促进国际安全为依托"。[②]其中，经济安全的基础作用极为重要，是当前中国最大的安全。发展是解决我国一切问题的基础和关键。国家安全是民族复兴的根基，社会稳定是国家强盛的前提。我国经济发展进入新常态，实施高质量发展已是必由之路。只有坚持高质量发展，才能不断增强维护地区安全的能力，筑牢安全屏障。[③]

（一）以创新发展促安全

科技创新是统筹安全与发展的关键因素，是构建新发展格局、赢得国际竞争主动的重大任务。[④]显然，在"双循环"大背景下，维护产业链供应链安全不仅是解决国内"有没有"的问题，更需要积极抢占全球产业链高地，在价值链的高

---

① 童星.统筹发展与安全的依据、意涵和关键抓手[J].广州大学学报（社会科学版），2022（4）：5-16.
② 二十大报告全文[EB/OL].中国政府网，https://www.gov.cn/zhuanti/zggcddescqgdbdh/sybgqw.htm.
③ 张文宗.美国遏压背景下再论统筹发展和安全[J].国家安全研究，2022（3）：26-41+156.
④ 迟福林.科技创新是统筹安全与发展的关键因素[J].财经界，2022（22）：19.

处巩固阵地。只有依靠科技创新，把核心技术掌握在自己手中，才能真正掌握竞争和发展的主动权，从根本上保障产业链安全和国家安全。为此，一方面，应高度重视创新体系的构建和创新环境的营造，提供云端的公共基础设施建设，以互联网技术、物联网、区块链、云技术为平台，以数字信息技术为纽带的数据统筹体系，持久有效地激发系统整体中各主体、各要素的功能发挥，建立由企业、高校、科研院所等创新主体组建的更加紧密融合的创新链，积极利用现有资源推动科技创新，为高质量发展"铺桥搭路"。另一方面，要统筹各方，既要推动以数字技术为代表的"软科技"与实体经济的深度融合，又要注重工程设计、生物医药、电子信息等"硬科技"的不断发展，利用"软硬兼备"的思想推动创新发展，为高质量发展提供科技创新的基础，促进经济安全、科技安全。

（二）以协调发展促安全

不断发展生产力可以提升社会对于差距忍受的阈值，但过大的社会差距反过来会限制生产力的发展。习近平总书记多次强调，"下好全国一盘棋，协调发展是要诀"，为推动区域发展迈向更高水平和更高质量指明了努力方向。面对百年变局，补足短板、突破瓶颈，以协调发展维系稳定、凝聚共识的要求便更显迫切。通过缩小城乡间、区域间发展差距，增强动力源地区的引擎作用，共同融入中国崛起的进程中，可为进一步提升基本公共服务的整体均等化程度，为各地人民群众的生活保障水平逐渐接近奠定坚实基础，为安全提供保障。新时代在发展过程中应始终积极应对不均衡问题，主动推进不均衡问题治理工具的迭代和创新。在激发社会活力、快速提升社会生产力水平的同时，避免出现和固化两极分化，始终保持社会的凝聚力和国家的安全稳定。强调协调发展不是搞平均主义，而是更加注重发展机会公平，更加注重资源均衡。为此，需要发挥各地区比较优势，促进生产力布局优化，不断缩小地区发展差距；要坚持工业反哺农业、城市支持农村和"多予少取放活"方针，不断缩小城乡发展差距。此外，统筹发展与安全的关系，本质上也是一个"协调"的过程。统筹发展和安全必须掌握和运用科学方法论，坚持系统思维，善于"弹钢琴"，做到协调一致、齐头并进。例如，全球煤炭消费目前尚处转型上升通道，煤炭消费峰值大概在2040年才能出现。煤炭作为我国主要能源的地位和作用是难以改变的。宁夏煤炭开发和生态环境保护矛盾尖锐。保障能源安全必须开发煤炭，而煤炭开采必然产生采动损害，如何实现煤炭开发与生态环境保护协同推进是关键。因此，实现煤炭开采与矿区生态安全协调发展，是宁夏煤炭资源开发必须破解的重大问题。

（三）以开放发展促安全

风险无处不在，但不能为了避免风险而实行"关门主义"。在扩大开放的过程中关注安全问题，充分表明现在要实现的开放是更高质量、更高水平的开放。从这个意义上讲，构建开放型经济新体制，目的是要用开放的手段实现安全的目标，化风险于无形，实现包容性增长。为此，要支持企业融入全球产业链供应链，提高跨国经营能力和水平，即以"一带一路"建设为纽带，塑造以中国制造、中国创造为关键技术谱系的国际生产体系。企业应以更加主动的姿态融入全球创新网络，推动技术和标准输出，形成代差优势、先发优势，不断抢占技术制高点、掌握行业话语权，在生产组织创新、技术创新、市场创新上走在前列，推动企业向产业链供应链的治理者和控制者转型，发展成为"链主"企业和"隐形冠军"。亟须优化区域产业链布局，引导产业链关键环节留在国内。这里的"引导"并非强制，而是需要通过完善政策体系，创新产业承接机制，提高产业承接能力，优化产业发展环境，加大对创新驱动、人才引进等方面的扶持力度，深化体制机制改革实现。

（四）以共享发展促安全

但凡涉及多个不同主体发展关系的领域，共享发展都是至关重要的指向。党的十八大明确提出要实现共同富裕，并对此予以部署，相继出台了一系列相关政策。中央的宏观调控、财政转移支付、全国范围的脱贫、全面建成小康社会、基本公共服务均等化、兜底保障等都在努力推进共同富裕。这些举措促进了全社会"四个自信"日益增强、国家认同不断强化，保障了国家安全。促进共同富裕，最艰巨最繁重的任务仍然在农村。为此，需要着力促进城乡融合发展，全面实施乡村振兴战略，强化以工补农、以城带乡，不断缩小城乡差距，加快形成工农互促、城乡互补、协调发展、共同繁荣的新型工农城乡关系，促进广大农村居民与城镇居民同步实现共同富裕。重点是围绕缩小城乡居民收入差距和实际消费差距，不断提高农村居民增收能力，使城乡融合发展成果更多、更公平地惠及民生；不断缩小城乡之间公共服务差距，推动城乡基础设施统一规划、统一建设、统一管护，促进城镇基础设施和公共服务向农村覆盖、往农户延伸；不断完善农村基础设施，不断提升农村公共服务水平，为实现农村居民和城镇居民共同富裕创造更加公平合理的外部环境。此外，作为民族地区，宁夏发展不平衡不充分问题仍然相对突出，实现共同富裕面临诸多困难与挑战。因而，要立足资源禀赋、发展条件、比较优势等实际，发挥东西部协作、对口支援等政策优势，找准促进共同富裕的切入点和发力点。

（五）以绿色发展促安全

人类对自然资源的无序开发与利用引发了诸多生态环境问题，如生态系统退化、生物多样性锐减、水土流失、沙漠化、水气土壤污染、厄尔尼诺现象与拉尼娜现象等，直接危及区域与国家生态安全且制约经济社会的可持续发展。绿色发展是更安全的可持续发展。推进绿色发展为加强生态文明建设提供了基本遵循和实践路径。2021年1月18日，《宁夏回族自治区人民政府关于加快建立健全绿色低碳循环发展经济体系的实施意见》（宁政发〔2021〕39号）正式印发，并提出了未来的发展目标：到2025年，绿色低碳循环发展的生产体系、流通体系、消费体系初步形成；到2035年，基本建成天蓝地绿水美的美丽新宁夏。[①] 未来发力的关键点有三：

一是以绿色规划引领绿色发展。应依据资源环境承载能力、现有开发强度和发展潜力，实行差别化开发管理，把绿色发展理念贯穿到城镇建设、产业布局、土地利用等规划中，合理有效利用资源，形成绿色发展格局。

二是以绿色产业支撑绿色生产。抓住供给侧结构性改革之契机，优化工业结构，降低能源消耗，发展绿色产业，从而推进绿色生产。只要坚持减量化、再利用、资源化原则，重点控制能源资源投入量，就能减少财富创造对自然资源的依赖，使经济发展走上低能耗、高产出之路。特别是要继续深入推动绿色低碳发展，促进产业结构、能源结构、交通运输结构、用地结构优化调整，积极稳妥推进碳减排工作，坚决遏制高耗能、高排放、低水平项目盲目上马，加快构建低能耗、低污染、低排放的绿色低碳现代化产业体系；通过财政补贴、奖励、减税等措施鼓励相关技术创新，包括能源利用技术、生物技术、新材料技术、技术减量化、技术再利用、技术资源化技术、绿色消费技术、生态恢复

[①] 自治区人民政府关于加快建立健全绿色低碳循环发展经济体系的实施意见［EB/OL］.宁夏回族自治区政府网，https://www.nx.gov.cn/zwgk/qzfwj/202201/t20220118_3286914.html.

技术等方面的创新。①

三是以绿色消费带动绿色生活。绿色消费主要包括节俭消费和绿色产品消费两个方面。积极培育绿色消费，可以带动产业结构、产品结构调整。应引导公众树立绿色消费理念，着力推动生活方式变革，在衣、食、住、行等各方面提倡适度消费、低碳消费，促进消费品的循环使用和共享使用。

二、以高水平安全保发展

安全是发展的必要条件，以高水平安全保障国家各领域发展是必由之路。因此，在坚持高质量发展的同时，必须更加重视安全，着力排查研判隐患、防范化解风险，坚持统筹推进各领域的安全稳定。

（一）维护产业链安全、金融安全与生态环境安全，为宁夏经济高质量发展筑牢"地基"

首先，产业链、供应链是大国经济畅通循环的关键，是确保经济安全、国家安全的根基。②当前逆全球化浪潮风起云涌，在某种程度上，产业链两头在外，缺乏对核心技术、核心设备的掌控已经严重影响到了我国的产业链安全。各级政府应聚焦主导产业，培养优势产业链，维护产业链供应链安全，加快产业"智改数转"，支持龙头企业自主创新，支持"专精特新"企业创新发展，全链条培育壮大产业集群，发挥"一城一策""一链一策""一企一策"在破解重大产业、重大项目和重点企业等困难中的重要作用，打造自主可控、安全可靠的产业链、供应链，保障产业安全。

其次，金融安全是国家安全的重要组成部分，关系经济社会发展全局的大事，防范金融风险是重大任务，需要常抓不懈。③各级政府应进一步加强金融监管，强化安全能力建设，不断提高金融业竞争能力和抗风险能力；注重防范化解政府债务风险，以及政府平台债务风险和房地产大企业可能引发的金融风险，

---

① 苏雅英，张向前.海峡西岸经济区发展绿色经济的安全体系研究[J].科技管理研究，2016（1）：170-175.
② 蒋建军.新发展格局下推动产业链供应链安全稳定发展的思路与策略[J].商业文化，2022（15）：42-43.
③ 钟言.发挥金融基础设施作用 筑牢金融安全防线[J].债券，2022（8）：6.

确保不发生区域性系统性风险①，为自治区实现经济高质量发展提供金融安全保障。

最后，生态环境安全是国家安全和实现永续发展的重要组成部分，是经济社会持续健康发展的重要保障。生态环境问题既是经济问题，也是重大的社会和政治问题，必须高度重视。为此，各级政府应进一步完善生态环境系统治理方法论，以市场化、专业化和产业化为导向，建立健全生态环境治理市场化长效机制，加快构建政府为主导、企业为主体、社会组织和公众共同参与的环境治理体系；高度重视和逐步强化重点区域、流域环境污染和新型污染物治理，切实以绿色发展引领推动经济发展和生态环境保护相协同；加快推动经济结构转型升级、新旧动能接续转换，协同推进经济高质量发展和生态环境高水平保护。

（二）打造高水平科技安全，为宁夏经济高质量发展提供动力

科技安全既是产业转型升级的重要支撑，也是加快形成创新驱动经济增长内生动力的关键。②科技安全的防线一旦失守，科技发展和其他安全随时可能受到影响。③

首先，作为西部内陆欠发达地区，宁夏在产业基础以及科技资源方面与经济发达地区相比仍有一定差距，要充分利用现有的资源以及国家政策的支持，高质量推进创新平台建设，积极争创国家实验室、国家重点实验室等；要树立"冷板凳"心态，逐步攻克关键核心技术和"卡脖子"问题。

其次，要完善科技安全预警监测指标体系。分产业分领域构建包含科技战略与政策、科技前沿与发展趋势、科技发展环境与体制、科技成果与人员安全、科技资源基础与科技设施等方面的信息数据库，建立起分类合理、层次清晰、动态演变的科技安全指标体系。

最后，要加强新技术应用安全风险评估。科技安全风险评估是预防或降低新技术应用安全风险的重要手段，要对新技术在大规模市场应用前的安全隐患、技术成熟度、脆弱性等各方面进行深入评估，做好技术安全、产业安全、道德伦理安全、法律监管安全等方面的新技术应用风险防范，确保新技术应用安全

---

① 吴江，袁真艳. 在高效统筹安全发展中强化新担当[J]. 群众，2022（11）：4-5.
②③ 游光荣. 统筹科技发展与科技安全是新时代赋予的重大课题[J]. 中国科技论坛，2022（4）：3.

有保障。①

（三）必须重点守护开放数据安全，为宁夏经济高质量发展保驾护航

数据对于经济发展、社会治理、人民生活都产生着重大的作用。但随着数字经济的发展，数据安全也日益艰巨。一方面，要搭配和协调好开放和安全，坚持"管得住"和"放得开"相统一，始终保持掌控国民经济命脉和核心产业，着力增强自身竞争、开放监管和风险防控能力，炼就金刚不坏之身；另一方面，要促进数字经济健康安全发展，提升基础设施关键设备安全可靠水平和重大网络安全事件应急处理及风险识别能力，全面筑牢数字安全屏障，提升网络安全防护能力，构建完善的数据安全保障体系，织好数据安全"防护网"。增强系统能力，防患于未然。要全面系统贯彻落实国家有关网络安全技术标准、考核标准、评测标准，完善执行、监督、检查、预警、处置和通报机制，综合利用和完善数据平台建设及应用，坚持以网管网，在网络威胁预警、应急处置方面利用数据分析提高预判能力②，兼顾解决信息泄露、算法歧视、平台垄断、网络诈骗等问题，树立数字信任，推动数字经济健康发展，弥合数字鸿沟，提高技术使用的安全感③。

（四）必须把握粮食安全主动权，为宁夏经济高质量发展"稳基础"

粮食作为不同于一般商品的特殊战略物资，具有社会、政治、经济、自然、金融、能源等基本属性。粮食安全是国家安全与经济社会发展的重要基础。要清醒意识到粮食对外依存度提高所带来的风险。特别是在全球政治格局、经济格局、安全格局深刻变化的背景下，部分粮食对外依存度相对较高的潜在风险有可能转变为现实挑战，并成为保障我国粮食供给安全面临的新问题。④从生产能力看，宁夏作为粮食产销平衡省区，2020年耕地面积和永久基本农田面积分别达1955.14万亩和1400.23万亩，均超过国家下达指标；从粮食产量看，全区粮食总产量连续9年稳定在370万吨以上，2020年总产量380.49万吨，人均占有粮

---

① 赵世军，董晓辉. 新时代我国科技安全风险的成因分析及应对策略[J]. 科学管理研究，2021（3）：27–32.
② 王山竹. 以创新为引领，构建广西信息通信业发展与安全新格局[J]. 当代广西，2022（13）：39.
③ 李明，田万方. 全球风险治理改革方案的发展和安全统筹路径研究[J]. 中国应急管理科学，2022（3）：78–89.
④ 迟福林，郭达. 统筹粮食安全与发展问题研究[J]. 中州学刊，2022（7）：38–43.

食 584 千克，高于全国平均水平。①2021 年全区粮食总产量 368.44 万吨，比 2020 年减少 12.06 万吨，下降 3.2%。②

一方面，要提高土地利用效率。土地是粮食安全发展的基本条件之一，但随着城市面积的扩大、新型交通运输网的规划，耕地在数量和质量上难免会下降。耕种过程中出现面源污染，生产资源废物处理不当、农民不科学合理地施肥、盲目过量施用化学农药，都会导致农田无法有效吸收转化，造成农田土壤养分流失严重，加之宁夏气候干旱，灌溉设施不够完善，也会严重影响土壤的生产力。高标准的粮食作物农田对保证粮食供给意义重大；提高农田质量，提升农业竞争力，进行土地改革，改变传统的农业生产方式，用更少的土地获得更多的粮食，形成种植规模和产业链，促使粮食生产形成规模效应。因此，保证粮食安全，要提高土壤利用效率，不断完善耕地资源保护法，加强耕地质量建设，通过土壤调理与修复工程技术等方式改良中低产田土壤，提高土壤肥力，实现提高粮食产量的目的；遏制耕地面积"非农化"，做好监督检查工作，严格监督管理粮食的使用和经营管理模式。

另一方面，应建立价格监测预警机制，跟踪监督粮食种子等源头产品的价格。围绕种质提高、基因发现、育种能力、良种繁育等全产业链条，做好安全保障，完善农业农产品产业链，提高农业发展效率。相关部门应加大对粮食价格的监测力度，充分发挥政府的宏观调控作用，加强对价格总水平的管理能力。及时做好信息收集和整理工作，认真分析粮食市场价格波动情况，整合各种资源，准确把握市场价格形势，及时收集商品价格变化数据，科学分析市场价格。将最新的第一手资料简单易懂地传达给农户，保障农户的基本权益。③

---

① 宁夏：用好粮考"指挥棒"守好粮安"责任田"［EB/OL］. 宁夏新闻网，https: //www.nxnews.net/zt/2020/2020yzls/2020lsrdgz/202103/t20210318_7072692.html.

② 宁夏回族自治区 2021 年国民经济和社会发展统计公报［EB/OL］.https: //mp.weixin.qq.com/s?__biz=MzI1NTUzNDA3OQ==&mid=2247489865&idx=1&sn=27e0b8bec22eab51e97b24ad2b773265&chksm=ea352fd9dd42a6cfcc8fcbfddb007226ef6f86510d0f6a3ea1e9a1eca973955b17a148656ce6&scene=27.

③ 马一平. 农业可持续发展下河南省粮食安全实现路径探析［J］. 山西农经，2022（17）：104–106.

第四章　宁夏主动服务和融入新发展格局的政策建议

在复杂严峻的国内外环境下，加快推动宁夏主动服务和融入新发展格局，要充分发挥产业基础、区位交通、开放通道等叠加优势，围绕打造国内大循环的重要支点和国内国际双循环的战略链接，在优化供给、扩大需求、畅通流通、深化改革、扩大开放等方面精准发力，并建立长效机制。为此，本书将围绕如下几方面提出决策咨询建议：

第一节　以高水平对内对外开放融入新发展格局

一、推动内外联通，打造双循环重要节点和战略链接

2019年4月26日，习近平主席在第二届"一带一路"国际合作高峰论坛开幕式上的主旨演讲中指出，"基础设施是互联互通的基石，也是许多国家发展面临的瓶颈。建设高质量、可持续、抗风险、价格合理、包容可及的基础设施，有利于各国充分发挥资源禀赋，更好融入全球供应链、产业链、价值链，实现联动发展"。[①] 高质量基础设施建设既是加强各国经济联系性的基础，也是国内区域经济开放度提升的必要条件。宁夏过去开放型经济发展滞后，在很大程度上受制于铁路、公路、空运、管道、通信及城乡基础设施的不足，建设密度、规格、质量和功能都有待提高。在积极融入"一带一路"设施联通倡议下，宁夏地区道路、航线等基础设施的链状化、网格化、枢纽化已取得显著进展，5G、区块链、超算、智慧能源等新型基础设施建设快速兴起，这使得宁夏在由传统基建向新基建

---

① 习近平在第二届"一带一路"国际合作高峰论坛记者会上的讲话（全文）[EB/OL]. 中国政府网，http://www.gov.cn/xinwen/2019-04-27/content_5386904.htm.

转变的过程中取得了与东中部地区同等的迭代机会，与其共同享有数字技术带来的新型规模经济，为融入跨国基础设施互联互通大网络奠定了基础。因此，宁夏若要积极融入和服务新发展格局，要更注重基础设施的内外联通，构建多层次高质量开放大通道。

（一）构建现代物流基础设施网络

要不断完善区域物流服务网络，强化物流基础设施互联互通和信息共享，构建支撑现代物流的多层级物流服务体系。在农村，深化县域商业建设行动，完善县域商业网络体系，推动企业供应链下沉、物流配送下沉、商品和服务下沉，健全县乡村三级物流配送体系，扩大农村电商覆盖面，促进农民收入和农村消费双提升。在城市，推进城市商业提升行动，重点推动大型连锁企业下沉社区，补齐社区商业设施短板，以大带小打造一刻钟便民生活圈，持续保障和改善民生，并有序推进试点步行街改造提升，统筹开展智慧商圈和智慧商店示范创建，不断满足城市居民多元化、多样化消费需求。在物流信息服务平台建设方面，地方政府应积极联合铁路、港口、船舶公司各方积极构建物流公共信息平台，整合运营各方的进出口贸易运输需求信息、班列产品信息、港口靠泊信息、班轮班期信息、报关报检信息，为客户提供订舱、结算、票据、融资等"一站式服务"，实行统一品牌、统一规则、统一运作，发展"一次委托、一票到底、一次保险、一箱到底、一次结算"的海铁联运"一单制"服务，降低客户企业全程物流成本。

（二）构建内畅外联的现代流通网络，优化流通发展空间布局

优化商贸、物流等设施布局，构建安全可靠、高效畅通的现代流通网络，发挥现代流通体系的市场链接和产业组织作用，为商品和要素跨区域、大规模流通提供基础网络。目前，宁夏与新疆、云南、贵州等地在产业园共建方面，与内蒙古、西藏、海南等地区在金融合作方面，与川渝等地在水资源开发方面，联系还不够密切，某些领域的合作相对较少。建议由自治区政府牵头，企业之间对接，推动建立省市间、地市间、县区间的合作交流机制：搭建好产业合作工作平台，从运行机制上保证双方产业合作的顺利实施，如搭建枸杞、葡萄酒等产业合作交流平台，通过西部陆海通道双向运输班列节点城市，加强在沿边地区及通道沿线节点布局建设相应的产业融合园区、第三方物流中转区等，规划建设跨地区的应用电子、装备制造、通信、家电、IT等产业共建合作区，着

力支持和发展实体经济，强化区域产业根基，实现地区间产业的优势互补。同时，积极吸引宁夏周边临近地区货源在宁夏聚集，上集下拓，力争在100千米半径范围内打造空间上高度集聚、上下游紧密协同、供应链集约高效的产业链集群。此外，还应开展与沿海港口或内陆港的合作，进一步促进跨省区合作，不断提高国内区域一体化水平。

（三）拓展物流服务新领域新模式

由于宁夏是内陆省区，输入产品多、输出产品少，大量物流依靠公路运输间接推高了宁夏全社会的物流成本。近年来，宁夏部分物流企业逐步认识到多式联运在降低物流成本方面的巨大优势，开始涉足多式联运。虽然当前区内开展多式联运的企业并不多，但要高度重视多式联运，充分发挥多式联运一票到底、转运高效、成本低廉的优势，加大多式联运体系建设与推广力度，尽快实现传统运输方式向多式联运转型。例如，加强进港铁路配套场站设施建设，实现铁路跟海运、公路的无缝对接，提升港口的集疏运能力。与此同时，推广集约智慧绿色物流发展模式，拓展物流信息平台功能，积极应用现代信息技术和智能装备，扩大新能源运输工具应用范围，推广绿色包装技术和物流标准化器具循环共用，鼓励构建线上线下融合的废旧物资逆向物流体系。

（四）培育优质创新现代流通企业，打造具有竞争力的市场主体

发挥企业主体地位，支持流通企业做强做优做大，增强创新驱动力和核心竞争力。推动现代流通企业网络化发展，整合运用商贸、物流网络和全球资源，构筑成本低、效率高、韧性强的流通运营渠道。推动现代流通企业一体化发展，使跨界融合的新业态不断涌现。鼓励现代流通企业生态化发展，构建大中小企业深度对接、资源共享、协同发展的现代流通新生态；提高物流企业专业化服务水平，提升企业对接多元化物流需求的专业物流服务能力，引导物流企业为大宗商品贸易企业提供国内国际采购、运输、仓储等协同化服务，支持大件物流企业优化跨区域运输线。

（五）形成多重"鱼骨"状交通格局，持续推动"四路"协同

通过货运铁路支线建设和运输能力提升，分别与中欧国际班列西部通道、西部陆海新通道相连接，形成多重"鱼骨"状对外开放交通格局，持续推动"空中丝绸之路""陆上丝绸之路""网上丝绸之路""海上丝绸之路"的四路协同。具

体而言，一方面，要携手沿线省区经贸合作，扩大内循环发展空间。本着"优势互补、资源共享、务实合作、共同发展"的原则，宁夏应携手西部陆海新通道沿线省区，共同推动西部陆海新通道建设。以交通促物流、以物流促商贸、以商贸促产业，实现与周边地区互利共赢的高质量合作发展新局面。另一方面，要以中欧班列为契机，打通宁夏经济外循环物流通道。目前，宁夏已开通"宁夏—欧洲（布达佩斯）中欧国际货运班列"，该班列以"区港直通"模式实现了宁夏地区与欧洲内陆地区点对点班列零的突破。因此，自治区政府应以此班列的开通为契机，不断完善"班列+综保区"模式实践，坚持以综保区带动下的高质量产业链招商，围绕"十四五"和"六优六特六新"产业发展方向，引进相关产业链中具有核心地位的龙头企业以及具有专业影响力的零部件配套企业，并以之为基础进行辐射与延伸，从而建立完整的产业链条。同时，通过向产业链上、下游延伸，扩充产业链的深度、广度，提升产业链整体价值，实现上、中、下游全产业链发展，以此稳定"中欧班列"始发城市稳定货源数量，实现产品的多元化、提高产品的附加值，同时有助于周边货物向宁夏的集聚，进而顺畅宁夏在中欧通道上的货物进出。

二、加快推动内外贸一体化进程，推动进出口高质量发展

推进内外贸一体化是党中央、国务院作出的重要决策部署，是构建新发展格局的内在要求，是推动高水平开放的具体体现，是统筹发展和安全的实际行动。构建新发展格局的大背景下，畅通国内大循环，推动内贸大发展，同时打通内贸、外贸之间的阻隔，加快内外贸一体化进程被提上日程。

（一）深入挖掘跨境电商潜力，推动外贸转型升级和高质量发展

跨境电商不仅是外贸发展的新业态、新模式，也是稳外贸的新动能。自2021年银川获批跨境电子商务综合试验区以来，宁夏在引导跨境电商组织保障、政策环境优化、基础设施建设、市场主体培育、产业园区建设、招商引资以及人才培养等方面均取得了积极成效，先后建成了银川跨境电商综试区综合信息服务平台、银川综保区跨境电商进口商品展示中心，形成了产业特色鲜明、配套服务完善的跨境电商产业链和生态圈，为银川乃至宁夏对外贸易回稳向好发展注入了新的动能。2021年，银川实现跨境电商交易额22.3亿元，占全市进出口总额

的16.8%，众多企业正借力跨境电商的东风，出海前行。跨境电商已成为连接宁夏与世界的网上丝绸之路，成为促进宁夏传统产业转型和经济长远发展的重要引擎。加快跨境电商产业发展，对培育宁夏供给侧结构性改革、培育壮大经济发展新动能、加快新旧动能接续转换具有重要意义。因此，在宁夏跨境电商未来发展过程中可从以下着力点出发，补短板谋发展。

一是加强基础设施及配套建设，完善产业链综合配套服务。跨境电商产业链基础设施及配套建设，既包括物流网络、信息技术、产业园区等硬件设施，也包括政策法规、营商环境、人才培育等软件设施。在硬件基础设施建设方面，应进一步加快海外仓、保税仓、中心仓等物流基础设施；加大5G、物联网、工业互联网等信息技术投入；加大跨境电商物流园区、产业园区、综合园区等建设；完善跨境电商产业链硬件配套服务设施。在软件基础设施建设方面，应进一步完善通关、物流、税收、支付结算、检验检疫等政策法规；加快构建交易主体信用体系、市场开放机制等，创造良好的营商环境；加强中高阶跨境电商人才培养（包括高等教育和行业培训等），完善跨境电商产业链软件配套设施服务。

二是推动跨境电商产业链信息融合，促进产业链智慧升级。推动跨境电商产业信息融合主要是充分发挥互联网平台作用，利用新一代信息技术，消除产业链各主体之间的信息壁垒，优化跨境电商产业链资源配置和集成效率，如互联网信息技术与产业链各环节融合产生的外贸产业智能制造、跨境智慧物流、跨境金融服务、跨境O2O"新零售"等实现产业链重构和智慧升级。一方面，要加强互联网信息技术应用，解决跨境电商产业链中信息不对称问题，对产业链资源进行重新解构、整合，消除中间化、中心化环节，提升生产效率和服务效率；另一方面，要以银川五大跨境电商产业园区为载体，加快培养跨境电商产业集群，优先发展产业链上的龙头企业、明星企业，通过头部带动作用推动跨境电商平台、外贸制造业、产业链服务企业联动发展，打造具有国际竞争力的跨境电商产业集群。

三是加强数字技术赋能跨境电商平台服务端，提升跨境贸易市场效率。跨境电商平台是跨境交易的市场载体，除连接交易双方外还能聚合服务商资源形成数据闭环。一方面，推动企业加大平台人工智能、物联网等技术投入，加强平台各主体对数据的采集与分析，为商家提供精准营销、定向引流等方面的数据支持，为用户提供智能推送、多渠道交互等服务体验。另一方面，协调企业加强数据技术与物流、支付、通关等服务商融合，形成订单、支付、物流、通关、信用、评价等数据闭环，实现数字化重构跨境贸易流程，降低贸易壁垒，提升市场效率。

（二）加强内外贸企业品牌建设，促进质量供给侧改革

随着人民对美好生活需求的日益增长，普通城乡居民的消费水平不断提高、消费结构不断升级，对产品的质量提出了更高的要求。质量和品牌作为国内外消费市场的硬实力，是支配性资源，是市场竞争的决定性力量。企业完全可以借助居民消费需求旺盛的东风，提升产品质量，加强品牌建设，满足国内消费升级、消费分级的需求。政策层面应促动企业强化品牌建设。

一是促动外贸企业加强对国内市场和消费者需求的了解，让终端消费数据指导生产，让拓市"子弹"精准射出，让消费者不出国门就能享受"出口"品质；加强国内经贸网络构建，采用国内消费者喜好的营销模式打造自己的内贸链条，加快培育"大而强"的国内供应链平台，增强供应链韧性，从而更有效地抵御外部经济冲击。

二是促动内贸企业进行新产品研发、品牌建设，深入推进"质量革命"，淬炼出"硬实力"，改变国内消费者"国内东西没有国外好"的成见，提升消费者的信任，引导消费回流。

三是推动企业技术升级，通过技术升级来提高国内外市场的竞争力。在同一生产线上生产出标准相同、质量相同的既满足出口需要又受到国内市场欢迎的产品，创新供给、提升品质，培育新型消费、热点消费，推进消费场景塑造和空间提升，满足个性化消费，形成以国内为主的新发展格局。总而言之，在双循环与消费升级的双重背景下，不管是外贸企业还是内贸企业，只有更加重视质量和品牌建设，塑造"宁夏制造"优质品牌形象，才能打造竞争新优势和赢得消费的品牌溢价，才能在开拓国际市场的同时也能占据国内市场。[①]

（三）提升外贸水平的同时注重"出口转内销"

受长期以来的发展定位和市场惯性影响，外贸企业大多缺乏对国内市场的了解，以批发型、代工型、订单生产型为主，在转内销过程中，不可避免地会遇到

---

① 陈丽琴，张新政，李雨欣. 新发展格局下完善内外贸一体化调控体系的难点与着力点[J]. 国际贸易，2022（2）：58-65.

产品标准、市场营销、人才培养、电商运营、知识产权等诸多方面的问题。事实上，外贸企业出口转内销，融入国内大循环是一项系统性、长期性工程，短期目标在于解决外贸企业"去库存"、生存压力问题，长期目标在于推动外贸企业转型升级，产品更新换代和自主品牌建设。在这一过程中，需要统筹发挥政府、电商平台、企业、联盟等各方面资源作用，做好短期部署和长远谋划，真正使外贸企业具备国际国内市场竞争的能力，发挥好连接国际国内两个市场的重要作用，畅通国际国内双循环。2020年，自治区出台了《支持出口产品转内销的政策措施》（宁政办〔2020〕24号），对非常时期出口产品转内销予以政策支持，并取得了一定成效。在此基础上，自治区政府应持续发力，精准把脉企业需求，协调出口转内销，助力区域外贸企业实现转型升级。

一是采用出口信用保险等机制与手段，短期内帮助企业"挺过去"，并把稳定出口企业国际市场份额作为政策的长期目标。一方面，探索运用出口信用保险措施，稳定企业的经营。地方政府应考虑提高企业出口信用保险的相关保费补贴标准；央地统筹协调扩大出口信用保险的覆盖面；督促保险公司适当降低短期信用保险费率；充分发挥出口信用保险增信和分险功能，支持企业利用出口信用保险保单办理融资贷款。另一方面，加大奖补力度。对企业主动调整生产和销售策略的行动给予专项补贴，包括过渡性的出口转内销举措以及稳定员工、加强培训、技改升级、新品开发、质量提升和出口产品优惠等措施；对企业稳定国际客户营销措施予以适当奖励。

二是助推企业调整生产线和产品结构，拓展企业内销渠道。在产品研发和品牌设计端，鼓励企业开发服务于国内消费升级趋势的产品；推动代工企业按照"同线同标同质"开发自有品牌，给予其专项资金补贴和政府采购倾斜。在生产端，支持企业为适应国内消费市场的灵活性和柔性特征，开展适用于小批量、多批次产品生产的生产线改造。在销售端，积极组织线上、线下展销会，牵线搭桥组织采购商对接出口转内销企业；利用政府大数据库，支持企业在批发端和零售端对接国内主要电商平台，努力适应线上消费的趋势；扩大政府采购范围，将转内销的企业纳入政府采购目录。完善政策性融资体系，采取财政贴息等方式，为内销企业提供低息贷款，降低企业融资成本。此外，企业界的微观主体可进一步总结相关经验，掌握薄利多销临界点，以制定好自己所在行业、所在企业面对特定目的地市场集群的一个定制化方案。

三是更好地发挥政府作用，完善配套政策体系。出口转内销政策应综合考虑"保就业、稳份额、优链条、畅渠道"的原则，长短结合、分类施策。①完善国内市场信用体系，缓解企业供应链债务压力。建立开展产业链债务清理专项机制，加快解决应收账款拖欠问题；强化国内供应链企业预付款方式采购的理念，督促产业链下游企业按照国际市场通行的"首付款后下订单"的方式采购；运用金融科技手段，采取区块链技术推动企业的供应链融资。②进一步完善税收优惠政策，降低企业成本。简化"免抵退税"的手续。对过渡性暂时转内销的出口企业，给予一定的税费减免优惠。对那些属于急需的关键零部件和中间产品的内销产品，应参照"出口退税"政策，给予同等甚至更大的税费减免力度，鼓励转内销。③降低市场准入门槛，提高政府服务效率。加强部门协调，统筹处理国内外市场标准不一的问题，推动专用设备生产企业的国内市场准入。引导地方政府建立同域内企业紧密联系的工作机制，及时了解企业在出口转内销的过程中遇到的困难，精准帮扶。

（四）以服务业开放助推宁夏发展行稳致远

对于我国而言，加快服务业开放步伐，大力发展服务贸易，是顺应我国产业结构和居民消费升级，推动国内供需更高层次平衡的必然要求。近年来，自治区政府将扩大服务业开放作为高水平开放发展的重中之重，想方设法创造条件持续推进全区服务业创新发展，培育了一批具有一定竞争力的市场主体。但总体上看，宁夏服务贸易产业整体发展基础薄弱，服务贸易企业数量少、规模小，与全国水平相比还存在较大差距，因此，自治区政府应进一步加强政策顶层设计，积极会同相关部门不断聚合发展资源，持续加大对服务贸易企业的扶持力度，鼓励企业对标先进创新发展，积极创造条件支持龙头企业立足国内国际两个市场，紧盯产业前沿，不断提升企业竞争力和服务双循环新发展格局的能力和水平。

1. 以破除垄断为重点加快推进服务业开放

2018年底，宁夏回族自治区政府印发《促进服务业发展若干政策措施》（宁政办规发〔2018〕14号）中提出，"凡国家法律法规未明令禁入的服务业领域，全部向社会资本开放，各类区内外投资者均可以独资、合资、合作、联营、参股、特许经营等方式进入"①。上述政策必须落到实处，要对社会资本全面放开市

---

① 自治区人民政府办公厅关于印发促进服务业发展若干政策措施的通知［EB/OL］.宁夏回族自治区政府网, https://www.nx.gov.cn/zwgk/gfxwj/201811/t20181102_1147682.html.

场准入，并通过调整土地价格等方式，引导社会资本进入服务业领域。

一方面，要打破行政垄断和市场垄断，认真梳理仍存在股比和业务限制的行业。在生活性服务业领域，教育、医疗、健康、养老、文化等非基本公共服务领域全面放开市场准入，基本公共服务领域原则上引入竞争机制，激发市场活力，满足人民群众日益增长的服务消费需求；在生产性服务业领域，研发设计、第三方物流、融资租赁、信息技术服务、节能环保服务、检验检测认证、电子商务、商务咨询等领域全面放开市场准入，取消某些不合理的经营范围限制。宁夏可以发挥"先行先试"的优势，按照服务全局、积极有序的原则，分类施策，比全国"更快一步"，扩大准入范围。

另一方面，应该彻底打破服务业市场分割和地区壁垒，鼓励高水平的服务业企业进入，从而完善产业链、形成集聚效应，提升地区服务业发展的总体水平。总体上看，宁夏应通过实行比其他地区更特别的"极简版负面清单"，大力发展文化、教育、旅游、互联网、医疗健康、金融、会展等现代服务业，加快推进服务业创新发展，尽快形成以服务业为主体的经济结构。但还必须结合少数民族自治区的特点和特殊情况，明确哪些行业涉及国家和民族地区的安全问题，应该予以限制，尤其是在餐饮、文化、互联网等与人民生活息息相关的方面，要增强风险防范意识，制定相应标准，健全分类开放体系，逐步放宽准入限制。具体工作中要完善外资安全审查制度和风险防控体系，对影响或可能影响国家安全、国家安全保障能力，涉及敏感投资主体、敏感行业、敏感技术等方面的外商投资进行安全审查，并明确安全审查的内容、原则和规则以及分工，建立审查机构和机制，加强执法力量，提升安全审查法律法规的位阶，确保其权威性和执行效力。

2. 确立"服务先行"的对外贸易战略，高标准推进服务贸易"单一窗口"建设

进一步扩大服务业开放，需要高标准建设服务贸易"单一窗口"，促进跨境服务贸易的开展。从服务业开放的角度看，"单一窗口"是实现服务贸易便利化、由审批制向备案制转变的重要途径。从全国自贸试验区"单一窗口"建设的实践看，国际贸易"单一窗口"的建设仍然任重而道远，其中亟待解决的制度问题具体可细分为三个层面：体制层面，即部门间执法权交叉化和相对人权利虚置化；法律层面，即"单一窗口"制度改革与电子交易形式皆于法无据；技术层面，即标准化、共享化、信息化程度不高。

对此，在宁夏"单一窗口"的建设中，一是要厘清部门之间的权限，对于权

限重叠领域的事物,以功能最适当原则处理权力冲突;权力归属的确定标准在于此机关是否能最大限度增进或促成贸易便利化的实现。二是要完善法律保障,遵循"国家授权、部委规章、地方立法"三层次联动推进路径,推进针对"单一窗口"的法规制度建设;同时完善电子数据交换的法律保障。三是要规范数据共享,完善信息共享机制,明确信息数据的共享范围,以及信息的归属部门、管理范围、查阅主体等;建立数据标准体系。针对上述问题,还可借鉴北京的经验,一是探索外资企业登记备案"单一窗口"模式,建立外资企业登记备案网络联动系统,推动外资企业办理商务备案和工商登记实现"单一窗口""单一表格"报送;二是建立跨境电子商务公共信息服务平台,实现"关、检、税、汇"等多部门统一核验。

(五)提升出口质量,增强国际供给能力

出口是开放型经济条件下推动国内国际市场循环的重要途径。未来,需适应世界经济疲弱、外需长期不振、保护主义抬头的外部环境,不断增强出口产品的国际市场竞争力。

一是强化出口竞争新优势。应将产业转型升级作为提升出口质量和效益的根本出路,加快制造业与服务业融合发展,稳定劳动密集型产品出口,推动相关产业向价值链高增值环节攀升;稳步扩大人工智能、节能环保、新能源、新材料等产品出口,带动相关新兴产业国际竞争力提升;应深入推进服务业供给侧结构性改革,通过提高服务业发展的质量和效率,增强服务贸易出口的国际竞争力。

二是推动贸易结构优化。优化国际市场结构,在继续深耕发达经济体市场的同时,着力深化与共建"一带一路"国家的贸易合作,逐步提高自贸伙伴、新兴市场和发展中国家的外贸占比;加快融入中欧班列、西部陆海新通道等国际贸易大通道,加快承接产业转移,成为外贸发展新高地;优化经营主体结构,在继续支持中小企业转型升级、聚焦主业、走"专精特新"国际化道路的同时,鼓励行业龙头企业提高国际化经营水平,逐步融入全球供应链、产业链、价值链,形成在全球范围内配置要素资源、布局市场网络的能力;优化商品结构,在通过走差异化竞争道路维护传统产品市场的同时,大力发展高质量、高技术产品贸易,增强出口产品增值能力。优化贸易方式,在做强一般贸易、增强议价能力的同时,提升加工贸易,鼓励向产业链两端延伸。

三是通过"走出去"带动出口发展。促进贸易与投资更加紧密结合，通过"走出去"的企业带动国内产品、技术、标准、服务出口，拓展海外市场。

四是探索建立 RCEP 和自贸协定公共服务平台。例如，学习青岛的做法，建立 RCEP 企业服务中心，为企业提供"一站式"行政审批、原产地证书签发等政务服务，以及法律顾问、海损理算、商事调解、境外投资、国际商账追收、原产地规则应用指导、知识产权、企业培训、各类会展等定制化服务。

（六）扩大进口规模，更好地联通国内国际市场

扩大进口是联通国内国际双循环的重要一招。一方面，扩大先进技术装备、关键零部件以及优质消费品和服务等进口，有利于优化我国生产要素供给、推动供给侧结构性改革，也有利于满足人民日益增长的美好生活需要，促进国内供需更高层次平衡。另一方面，在世界经济长期疲弱的态势下，通过扩大进口向全世界分享我国经济增长和结构转型升级带来的机遇，有利于为各国优质商品和服务提供有效市场需求，推动全球范围内的供需平衡。

一是着眼于满足居民消费升级，扩大优质消费品进口。应进一步畅通进口商品流通渠道，大力支持境内流通企业整合进口和境内流通业务，鼓励进口商品直销，推进大型电商平台企业扩大进口商品销售专区。

二是着眼于深化供给侧结构性改革，扩大先进技术、设备和零部件进口。在自力更生、提升自主创新能力的同时，适度扩大先进技术、设备和零部件进口，更好地引进消化吸收再创新；积极推动银行业金融机构加大对先进技术和设备的进口信贷支持力度，促进产业结构调整和优化升级；大力支持融资租赁和金融租赁企业开展进口设备融资租赁业务。

三是着眼于提高市场保障能力，扩大农产品及各类资源性产品进口。进一步推动完善国家储备体系，支持和鼓励企业建立商业储备；继续利用对外经贸发展专项资金等政策，支持境外能源资源开发，鼓励资源回运，稳定能源资源供应，提高市场保障能力；在有效管理前提下，可适度扩大再生资源进口。

四是积极参与中国国际进口博览会等各类展会，优化进口商品结构，引进更多先进技术和理念，进口更多优质消费品和服务，为国内消费者提供更多选择，满足日益提高的国内消费需求。①

---

① 许正环，李政军. 新发展格局下我国开放型经济治理体系的健全与完善[J]. 贵州师范大学学报（社会科学版），2022（5）：111-119.

三、推动高质量"引进来",助力供给侧升级

(一)扩大外资增量,稳定外资存量,提升外资质量

首先,优化投资环境,扩大外商投资增量。通过深入贯彻实施外资准入负面清单制度,尽快将开放政策转化为实际外资项目。高标准落实外资准入后的国民待遇,保障外资企业平等享受支持政策。同时,开展国际产业投资合作系列活动,加强与外商投资企业、有关商会和国际组织的对话交流,并强化重点展会投资促进能力。

其次,加强投资服务,稳定外商投资存量。通过利用好中外人员往来"快捷通道",加强货运物流保通保障,并协助跨国公司、外商投资企业高管、技术人员及家属出入境。鼓励外商投资企业利润再投资,落实好境外投资者以分配利润直接投资暂不征收预提所得税等政策。支持符合条件的外商投资企业通过在主板、科创板、创业板、北交所上市,在新三板基础层和创新层挂牌,以及发行公司信用类债券进行融资。

最后,引导投资方向,提升外商投资质量。既要在基础设施短板、关键民生领域加大投资力度,也要从产业转型升级、培育新增长点的角度,加大投资力度,优化投资布局。要鼓励发展战略性新兴产业,着力支持高端化、智能化、绿色化产业发展。通过优化外商投资结构,引导外资研发中心用好"十四五"时期的支持科技创新进口税收政策,鼓励其在华设立研发中心,以此打造产业链共同体。尽快落实《关于进一步鼓励外商投资设立研发中心的若干措施》,鼓励外商投资设立研发中心,推动形成开放创新生态。

(二)打造不断开放的市场准入环境

应将放宽市场准入特别是服务业准入作为创造更有吸引力投资环境的重要任务,全面落实准入前国民待遇加负面清单的管理制度,继续修订外商投资负面清单,加快对自贸试验区改革创新的复制推广。

一是以 RCEP 实施为契机,以推动贸易和投资自由化、便利化,对接国际经贸规则为核心,在货物、服务、投资等领域进一步推动放宽市场准入。

二是简政放权为市场主体松绑减负,激发企业能动性和创造性。优化营商环

境对激发市场主体活力和创造力具有关键作用，应坚持市场化改革方向，进一步放宽市场准入，全面实施市场准入负面清单制度，建立统一的清单代码体系，使清单事项与行政审批体系紧密衔接、相互匹配，简化企业生产经营审批流程，以权利公平、机会公平、规则公平强化市场准入机制的公平性，坚决破除准入不准营、妨碍统一市场的一切不合理体制机制障碍。

三是完善各类市场主体公平竞争的法治环境。法制是最好的营商环境，应全面贯彻《宁夏回族自治区优化营商环境条例》，保证民法典有效实施。消除市场主体歧视，保障企业充分参与竞争，完善市场主体退出机制，依法平等保护国有、民营、外资等各种所有制企业产权和自主经营权，加强知识产权保护，强化政务失信责任追究，打破地方保护，加强反垄断和反不正当竞争执法，规范交易行为，修订完善公平竞争审查实施细则，建立公平竞争审查抽查、考核、公示制度，建立健全第三方审查和评估机制。逐步清理废除妨碍统一市场和公平竞争的存量政策，建立违反公平竞争问题反映和举报绿色通道。

（三）打造规范高效的知识产权保护环境

应围绕进一步发挥市场在资源配置中的决定性作用，更好地发挥政府职能，加大知识产权保护力度，为广大外资企业营造更加公平、更为透明、更可预期的营商环境。

一是加快完善知识产权侵权惩罚性赔偿制度，显著提升违法成本，特别是要加大对侵权假冒行为的惩戒力度，大幅提高侵权法定赔偿额上限，加大损害赔偿力度。

二是强化民事司法保护，有效执行惩罚性赔偿制度。研究采取没收违法所得、销毁侵权假冒商品等措施，加大行政处罚力度，开展关键领域、重点环节、重点群体行政执法专项行动。

三是强化打击侵权假冒犯罪制度建设，探索完善数据化打假情报导侦工作机制，开展常态化专项打击行动，持续保持高压严打态势。

四是针对新业态新领域发展现状，要加强专利、商标、著作权、植物新品种和集成电路布图设计等的保护；探索建立药品专利链接制度、药品专利期限补偿制度；加强公证电子存证技术推广应用；研究建立跨境电商知识产权保护规则，制定电商平台保护管理标准。编制发布企业知识产权保护指南，制定合同范本、维权流程等操作指引，鼓励企业加强风险防范机制建设，持续优化大众创业、万众创新，保护环境；研究制定传统文化、传统知识等领域保护办法，加强中医药知识产权保护。

五是推动简易案件和纠纷快速处理。建立重点关注市场名录，针对电商平台、展会、专业市场、进出口等关键领域和环节构建行政执法、仲裁、调解等快速处理渠道；推动电商平台建立有效运用专利权评价报告快速处置实用新型和外观设计专利侵权投诉制度。此外，可考虑进一步完善知识产权保护中心布局，加快建立更加便捷、高效、低成本的维权渠道。

四、促进高水平"走出去"，深化产业链合作

（一）加快对外投资创新

一是实现对外投资与区内产业结构调整更加紧密地结合，有序推进重点领域的国际产能合作，逐步推进传统优势产能对外转移，大力推动基础设施产业国际产能合作，服务"一带一路"互联互通建设；积极推进高技术产业国际产能合作，努力实现互利共赢的合作格局，鼓励中资企业、东道国企业和第三方企业在国际产能合作项目建设中深入合作，相互整合资源，共享发展成果；进一步推进境外经贸合作区建设。

二是完善国内投融资环境，为企业开展国际产能合作提供必要支持。积极发挥各方积极性，建立健全风险评估和突发事件应急机制，及时警示和通报东道国政治、经济和社会重大风险，强化风险防控，完善突发安全事件应急处理机制，确保我国企业和公民安全。建立国际产能合作风险预警平台，为企业提供重点国家潜在项目、重大风险等各类信息，为企业"走出去"在风险防范领域提供优质咨询服务。

三是推动建立信息服务平台，进一步降低信息壁垒加强风险管理和预防体系建设，为海外重大项目提供必要的安全保障。建立决策、管理、执行及监督的风险管理工作体系，健全应急预案和防范措施，实施有限授权管理，开展包括法律、财务、技术和商务等专业调查，注重相关投资信息的收集、筛选、分析和判断，分析投资可行性。

四是鼓励企业进行链条式和集群式投资，逐步形成本土公司主导，境内外企业分工合理、高效运作的现代供应链，打造面向全球的贸易、投融资、生产和服

务网络，加快构建对外投资高质量发展的指标体系、政策体系、统计体系和绩效评价体系，创新对外投资方式，打造中国投资的品牌和形象，从而整合优化现代供应链和全球价值链。①

（二）推动打造对外投资联合体

企业对外投资是一个系统工程，需要企业、行业协会、政府等协同，这已为欧美日韩等发达国家的经验所证明。②当前，百年未有之变局与新冠肺炎疫情叠加震荡，国际环境错综复杂，部分国家出现贸易保护主义等政策倾向，对外投资不确定因素增加。企业有必要提前了解和熟悉相关国家及地区的营商环境，深入促进对外投资合作机制的形成，从而有效规避风险，增强对外投资的针对性、实效性，提升对外投资效益。③

一是在产业园区、工程承包等领域，可支持投资商、设计商、建设商、装备商、服务商组建联合体，实现优势互补、利益共享、风险共担。促进金融资本与产业资本联合走出去，强化银企合作机制。④

二是稳固投资规模相对较大的重点地区投资，加快推进大数据、云计算、人工智能等新业态企业"走出去"，推动新基建项目联动发展，逐步加大对"一带一路"国家的投资力度，发挥基础设施建设和国际产能合作、产业园建设的优势，对接伙伴国投资需求，进一步开拓欧美等发达国家市场业务。

三是加强制度建设，提高海外投资质量和速度，进一步规范中资企业海外合规合法运营，提升中国企业海外投资竞争力和抗风险能力，扩大优势资本"走出去"和利润回归。

四是帮助企业了解国际规则，在国际规则范围内投资，尤其是帮助企业了解东道国法律法规、风险，增强企业合规意识，依法依规、合情合理在海外投资发展，尊重东道国宗教信仰与风俗习惯，增强企业风险意识，做好"走出去"各个环节的风险识别与防控，做好产业指引，让中国资本在海外更多投资于有助于产业链供应链强链补链、有助于稳定战略资源供给、有助于促进国内产业升级的领域。

---

① 杨长湧. 推进新发展格局下的高水平对外开放 [J]. 开放导报，2020（6）：39-45.
② 吴力. 内外兼修成就开放中国 [N]. 国际商报，2022-06-13（2）.
③ 张凡. "开放合作能帮助我们共克时艰" [N]. 中国贸易报，2021-12-14（4）.
④ 杨长湧. 推进新发展格局下的高水平对外开放 [J]. 开放导报，2020（6）：39-45.

五是避免过多在低端领域进行重复投资，切实加强"走出去"的支撑体系建设，包括加快发展与提升国内投资银行、会计审计、证券金融、信用评级、法律等中介服务机构的国际化服务能力，加快国际化经营高端人才培养，加快国际专业化安保力量建设等，从而提升企业对外投资的竞争力和服务水平。[①]

（三）政府着力打造"三大体系"

首先，完善政策扶持体系。一是加强规划布局。根据企业"走出去"的需要，认真分析本区企业当前境外投资面临的新情况、新问题和新任务，统筹制定自治区境外投资的总体战略、发展重点和政策措施。引导企业围绕重点国家和地区、重点区域、重点项目开展工作，加强对企业的协调指导。二是创新管理方式，全面落实新的境外投资管理办法，加快推进境外投资便利化，逐步完善境外投资管理制度，最大限度减小项目审批范围、简化手续、提高效率。三是强化财税支持。加快建立和完善境外投资企业的奖励与补助制度。研究设立境外投资合作发展引导资金，用于重点项目的前期费用补助、贷款贴息和保险贴息等。

其次，完善服务促进体系。一是加快推动产融结合。积极推动自治区企业与国家开发银行、中国银行等金融机构建立战略合作关系，共同推动企业"走出去"。鼓励各金融机构进一步降低信贷门槛，放宽信贷限制，合理确定贷款期限及贷款利率，积极开发新的金融产品。二是鼓励企业借鉴国际商业贷款的成功经验，采取国际商业贷款、境外发债、境外上市等多种方式融资，切实解决"走出去"的资金短缺问题。三是采取"政府牵头、企业参与"的方式组建海外投资行业协会，加强海外协会在信息交流、咨询服务、风险提示、应对投资纠纷、抵御海外风险等方面的作用，为自治区企业"走出去"保驾护航。

最后，完善风险防控体系。在政府层面，推动建立境外投资信用风险管控综合服务机制，创新"政、保、银、法、企"企业信用风险管控合作模式，搭建由政府相关部门、中信保、银行、法律服务机构四方参与的企业境外投资风险监控服务平台，帮助企业建立健全境外经营风险评估体系、风险防范机制和境外风险应急体系，有效规避投资风险。同时，推动建立境外投资项目监测评价体系，制定有效的安全防护措施和突发事件应急处理机制，规范境外人、财、物等保险机

---

① 吴力. 内外兼修成就开放中国[N]. 国际商报，2022-06-13（2）.

制,切实维护境外企业和人员的合法权益。

第二节 创新驱动促进产业转型

科技创新和体制创新,如车之双轮、鸟之两翼,互为促进,缺一不可。2021年11月24日,习近平总书记主持中央全面深化改革委员会第二十二次会议、审议通过《科技体制改革三年攻坚方案(2021—2023年)》时强调,开展科技体制改革攻坚,目的是从体制机制上增强科技创新和应急应变能力,突出目标导向、问题导向,抓重点、补短板、强弱项,锚定目标、精准发力、早见成效,加快建立保障高水平科技自立自强的制度体系,提升科技创新体系化能力。[1] 近年来,自治区政府深入贯彻习近平总书记视察宁夏重要讲话精神,全面落实中央和自治区科技创新部署,坚定不移贯彻新发展理念,深入推进创新驱动战略,启动实施科技强区行动,先后出台了《关于推进创新驱动战略的实施意见》《关于实施科技强区行动提升区域创新能力的若干意见》《促进科技成果转化条例》等一批科技创新政策,形成了涵盖科技创新全链条的创新政策体系。

一、发挥多方协同作用,完善科技创新治理体系

在科技开放体系中,政府决策是导向标,市场调节是基础,社会舆论是润滑剂,三者构成体系,充分发挥各自的作用,扬长避短,努力营造有利于促进科技开放的社会环境。只有正确处理好政府、市场和社会的关系,才能更好地发挥科技创新治理体系的作用。

一是以"大投入"为保障,为科学研究提供厚实的物质基础。进一步加大财政投入力度,发挥财政资金的杠杆作用,运用市场机制,引导企业、社会资本加大科技创新投入,逐步构建多元科技创新投入机制。

二是建立以需求为主的产业化通道机制,提高成果转化效率。从优质资源的

---

[1] 习近平主持召开中央全面深化改革委员会第二十二次会议[EB/OL].中新网,https://www.chinanews.com/gn/2021/11-24/9615479.shtml.

生发与优化配置着手,以企业和社会需求为导向,打通从科学发现到成果产业化的创新链,利用科技创新驱动产业链供应链优化升级。培育壮大科技成果转化中介机构,加大技术经纪人、科技特派员、科技副总等培养力度,搭建多层级多主体的创新交流合作平台,注重供需有效对接,提高科技成果转化率。

三是构建以企业为主体的技术创新体系,联动培育企业矩阵。通过持续技术研发和技术扩散,组成以链主型企业为主导、以"专精特新"小企业为支撑的企业舰队,打造囊括技术创新、产业创新和商业模式创新的创新型产业集群。

二、加大财税支持力度,激发企业创新活力

一是有的放矢、分类施策,建立适应不同科技创新主体的财政科技经费支持机制。对于初创期企业,注重发挥科技孵化资金杠杆作用,支持科技孵化器提质增效,惠及小微企业发展。强化科技孵化器配套保障,在经营机构资金奖励、在孵企业项目支持、知识产权创造奖补等方面给予倾斜。针对科技型中小企业、规模以上工业企业,对照高新技术企业标准,在内部研发管理、知识产权培育、科技成果转化等方面按类别、分阶段提供差异化服务,引导企业"边答题、边改进、边提升",通过持续有效的精准扶持,推动企业发展新技术、新产品、新业态,快速成长为高新技术企业。对于龙头企业,建立重点服务对象库,采取"个案研究、量身定做"的模式,在研发投入、核心自主知识产权、高新技术产品研制、科技重大专项项目支持等方面开展跟踪服务、优先支持,培育一批研发实力与创新成果位居行业前列的创新型领军企业。

二是用好高新技术企业所得税减免、企业研发费用加计扣除等专项政策,鼓励和引导企业加大研发投入。研究并制定实施高新技术企业认定分类奖补、科技型中小企业研发费用加计扣除、高新技术企业科技保险等奖补政策,引导高新技术企业加大研发投入,大力培育高新技术企业认定服务机构,迅速壮大地区高新技术企业总量和规模。

三是创新基础研究投入方式,持续加大投入力度。强调基础研究、应用基础研究和原始性创新,优化全社会支持基础研究的环境。先行探索中央和地方共同出资、共同组织开展重大基础研究任务的新机制,发挥自然科学基金和科技创新基金支持引导作用,加大基础研究支持力度。

三、深化东西部科技合作，构建开放创新新体制

在开放创新的新形势下，要推进东西部科技合作，推动东部科技创新要素向西部内陆民族地区合理流动，必须要加快推动东西科技合作机制体制创新，提升自治区科技创新合作的层次与水平。

一是探索构建以东西部合作为特色的新型科技举国体制。充分发挥社会主义集中力量办大事的制度优势，整合地方政府层面科技、财税、金融等多种政策工具，重点围绕装备制造、新能源等领域需要突破的关键核心技术，在政府层面组织实施能够打破不同科技系统之间、不同科技项目之间、科技与产业之间各种藩篱的重大产业和科技创新计划，在促进国际技术交流合作、联通相互技术交易市场等方面建立与东部科技发达省份深度合作机制，逐步推进与东部的科技合作向生态环保、公益性基础研究等领域拓展，打造具有民族特色的科技举国体制。

二是健全完善科技管理体制。全面树立符合科研规律的管理导向，建立科研机构中长期绩效评估制度。推动研发管理向创新服务和创新治理转变，简化科研项目申报和过程管理。进一步建立和完善高校、科研机构的科技成果管理体系，明确科技成果与其他形式国有资产在管理方面的差异，加快制定地方事业单位国有资产管理办法，建立适应科技创新和成果转化规律的高校事业单位科技成果类无形资产管理制度体系，明确高校、科研机构可采取协议定价方式确定科技成果交易价格。

三是构建多元主体共同推进的科技合作体制。积极推动科技合作主体以政府为主导向政府、社会、企业多元主体转向，丰富"央—地""院—地"合作模式，构建点到面、一对多、多层次、多领域的科技合作体系，成立区部、省际联动示范区领导小组，建立联席会议制度，商讨推动科技合作领域需要解决的重大事项等。

四是建立完善科技创新资源及数据深度共享机制。加强与东部省区市相关职能部门协商，进一步完善重大科研基础设施、大型科研仪器等开放共享目录清单，推进科技信息、专家库等基础性科技教育资源的联网共享，推动大型仪器共享及科技资源跨区域合作。

四、完善创新成果的产业转化政策和市场培育机制

从体制、机制和文化等方面入手，培育高校、研究机构及企业研究和创新的氛围，完善创新成果的产业转化政策和市场培育机制，推动基础学科发展。

一是促进高质量科技成果供给。如对科研机构按绩效给予年度资助；开展科技成果赋权改革试点，对试点单位按赋权改革成果数给予奖励；等等。

二是畅通科技成果转化链条。如支持概念验证中心建设，对列入创建名单的给予资助，对认定的概念验证中心，按绩效给予资助；支持成果转化孵化载体建设，对众创空间按绩效给予运营资助，对科技企业孵化器按培育高新技术企业或技术先进型服务企业绩效给予奖励。

三是支持科技成果转化交易。如支持重大科技成果落地产业化，对国家技术发明奖和科技进步奖、中国专利奖、自治区技术发明奖和科技进步奖以及全国创新大赛获奖项目落地产业化给予奖励；支持开展技术交易活动，对高校、科研院所、新型研发机构、企业按实际技术合同交易额的一定比例或新增量，给予奖励；对技术合同登记机构按新增登记技术交易额给予奖励。

四是促进技术服务机构发展。如支持科技中介服务机构建设，对首次上规的科技中介服务企业给予一次性奖励，对科技中介服务机构按实际服务绩效给予资助，每年评选表彰科技中介服务示范机构；支持技术转移人才队伍建设，对自费参加技术转移培训获晋级证书的技术经纪人给予资助，对促成交易的技术经纪人按交易额的一定比例给予奖励；支持举办各类成果转化活动，根据活动绩效给予举办单位资助。

五是增强科技金融服务能力。设立科技成果转化基金；鼓励创业投资机构发展，对以增资扩股方式投资种子期、初创期科技企业的创投机构，按实际投资额的一定比例给予奖励。

六是建立研发投入强度"红线"制度，对上年度研发投入占销售收入比例低于规定标准的企业，不支持其申报科技项目和研发平台。

五、加快产业数字化、智能化，促进产业转型升级

一是加快战略性新兴产业数字化核心技术研发。宁夏数字经济赋能战略性新兴产业存在产业核心竞争能力不强、关键环节自主控制能力较弱等问题。为此，应完善创新体系，提高关键核心技术创新能力，推动战略性新兴产业在数字经济引领下向前发展。要优化科研生态，加大对创新的支持力度，在企业建立重点实验室并提供良好的科研条件，鼓励高校人才进入企业实验室参与研发，深化产学研用融合。政府相关部门应进一步加大对科技创新的扶持力度，持续优化科技创新环境，鼓励有能力的科研团队针对关键核心技术进行研发。要从产业发展全局出发对专利技术进行布局，加强对相关知识产权的保护力度，在创新发展全过程把握主动权。要充分发挥数字经济的溢出效应，从整体上推进战略性新兴产业高质量发展。[①]

二是加快推进企业数字化转型。从产业和区域维度看，效率低下的传统产业和西部地区是我国企业数字化的薄弱点，也是西部地区在数字经济时代继续深陷"经济洼地"的要因。数字化发展是企业融入产业数字化的基本条件，政府和产业部门应积极鼓励企业数字化发展。具体而言，一方面，应引导企业积极入驻产业数据信息平台，以便于企业及时把握产业发展动向，降低不确定性因素对企业的影响；另一方面，应加快数字化基础设施的建设，稳固新优势的培育。[②] 将传统基础设施的数字化改造作为重点，利用大数据、云计算等数字技术优化投资效率，在传统基础设施的基础上改造升级，在供给端提高资本相对劳动的边际产出，在需求端提高服务业的产品需求；加快5G、工业互联网、大数据中心等新型基础设施建设，为中小企业提供优质高效的网络服务；引导工业互联网平台企业加强与中小企业合作，带动中小企业数字化转型；健全优质服务体系，建设一批中小企业数字化转型公共服务平台。[③] 与此同时，加大对中小企业支持力度，坚定企业发展信心，着力在推动企业创新上下功夫。要增强供需匹配度，开展全

[①] 潘冬.数字经济赋能战略性新兴产业创新发展研究[J].理论探讨，2022（5）：168-172.
[②] 5G、人工智能、工业互联网和物联网等数字化基础设施是新一轮科技革命与产业变革的基础。数字化技术作为产业数字化的驱动力，通过对传统产业的数字化升级，促进数字化技术与产业深度融合，实现产业结构优化，提升产业的创新创造能力，以此稳固高质量发展新优势的培育。
[③] 康芸.加快传统产业企业数字化转型[J].宏观经济管理，2022（6）：82-90.

流程服务，研制轻量化应用，发展订阅式软件服务。相关主体应深化生态级协作，推动产业链供应链上下游企业业务协同，助力实现"链式"转型等。培育和遴选一批可复制的产业链供应链上下游协同转型的典型模式，鼓励中小企业"看样学样"。

六、建立健全科研经费管理机制，调动科研创新活力

一是进一步改革和创新科研经费使用与管理方式，促进形成充满活力的科技管理和运行机制，激发广大科研人员的积极性和创造性。简化预算编制，落实部门预算审批前项目资金预拨制度，保证科研人员及时使用项目资金，加快科研项目资金执行进度。用好科研项目间接经费，提高软科学研究项目、软件开发类和咨询服务类项目间接费用比重，加大绩效奖励力度，完善间接经费使用办法，将绩效支出安排与科研人员在项目工作中的实际贡献挂钩。

二是加大对科技人才的财税支持力度。提高科技创新人才政策覆盖面，研究制定重大科技项目和重大工程等的科技人才支持培养措施，将涉及产业的投入部门与科技人才的需求密切结合，逐步形成"应用导向—确定立项—引育人才—科技成果—转化效益—奖励人才"的良性循环投入机制。加大对创新团队、科研平台和领军人才的稳定支持力度，形成科技人才培养的"拳头效应"，通过承担和实施国家及地方科研项目，促进各领域科技领军人才的成长。通过税收优惠政策，鼓励和引导社会、用人单位、个人投资科技人才资源开发。

三是加大对科技人才特别是高层次领军人才的金融支持力度。完善金融扶持政策，以科技人才融资需求为导向，制定出台科技人才金融支持专项资金管理办法、科技人才金融合作机构管理办法等，切实提高金融机构服务科技人才的积极性，规范化管理金融服务科技人才的手段，提升科技人才金融服务满意度。建立科技人才金融服务合作机制，遴选一批金融机构，专门开展科技人才金融服务，建立科技人才金融机构服务科技人才的专业性。创新金融产品，围绕"人才贷""人才卡""人才保""人才投""人才板"等金融项目，引导和鼓励金融机构创新金融产品，切实满足科技人才多样化、个性化的融资需求。

第三节　全面促进消费及消费提质升级

党的二十大结束后,在各个领域的工作中开始落实二十大的指示和精神。2022年11月国家发展改革委主任在署名文章《高质量发展是全面建设社会主义现代化国家的首要任务》中指出,未来5年是全面建设社会主义现代化国家开局起步的关键时期,要坚持以推动高质量发展为主题落实好各项经济工作,并解释了内需、外需与国内大循环的关系——扩大内需是战略基点,国内大循环是内生动力,稳定外需是维持国际循环的需要。① 由此可见,在未来的中国经济中,内需与外需孰轻孰重,一目了然。

一、着力提高城乡居民消费能力,扩大中等收入群体比重

消费能力与收入和价格相关,是提振消费的基础性变量,因为有了能力才能说得上"是否消费""何时消费""何地消费""怎样消费"等一系列事项。壮大中等收入群体,形成中间大、两头小的橄榄型分配结构,促进社会公平正义,提高中低收入群体边际消费能力,对扩大消费起到事半功倍的效果。

(一)坚持就业优先政策

从国际经验看,就业参与率偏低的经济增长极有可能落入"中等收入陷阱",导致贫富分化,无法培育稳定坚实的中等收入群体。因此,坚持经济发展就业导向,有利于促进中等收入群体成长。尤其是在当前经济增长放缓、预期转弱时期,更需要坚持强化就业优先政策,扩大就业容量,提升就业质量,促进充分就业。中小微企业经营者、个体商贩占全社会就业人群比重较大,他们大部分是中等收入人群中的"脆弱者",有的仍是低收入人群。巩固和发展这些市场主体,继续对市场主体实施减税降费,为市场主体减负纾困、恢复发展。

一是继续落实减税降费、增值税留抵退税、清理规范涉企收费等税费政策,贷款延期还本付息、融资担保支持、贷款支持、资本市场融资等金融政策,帮助

---

① 国家发展和改革委员会.高质量发展是全面建设社会主义现代化国家的首要任务[EB/OL]. https://www.ndrc.gov.cn/fzggw/wld/hlf/lddt/202211/t20221114_1341229_ext.html.

企业降低运营成本，促进企业恢复发展，特别是加大对制造业、重点服务行业、中小微企业和个体工商户的精准支持，通过保市场主体保就业。

二是通过落实失业保险稳岗返还、技能提升补贴、留工培训补助、缓缴社会保险费等政策，稳住员工队伍，实现稳就业。

三是切实稳定重点群体就业。通过扩大国企招聘规模、高校毕业生基层就业项目规模、见习岗位募集规模等措施，多渠道促进高校毕业生就业；特别是要把脱贫家庭、低保家庭、零就业家庭，以及有残疾、较长时间未就业的高校毕业生作为重点帮扶对象，优先推荐岗位、组织见习、同等条件下优先录用，多措并举促进高校毕业生就业。同时，帮助农民工、脱贫人口、大龄就业困难人员、失业人员等群体就业。

四是全力防范化解规模性失业风险、促进帮扶就业困难人员实现就业。阶段性扩大失业保险保障范围，通过失业保险金、失业补助金、临时生活救助等，为失业人员提供失业保障。强化困难人员就业援助，及时将就业困难人员纳入援助范围，提供一对一精准服务，对通过市场渠道难以就业的，运用公益性岗位兜底安置。长期来看，就业优先政策的着力点应放在提高劳动者素质、创造高质量就业机会、促进供求有效匹配和帮扶重点群体就业方面。

（二）扩大居民财产性收入

一是深化收入分配制度改革。逐步提高居民收入在国民收入分配中的比重，提高初次分配劳动者报酬比重，推动要素配置市场化改革，矫正要素配置不合理对收入分配的消极影响；加大二次分配中对农村农业、贫困地区、低收入人群转移支付力度；鼓励发展慈善等社会公益事业。

二是拓宽居民尤其是低收入人群增收渠道。鼓励居民自主创业并予以相应政策优惠；适当调整财政支出结构，增加公益就业岗位、社区就业岗位；大力发展优质特色高效农业，推进农业产业化经营，提升农民家庭经营纯收入；积极探索建立稳定脱贫长效机制，建立健全解决相对贫困的机制政策。

三是健全农村金融基础设施建设，大力发展普惠金融。依托数字金融与实体网点的结合，提高农村基础金融服务的覆盖力度；加快理财产品创新，设计推出更多兼顾安全性、流动性和盈利性的金融产品，为中低收入人群提供更多、更安全的投资渠道。

四是有效提高居民金融素养，强化居民投资意识。做好金融知识普及，鼓励专业性机构加入培训教育计划,注重金融风险意识教育,全方位提高我国居民投资意识与能力。

五是鼓励金融机构根据城乡居民财产性收入结构差异进行产品创新,提供多样化金融服务。针对较高收入群体、能承担更高风险的城镇居民,开发多种金融工具供其进行合理组合;针对可支配资金额小、风险承受能力低的农村居民,鼓励金融机构推出适合农村居民的理财产品,降低投资理财门槛,由此激发消费活力,形成有效需求。①

(三)提升社会保障和公共服务水平

我国居民储蓄率偏高,与我国的节俭文化有一定关系,但也与社会保障和公共服务水平有待提高不无关系。

首先,需要进一步健全居民社会保障体系,提高各项社会保障项目的保障标准,加快推进各类社会保障项目在城乡间和地区间的统筹,适当增加公共支出规模,缓解教育、医疗、养老、住房等对中低收入人群造成的负担,重视商业保险在社会保障体系内的积极作用。

其次,重点完善农村社会保障福利制度。将基础养老金的政府补贴增长率与农村居民人均可支配收入增长率挂钩,确保个人缴费额对养老金替代率有较大的正向作用,提高农村居民的投保积极性。改善农村卫生室的硬件条件,让小病能够在农村卫生室看好。加大乡村医疗帮扶力度,将"医联体"的建设经验推广至乡村级医疗卫生机构。通过专家下基层、帮扶带训、远程医疗会诊、双向转诊等帮扶措施,提升基层医疗卫生服务能力,惠及农村群众。②

最后,要充分发挥社会保障制度的兜底功能,为贫困人口、低收入者提供不同类型的综合救助,明确社会救助制度的定位,从生存型救助提升到兼顾服务救助和精神救助的发展型救助。发展型社会救助制度需要建立分层次、分类别的救助模式,以根据群众的困难类型有针对性地提供类别化、个性化救助。③

此外,当前改革的重点及当务之急是加快推动基本公共服务的均等化,特

---

① 聂雅丰,胡振.金融素养与居民财产性收入——基于中国家庭金融调查的实证检验[J].金融与经济,2021(7):81-90.
② 魏后凯等.中国农村发展报告(2022):促进农民农村共同富裕[M].北京:中国社会科学出版社,2022.
③ 陈志钢,毕洁颖.迈向2035:共同富裕与城乡统筹贫困治理体系[M].北京:社会科学文献出版社,2022.

别是提升农村的公共服务水平,从而拉动消费增长及服务业投资的增长。公共服务具有多种样态和形式,它既可以通过提供具体的产品或服务直接提升全体民众的福利水平,又可以有针对性地帮扶弱势群体,促进共同富裕的实现。① 在公共服务的管理上,要打破城乡分异的"双系统"模式,搭建城乡互通、接口兼容的公共服务一体化平台,提高管理效能;打破部门间的"独门独院"壁垒,建立起融合教育、医疗卫生、社会保障、文化、政务等板块的公共服务大系统,提升服务水平。为此,应逐渐破除以户籍为代表的制度藩篱,对区域内的常住人口提供合理的最低生活保障制度和必要的救助,以及特殊人群的福利、殡葬服务等。逐步减小社会保障制度在城市职工和城乡居民间的保障水平差异,逐步扫清农业非正规就业者和部分进城务工农民工参加社会保险的现实障碍;以城乡一体化消解公共服务二元分异,特别是以县乡村一体化作为基本空间单元,提高县城辐射带动乡村的能力,促进县乡村功能的衔接互补。例如,针对城乡间的"数字鸿沟",需统筹考虑,在城乡间综合布局5G基站、物流配送网络,积极探索农村共享城市教育、医疗资源的数字化模式。

(四)控制和稳定房价,注重培育当期消费能力

房地产是我国经济和社会发展的重要组成部分,也与城乡居民收入及其消费能力密切相关。城镇居民的消费能力与住房价格息息相关,应加大房价调控稳定城镇居民消费基础。近年来,我国住房价格逐年高升,住房资产升值所带来的财富变化与城镇居民消费关系紧密,而与之相对,我国消费需求疲软——消费增长长期滞后于经济增长。② 因此,宁夏的房地产调控政策也应该因地制宜、因城施策,防止住房价格大起大落,要平衡区域发展,坚持"房子是用来住的,不是用来炒的"定位,保持住房市场平稳健康发展。同时也要警惕高住房价格对人力资本积累的负面影响,防止因区域房价差距过大所导致的住房财富不平等。对于住房价格较高的城市(如省会银川),应进一步规范市场环境,保障人才流入初期过渡性安居。对于住房价格相对较低的其他城市,应加强医疗卫生保健支出和教育支出,促进配套的医疗保障和教育体系建设,采取差别化的

---

① 魏后凯等.中国农村发展报告(2022):促进农民农村共同富裕[M].北京:中国社会科学出版社,2022.
② 张焕明,马瑞祺.中国城镇居民消费结构变动趋势及其影响因素分析[J].统计与决策,2021(13):117-121.

调控政策，平衡区域之间的发展。① 针对当前的市场状况，具体政策的提出更多需要相机决策，但政策制定的原则应该是增加刚性需求，减少投机需求，将价格维持高位横盘，以时间换空间，慢慢消化房地产泡沫，防范化解系统性金融风险。

二、巩固脱贫成果，防止返贫现象发生

（一）刺激贫困地区的造血功能和消费能力

在巩固脱贫攻坚成果上持续用力，不断促进不发达地区经济社会发展和群众生活改善，为继续推进乡村振兴打下坚实基础。在脱贫攻坚工作"五个一批"②工程中，牵涉面最广、牵动人群最大的是产业扶贫。产业扶贫是通过扶持产业发展增加扶贫对象收入、增强其自我发展能力的一种扶贫方式，这是中国特色开发式扶贫的主要组成部分。通过推动农村产业发展，可把广大的农业脱贫人口带入全产业链，给他们创造更大的就业平台，促进就业并增加收入，进一步巩固农村的脱贫攻坚工作成效。③ 当前，应把扶贫产业纳入乡村产业振兴框架，通过深化供给侧结构性改革，增强产业的特色优势，加大本土市场主体和经营人才培养力度，加快构建欠发达地区高质量、高效率、可持续的乡村产业体系。

一是促进产业提质增效。应根据本地资源禀赋，合理布局特色产业，力求建立起具有比较优势、跨界融合的特色产业体系；大力发展农产品产地初加工和精深加工，提高农产品的加工深度和附加值，延伸产业链条；促进农业、乡村旅游、康养等产业的有机融合，挖掘自然生态、特色农业资源、乡村文化资源等，释放农业多种功能和乡村多元价值；根据地域差异、品种特性等培育特色农产品品牌，开展农产品品牌的商标注册，结合特色农产品优势区和现代农业园区建设，培育农产品区域公用品牌，完善品牌服务体系，支持品牌农产品产地市场建设，多渠道对外宣传推广品牌，扩大品牌效应；推动扶贫车间转型升级，发挥劳动力成本低、经营灵活等优势，稳定低收入群体的就近就业。

---

① 丛颖，宋兴文. 住房价格、人力资本与城镇居民消费——基于我国35个大中城市的实证研究[J]. 财经问题研究，2022（5）：67-76.
② "五个一批"指的是发展生产脱贫一批、易地搬迁脱贫一批、生态补偿脱贫一批、发展教育脱贫一批、社会保障脱贫一批。
③ 张韬. 科学构建巩固脱贫攻坚成果同乡村振兴有效衔接机制[J]. 人民论坛，2022（17）：68-70.

二是大力培育市场主体和经营人才。通过引进和培育相结合，发展壮大一批市场主体。根据本地产业基础和资源禀赋，引进全国同行业知名龙头企业投资建设种养基地、加工企业，扶持本土企业做强做优做大；推进农民合作社标准化建设，规范农民合作社发展；重视本土人才培养，开展新型职业农民培育；探索建立乡村产业的职业经理人制度，让根植于本土的产业经理人更多参与产业项目运营管理；加强乡村创新创业孵化平台建设，创造条件吸引外出农民工、高校毕业生、退伍军人、城市各类人才返乡下乡创新创业，加快解决用地、信贷等困难；利用好科技特派员、农技推广员等技术服务力量，结合产业发展需要，深入开展农技下乡活动。当前尤其应加强电商人才体系的建设，批量化培训电商人才，同时加强对基层干部的电商培训，提高基层干部对电商经济的认知程度。

三是按产业发展规律调整完善既有扶贫产业的相关组织和管理办法。产业发展与社会保障所应发挥的作用、所要达到的目标是不同的，不应过分强调产业发展项目对低收入群体的覆盖率，更不应把参与产业发展项目演变为对低收入群体的兜底保障。涉农产业政策应突出市场导向，以有劳动能力的群体为实施对象，着力支持有劳动能力的低收入群体发展产业和开展生产经营活动。应在既有资产收益扶贫项目到期后，根据清产核资情况，尽量确保入股的信贷资金和财政扶贫资金安全退出，信贷资金和财政扶贫资金不宜再沿用资产收益扶贫模式。应鼓励地方政府结合"三变"改革①，盘活农村沉睡资产，鼓励这些资产入股获取收益。

四是按商业规律促进既有扶贫产业的产品销售。在传统销售渠道方面，应进一步优化乡村物流节点布局，加快建设冷链仓储和物流基地，完善市场信息服务体系，加快建设现代化的城乡物流配送体系；在新型销售渠道方面，应稳步推进农村电商发展，整合和引导各类仓储物流、电商和便民服务资源进驻电商公共服务体系，完善以县级农村电子商务公共服务中心、县乡级仓储物流配

---

① 农村"三变"改革即资源变资产、资金变股金、农民变股东。资源变资产是指将合法的集体土地、林地、林木、水域、湿地和闲置的房屋、设备等资源的使用权，通过一定的形式入股到新型经营主体，取得股份权利；资金变股金是指将各级各部门投入到农村的发展生产和扶持类财政资金，按照各自使用管理规定和贫困县统筹整合使用财政支农资金、资产收益扶贫等国家政策要求，量化为村集体或农户持有的股金，集中投入到各类经营主体，享受股份权利，按股比获得收益；农民变股东是指农民自愿以土地（林地）承包经营权、林木所有权、集体资产股权、住房财产权（包括宅基使用权），以及自有生产经营设施、大中型农机具、资金、技术、技艺、劳动力、无形资产等各种生产要素，通过协商或评估折价后，投资入股经营主体，享有股份权利。

送中心、村级电商服务站为基础的农村电子商务公共服务体系。同时，应规范开展消费帮扶，遵循公益、慈善行为规律，坚持自愿原则，防止透支政府公信力和社会同情心。

（二）提升公共服务供给能力，关注特殊群体需求

长期以来，宁夏不发达地区的公共服务较为匮乏，低收入群体的需求得不到满足。例如，在基础设施的变化方面，道路不畅、水电不通、通信不达，是长期以来制约地区发展的瓶颈。就提升优质公共服务的覆盖面来说，城乡二元结构导致的城乡发展不平衡在公共服务享有程度上也有所体现，需要进一步实现优质公共服务在城乡之间、发达和不发达地区之间的合理流动。本书认为，大数据、云计算、人工智能等新一代信息技术在农业农村中的广泛应用，能够驱动乡村治理产生深刻变革，带动公共服务效能提升。为此，应坚持重点突破，多措并举提升公共服务供给能力。

首先，要以教育、医疗、社保服务等民生保障领域为重点，充分发挥数字技术赋能作用，着力推进城乡基本公共服务均等化，加快提升群众获得感、幸福感、安全感。聚焦发展"互联网＋教育"，面向农村学生输送优质教育资源；通过深入开展农村教师信息技术应用能力培训，提升农村教师的教学水平；面向农村重点群体开发涉农教学资源，促进农村劳动者就业创业。聚焦发展"互联网＋医疗健康"，加强乡村卫生医疗机构的信息化建设，推进信息技术在乡村基本医疗和公共卫生服务中的融合应用，推动完善县域卫生健康信息平台；发展农村地区的远程医疗，建立覆盖县级医院的远程医疗专网，构建远程医疗协同体系；推动实现医保政务服务"全程网办""一网通办"，进一步强化农民群众健康医疗保障。聚焦完善农村社保与就业服务。聚焦农村特殊人群信息服务保障。

其次，数字乡村建设要确保农村"三留守"人员[①]、残疾人等特殊群体不掉队，让广大农村群众共享数字红利。加强农村留守老年人信息管理，发展"互联网＋助残"，推动残疾人基本公共服务项目纳入农村政务服务"一网通办"平台。聚焦深化农村普惠金融服务。引导涉农金融机构提升农户建档评级和授信覆盖面，引导银行业金融机构在依法合规、风险可控的前提下，基于大数据和特定场

---

① "三留守"人员是指留守儿童、留守妇女、留守老人。

景进行自动化审批，提高信贷服务效率。

最后，坚持以人为本，构建服务各类群体的惠民体系。乡村治理和公共服务归根结底要落在群众身上，要紧贴乡村各类群体在运用数字技术方面遇到的困难和基本需求，综合运用线上线下等多种渠道，构建惠民体系，提升治理能力和服务效能，真正做到既有速度、力度，又有广度、温度。一是线上线下服务相结合，保留必要的线下办事服务渠道，方便群众办事；二是营造信息无障碍环境，加快适老化、无障碍化改造升级；三是提升农民数字素养与技能，增强乡村振兴内生动力，提高农民对数字化"新农具"的使用能力，推动数字服务和培训向农村地区延伸。此外，在针对特殊群体的公共服务方面，要因人施策。例如，针对农村老年群体，需要培育健康理念，引导形成健康生活方式，健全农村公共文化服务体系，形成"老年友好的乡村共同体"，构建和谐幸福的积极老龄文化；对于留守儿童，要注重提高其生活饮食质量，优化学习环境，并关注其心理健康，通过学业辅导、家庭照料、心理咨询等方式，为留守儿童创造充满关爱与和谐的成长环境。[1]

三、推动居民绿色消费、健康消费

（一）提倡绿色消费行为，引导形成合理的绿色消费主观规范

一是建立绿色消费激励约束机制。要紧扣绿色低碳目标，深化完善消费领域相关法规、标准、统计等制度体系，优化创新财政、金融、价格、信用、监管等政策措施，形成有效激励约束机制。设立绿色消费的政策法律总体指引，加大对绿色消费的执行监督力度，强化对违法违规等行为的处罚约束。强化针对绿色低碳产品的质量安全责任保障，严厉打击虚标绿色低碳产品行为。加强绿色产品生产、物流、品牌等信息的数字化建设，使消费者方便查看消费绿色产品的全面信息、链条信息，调动绿色消费积极性，刺激绿色消费需求。探索实施绿色消费积分制度，通过发放绿色消费券、绿色积分等方式激励绿色消费。鼓励行业协会、平台企业、制造企业、流通企业等共同发起绿色消费行动计划，推出更丰富的绿色低碳产品和绿色消费场景。

---

[1] 周晶晶. 乡村振兴战略背景下建立巩固拓展脱贫成果长效机制研究 [J]. 农业经济，2022（8）：69–71.

二是加大金融服务力度，推动绿色消费转型。引导银行保险机构规范发展绿色消费金融服务，推动消费金融公司绿色业务发展，为生产、销售、购买绿色低碳产品的企业和个人提供金融服务，提升金融服务的覆盖面和便利性。要发挥财政资金对社会资金的撬动作用，包括运用财政资金撬动社会资本参与绿色技术创新、将财政补助与社会资本组成绿色技术创新扶持基金和风险投资基金等。建立"政府、行业协会、企业、银行"的联动机制，着重针对重点高耗能行业加快低碳技术的工艺革新与清洁生产技术改造投入。制定统一的绿色金融标准体系，建立健全环境信息披露制度，持续扩大绿色信贷、绿色债券等绿色投融资规模，积极探索企业生态创新的市场化多元化驱动机制。稳步推动绿色债券发行，鼓励金融机构和非金融企业发行绿色债券，更好地为绿色低碳技术产品认证和推广等提供服务支持。

三是积极满足绿色消费的供给侧结构性改革。通过传统制造业绿色化改造示范推广，资源循环利用绿色发展示范应用、绿色产品设计、净零碳绿色工厂、净零碳工业园区、绿色供应链、绿色制造服务平台试点示范等一系列措施，建立节能环保、绿色无污染的生产方式，加大绿色产品的创新与供给，不断丰富可消费产品的种类，提高可消费绿色产品的质量。积极推进完善绿色制造相关法律法规，强化监督管理，加大环保执法监督、节能监察、清洁生产审核和生产者责任延伸。完善和推广绿色电力证书交易，促进绿色电力消费。鼓励全社会优先使用绿色能源和绿色电力，采用先进能效和绿色能源消费标准，在全社会倡导节约用能。

四是积极推进循环消费和共享消费。开展旧衣服"零抛弃"活动，构建社区再生资源回收体系；提倡重拾布袋子、重提菜篮子、多次利用购物袋、减少一次性产品的生产和使用，提高居民绿色消费水平。有序推进网络拼车、汽车自由租赁体系等共享消费体系，打造绿色共享消费模式。改善居民公交出行环境，优化公交线路，提高公交工具的利用率，促进居民绿色出行消费。

五是建立节约型公用事业单位评价体系。制定用水、用电、用气、用油指标，完善绿色消费制度体系建设，发挥制度的测度和监督作用，促进政府单位执行绿色消费行为，引领居民建立正确的消费主观规范。①

---

① 安琪."双碳"目标下我国居民绿色消费提升策略探讨[J]. 商业经济研究，2022（6）：62-65.

（二）不断完善和丰富健康消费供给，全方位提升健康消费可得性

第一，需要加大对健康消费相关的基础设施建设，为城乡居民提供充足的医疗保健类健康消费产品。例如，便利的体检服务、数字化医疗报销、远程问诊看病等居民可得性的医疗健康类消费产品，为城乡居民健康消费的可得性提供切实可行的渠道。

第二，支持社会办医，"公"与"民"平衡发展，推动设立具有连锁化、集团化发展特征、与区域内二级以上综合医院建立协作关系、为区域内基层医疗机构提供服务的第三方独立医疗机构。

第三，要重视和推动中医发展。上医治未病，中医治欲病，下医治已病。中医"治未病"的理念在基层常见病、慢性非传染性疾病（以下简称慢性病或慢病）的预防、调养和康复方面具有显著优势和群众基础。此外，中医医师不需要依赖过多大型仪器即可做出诊断，与基层的医疗环境相契合，再加上中医天然的高频优势，在基层医疗中较西医有更广泛的增量市场空间。[1] 为此，应强化财政对中医的补助，适时调整提高公立医院（含中医、非中医类医院）中医基本医疗服务补助标准；鼓励社康机构招录中医全科医生；在基层社康机构推广使用中医适宜技术，加强心脑血管疾病、糖尿病等慢性病的中医药健康管理；取消对社会办中医选址、距离、数量等方面的限制，鼓励中医医疗机构连锁经营，对社会办中医机构在医保定点、职称评定、评优评先等方面一视同仁。特别是要基于区域禀赋，加强以枸杞原材料的"药"字号等高端产品研发。

第四，政府应通过再分配手段，不断提升医疗保险的报销比例，加大对居民医疗健康、养老的社会保障转移，尤其是加大对低收入群体和农村居民的转移支付力度，为城乡居民健康消费提供坚实的物质基础。建议适时探索健康类消费支出的个人所得税抵扣等举措，提振居民健康消费的积极性，引导居民转变消费观念，顺应居民消费升级的趋势。[2]

第五，积极推动健康养老产业发展。健康养老产业是宁夏"六优"产业之一，医药工业、健康服务和健康保险是其中最核心的领域。政府应充分支持健康产业的发展环境，在土地供给、政府采购与税收优惠等方面予以明确鼓励，并在

---

[1] 李琛. 健康中国：产业发展机遇与挑战 [M]. 北京：北京大学出版社，2020.
[2] 李竹. 消费升级视角下居民金融素养提升与健康消费关系研究——基于城镇和农村居民家庭的比较分析 [J]. 价格理论与实践，2022（5）：146–149+207.

养老服务、生物科技与人居环境等溢出效应较大的领域探索市场机制新办法，进一步激发健康产业的市场属性与资本介入；积极推动健康产业与相关产业融合发展，促进"五大融合"，即医疗与养老、互联网与健康、医疗与旅游、食品与健康和体育与健康生活方式；鼓励做大民生工程核心骨干企业。

四、发展服务消费，扩大优质消费品进口

国际经验表明，当人均 GDP 超过 8500 美元以后，服务消费占比上升将进入加速阶段。[1] 目前我国服务消费还会有很大的增长空间，养老、旅游、家政等服务业需求有望成为热点。加快服务消费扩容提质、以服务业市场开放释放服务消费潜力，不仅是扩大内需的重要途径，也将为消费结构升级和经济高质量发展注入新动力。与发达国家服务消费发展所处阶段不同，我国的服务消费加快发展，叠加新一轮科技革命和产业变革，并处于新时代新阶段居民追求高品质生活时期，处在人口结构变化和消费主体年轻化时期，呈现出一系列新特征。

首先，必须破解服务消费的供需矛盾，持续引导社会力量进入服务消费重点领域，清理废除妨碍统一市场和公平竞争的各种规定及做法，营造有利于各类所有制企业公平提供消费产品和服务的市场环境，通过打破行政垄断，改革公职人员编制等措施，进一步鼓励社会资本进入教育、医疗、金融等领域[2]；以消费大数据作为支撑，构建供给侧和需求侧双侧发力的消费畅通机制；加强基础设施建设和制度建设，促进服务消费健康有序发展。

其次，推动服务业向高品质和多样化升级。建立健全"互联网＋服务"、电子商务公共服务平台，加快社会服务在线对接、线上线下深度融合；加快发展健康、养老、育幼、文化、体育、家政等服务业，推进服务业标准化、品牌化建设；鼓励企业强化服务质量意识，积极运用新理念和新技术，精细服务环节，延伸服务链条，创新服务方式，改进服务流程，综合采取风险监测、质量分析、标准领航等措施以提升质量水平。

最后，深化服务消费数字化转型。鼓励不同细分行业数字化转型，不断拓展领域和范围；加快服务企业"上云用数赋智"，通过税收抵扣和财政补贴等方

---

[1] 刘元春. 读懂双循环新发展格局 [M]. 北京：中信出版集团，2021.
[2] 刘世锦. 中国经济增长十年展望（2020–2029）：战疫增长模式 [M]. 北京：中信出版集团，2020.

式，精准解决中小企业资金短缺难题；发挥服务消费平台的数据和科技等优势，构建"互联网+"服务消费生态；加强职业技能培训，提高服务消费从业人员数字化技能，提升服务企业数字化转型能力。① 此外，还应关注特定领域。例如，2022年12月14日印发的《扩大内需战略规划纲要（2022—2035年）》中明确提出，"适应人口老龄化进程，推动养老事业和养老产业协同发展，加快健全居家社区机构相协调、医养康养相结合的养老服务体系"②。养老服务消费被置于重要地位，养老消费领域支持政策应进一步加码。

进口贸易是连接国内大循环和国际循环的关键纽带和推动居民消费升级的全新力量，能够通过增加有效供给、引入市场机制、带来技术外溢效应以及促进经济增长，从而全面促进居民消费升级。为此，应扩大优质消费品进口，在提高消费者福利的同时促进居民消费升级。一方面，要扩大高端消费。支持品牌企业在银川开设高端旗舰店、体验店。探索简化符合一定条件的季节性限定化妆品产品通关、商检和中文标签等方面监管要求。创新进口消费品检验工作，对需实施检测的进口商品，根据企业申请，经风险评估后以符合性评估、合格保证等合格评定程序代替实验室检测。另一方面，要扩大以跨境电商为通路的消费品进口。优化扶持政策，支持跨境电商园区错位发展，打造特色商品进口集聚地，扩大化妆品、宠物食品、服装服饰、母婴产品等消费品进口。简化跨境电商进口商品备案要求，推广银行保函进口税款担保方式，持续提升贸易便利化水平。支持开设跨境电商线下体验店，促进线上线下融合发展。此外，在增加进口消费品种类时，还应鼓励区内生产企业进行进口替代型生产和本土创新生产，从而为居民消费提供更多选择。③

五、发挥公共消费的带动和牵引作用

2020年3月27日召开的中央政治局会议强调，要扩大居民消费，合理增加公共消费。这是中央首次提及并要求增加公共消费，以稳定国内总体消费和释放消费潜力，此后在4月政治局会议和当年11月公布的《中共中央关于制定国

---

① 王一鸣. 推进生活服务业数字化转型 线上服务等新业态有望成为我国服务业转型发展的新动力[J]. 财经界，2020（28）：13-14.
② 中共中央 国务院印发《扩大内需战略规划纲要（2022—2035年）》[EB/OL]. 中国政府网，http：//www.gov.cn/xinwen/2022-12/14/content_5732067.htm.
③ 黄万稳. 双循环背景下进口消费品类对城镇居民消费支出的影响[J]. 商业经济研究，2022（13）：58-61.

民经济和社会发展第十四个五年规划和二〇三五年远景目标的建议》中都提到了"适当增加公共消费"。2020年12月召开的中央经济工作会议，除"要合理增加公共消费"外，还明确指出"提高教育、医疗、养老和育幼等公共服务支出效率"①。2022年4月25日，国家发展改革委、中宣部、教育部等21个部门联合印发《"十四五"公共服务规划》（国办发〔2022〕9号），②强调政府在基本公共服务保障中的主体地位，意味着我国将迎来一场高质量发展之下的公共消费升级。

公共消费是政府部门在社会性公共服务以及自身行政管理费用方面的支出，其主要目的是为居民提供基本的社会公共服务并维持政府机构的正常运转。公共消费与居民消费共同构成国内最终消费需求，公共消费的增加本身就能扩大总体消费，且对居民消费具有明显的"挤入效应"，能起到带动居民消费的作用。因此，推动公共消费对于扩大内需作用明显。构建国内国际双循环的新发展格局需要进行需求侧改革，优先选择促进居民消费高质量增长的公共消费路径。③此外，由于公共消费主要体现在基本教育、医疗、社保、公共交通等方面，保障了居民的基本生存、生活和消费水平。因此，公共消费在社会性公共服务方面的支出又具有稳定基本服务价格，保障中低收入者的消费能力和基本生活质量的作用，有助于维护社会公平。长期以来，我国的公共消费率始终低于全球平均以及主要国家的水平，④在当前国内总需求不足的情况下，更应将推动公共消费作为提振消费的重要抓手。

增加公共消费，发挥公共消费的带动和牵引作用，要同时把握好公共消费增加的规模尺度和内容结构，即在评估地方政府财政收入水平的基础上，稳步提高

---

① 中央经济工作会议在北京举行［EB/OL］.http：//www.mofcom.gov.cn/article/i/jyjl/j/202012/20201203024670.shtml.
② 国务院办公厅关于进一步释放消费潜力促进消费持续恢复的意见（国办发〔2022〕9号）［EB/OL］.http：//www.gov.cn/zhengce/content/2022-04/25/content_5687079.htm.
③ 赵丽.基于财政支持的公共消费促进国内大循环构建［J］.财会通讯，2022（6）：151-154.
④ 公共消费率是衡量公共消费合理与否的重要指标，一般用公共消费支出占GDP的比重表示。一般而言，经济发展水平越高、社会公共福利越好的国家，其公共消费率也较高，因为居民的社会公共服务主要是由国家的财政支出买单。20世纪70年代以来，全球平均公共消费率水平维持在14.7%~17.9%，虽有小幅波动但总体呈现逐步上升的态势；欧元区的公共消费率高于世界平均水平，并在15.4%~21.8%震荡上升；同期经合组织国家（OECD）的平均公共消费率处于15.7%~19.2%的较高水平，也总体呈上升态势。但在1970~2018年，中国的公共消费率维持在11.1%~16.6%，明显低于同期全球、欧元区以及经合组织国家的平均水平。从最新数据来看，2018年全球平均公共消费率为16.9%，欧元区公共消费率为20.6%，经合组织国家平均公共消费率为17.7%，而中国的公共消费率仅为14.7%，明显低于全球以及主要经济区域水平（目前世界银行WDI数据库关于消费的最新统计数据仅更新至2018年）。

公共消费支出比例，同时合理优化公共消费的结构和方式，充分考虑公共消费的公平性、倾斜性。①2022 年 4 月 25 日，国务院办公厅印发《关于进一步释放消费潜力促进消费持续恢复的意见》（国办发〔2022〕9 号），其中在"合理增加公共消费"中明确提出，要紧扣人民群众"急难愁盼"，多元扩大普惠性非基本公共服务供给。②在当前形势下，用以财政收入为支撑的公共消费来刺激经济，还是相对困难的，因此公共消费的增长应量力而行，"适当"展开，合理改善公共消费的支出结构和方式才是迫切和必要的。

一是合理增加社会性公共消费。应继续按照中央要求保持紧约束，严格控制行政管理费用支出及"三公支出"，让公共消费支出最大程度地流向社会性公共服务方面，用于医疗、社保、交通、教育、科研、文化、体育等社会公共服务方面，以补齐民生类型的公共消费短板，特别是要通过增加社会性公共消费推动城乡基本公共服务均等化③和满足部分人因财力不足而无法通过私人消费得以满足的基本需要。

二是社会性消费支出应兼顾轻重缓急性、倾斜性和公平性等方面，即公共消费要优先考虑医疗卫生支出、低收入和困难群众及欠账较多的区域。特别是要深化公共财政体制改革，进一步完善政府的财政转移支付制度，为农村地区的公共消费提供财政支持，建立城乡均等的公共消费标准，使公共消费更公平地惠及农村群众，缩小城乡公共消费差距。④

三是利用制度创新平衡好公共消费与公共投资的关系。合理配置可供增加公共消费的可行的、匹配的资金来源。削减公共投资，以腾挪出资金来增加公共消费或许是可行之策。但从对经济的拉动的见效速度以及投入产出效率看，公共投资都远胜于公共消费。因此，在不一定减少公共投资的情况下，可改变以前的做法，将用于公共投资的预算资金腾挪出来，用于增加公共消费；公共投资的资金则完全通过增发政府债解决，但这种财政资源配置方式方法的变革，需要在构建现代财政制度进程中，进行财政治理制度和债务风险管理制度的创新。⑤

---

① 胡志平. 提升公共服务 促进共同富裕[N]. 中国社会科学报，2021-09-22（8）.
② 国务院办公厅关于进一步释放消费潜力促进消费持续恢复的意见（国办发〔2022〕9 号）[Z].2022.
③ 钟正生，张德礼. 中国公共消费的特征与政策含义[J]. 中国经济评论，2021（3）：48-53.
④ 邵明波，胡志平. 居民消费高质量增长机制：优化公共消费[J]. 社会科学研究，2021（1）：114-122.
⑤ 郭庆旺. 论适当增加公共消费[J]. 经济研究，2021（1）：18-22.

四是通过提高支出效率的方式，提升公共消费的"精准性"。政府可委托专业的数据平台，利用大数据和算法支持，实时追踪公共消费的使用情况，借此了解消费领域的短板瓶颈以及制约消费者"舍得花钱"的核心问题，评估政策实施的效果，及时对政策进行优化和调整。①

五是以优化公共消费助推政府职能转变。合理适度增加公共消费以推进政府职能转变，明确政府的公共消费责任，将政府职能转移到为社会提供公共服务上，优化政府部门间的关系，协同推进简政放权、放管结合、优化服务，实现从建设型政府向服务型政府的角色转变；提升基层政府的公共服务能力，构建公共消费的需求表达机制，补齐公共消费"最后一公里"短板，提升公共消费的供需匹配度；建立健全政府公共消费投入绩效考核评估机制，规范公共消费绩效的考核流程，同时建立有效的问责制度，引导地方政府加大公共消费支出。②

六、补齐农村消费短板，释放农村消费潜力

农业农村经济涉及的领域广、群体大，广阔的农村地区正是扩大内需、构建双循环新发展格局的重要一环，是我国国内消费市场的重要组成部分，也是消费增长潜力巨大的"新蓝海"。但由于农村居民收入提高的动能不足，长期存在的城乡不平衡、收入不稳定等结构性矛盾依然突出，城乡差距缩小的步伐有待加快，农村消费仍然是当前我国经济复苏中较为薄弱的部分。因此，必须切实把农村消费的扩容升级提质作为扩大内需的战略重点，做好同新型城镇化战略、乡村振兴战略的有机衔接。

在全面推进乡村振兴和新型城镇化的进程中，只有进一步拓展农产品上行和消费品下乡的通道，提高农村消费供给质量，规范农村市场秩序，才能充分激活农村大市场，进一步释放农村消费潜力。

---

① 例如，之前被广泛使用的消费券，在短暂地刺激居民消费之后，很快便出现了后劲不足的问题。究其主要原因在于"精准度"不足。调整公共消费增加方式，要求协调好短期刺激效应与长期动力效应的关系，最大化公共消费的配置效率，加速消费潜力的释放并加快产业升级。无论是发放消费券还是增加医疗保健方面的公共消费支出只是在短期内带来居民消费直接或间接地增加，无法长期发挥公共消费的杠杆作用。居民消费需求得以释放的前提不仅在于居民拥有"消费意愿"和"消费渠道"，更在于居民"能消费"，即具有获取收入的能力，而居民收入差距的背后又是由消费差距所引起的。换言之，居民只有具备了获取收入的能力，有了稳定的就业才能具有稳定的消费需求和消费潜力。合理增加公共消费，要求充分利用公共消费人力资本机制的收入效应，即通过对失业者、待业者发放培训券、教育券等补贴方式对其进行大规模培训，以达到扩大消费需求与提高劳动者技能的双重目标。

② 朱尔茜. 公共消费的理论创新与政策选择[J]. 财经理论与实践, 2016（1）：129-133.

一是加快农村地区网络基础设施建设，提高农村地区宽带互联网接入水平，逐步解除农村居民在接入和使用宽带互联网等网络基础设施上的限制，并不断降低宽带互联网接入费用，①不断优化农村地区消费环境。

二是针对农村流通设施发展滞后、优质商品供给不足、生活服务不完善等一些问题，需要加强县域乡镇商贸设施建设，支持建设立足乡村、贴近农民的生活消费服务综合体，引导电商企业赋能传统夫妻店，提高农村供应链的数字化转型速度。

三是针对农村物流成本高、效率低的问题，构建县乡村三级物流网络，合理布局农村物流节点，加强农村冷链物流基础设施建设，建成一批具有电商功能的农产品产地集配中心，提高农产品冷藏、包装、分拣、配送等服务能力，推进农村物流降本增效；构建农村物流信息平台，提供车货匹配、物流信息发布等功能，实现县乡村三级信息网络互联互通，提升物流信息沟通效率等。

四是推进"互联网+"行动，促进农业经营主体、加工流通企业与电商企业对接融合，推动线上线下互动发展，畅通农产品销售渠道。推广"生产基地+中央厨房+餐饮门店""生产基地+加工企业+商超销售"等产销模式，提升农产品附加值。依托农村电商平台，发展智慧化生活服务模式，通过增加政务信息、便民服务、养老、医疗、土地流转等服务功能，实现"一网多用"，为农民群众日常生活提供更多便利。加快建设乡镇商贸中心，鼓励企业以市场化方式建设改造一批乡镇商贸中心，推动购物、娱乐、休闲等业态融合，改善乡镇消费环境。②

五是让"康帅傅"远离农村，推动优质产品和服务下沉。积极引导城区传统市场、商场、超市、百货店、品牌店等加快线上线下融合，实现渠道下沉，将更多更好的品牌商品销往农村。

此外，农村地区消费水平与城市有所差距，亦应加强需求侧改革需要考虑提升农村地区消费水平，释放农村消费潜力。这需要进一步完善农村产业发展，加强农业供给侧结构性改革，完善农村产业体系；不断提升农民收入水平，拓宽农民多元化收入来源，增强农业农村发展活力，为释放农村消费潜力奠定良好基础；强化农村人力资本的公共投入，除增加农村基础教育和基本医疗卫生投入

---

① 唐勇，吕太升，侯敬媛. 数字普惠金融与农村居民消费升级 [J]. 武汉金融，2021（7）：18—26.
② 王济光. 提高农村消费水平是扩大内需的战略重点 [N]. 人民政协报，2022-12-20（5）.

外，还应加强对农村居民的生产经营技能培训。

第四节　以供给侧结构性改革为主线推动产业振兴

2016年6月16日，时任中国社会科学院副院长蔡昉在《人民日报》上发表评论指出，"以西方宏观经济学为理论依据的国外人士和机构，从传统的需求侧解释中国经济发展新常态，却看不到供给侧结构性改革蕴藏的增长潜力"。中央财经领导小组第十一次会议上，习近平总书记特别强调了"供给侧结构性改革"战略决策，并比较完整、精练地表明了决策层对这个战略决策的基本认识和逻辑关系："在适度扩大总需求的同时，着力加强供给侧结构性改革，着力提高供给体系质量和效率，增强经济持续增长动力，推动我国社会生产力水平实现整体跃升。"①

一、巩固和深化"三去一降一补"成果，进一步推动供给侧投入结构改革

在去产能方面，要将化解过剩产能的工作不断推向深入，严格制定质量、环保、耗能、安全标准和信用约束，坚持突出重点、化解难点，更多运用市场化和法制化手段清除落后产能、污染产能，积极稳妥地推进旧产能改造升级工作。在去库存方面，应依据当地实际状况，采取因地制宜、稳步推进的房地产库存化解策略。对具有刚性购房需求的居民加大购房补贴力度，激发潜在购房需求。同时，注重房地产去库存与新型城镇化的结合，加速农民工市民化进程，培育住房需求新主体。在去杠杆方面，应继续坚持结构性去杠杆、控杠杆的政策方针，降低或控制非金融企业（尤其是非金融国有企业）和地方政府的杠杆率水平。加大力度推动市场化、法治化债转股增量、扩面、提质，完善国有企业资产负债约束机制和僵尸企业债务处置政策体系。在降成本方面，要进一步加大"破、立、降"力度，坚持降成本与推进高质量发展相结合，坚持降成本与推动产业转型升级相结合，用改革和创新的办法减轻实体经济成本负担，重点降低实体经济企业

---

① 结构性改革该如何推进——解读中央财经领导小组第十一次会议［EB/OL］.中国政府网，http://www.gov.cn/xinwen/2015-11/10/content_5006894.htm.

的物流成本、融资成本和制度性交易成本。在补短板方面，要坚持贯彻创新驱动的发展战略，提升科技创新能力，培育壮大创新新动能，运用市场化机制激励企业创新，依靠创新推动经济高质量发展，加快形成以创新为核心驱动的现代化新型产业体系。

供给侧结构性改革的本质是改革的攻坚克难。从供给侧角度看，我国在要素流动方面，存在着明显的不当约束与抑制，种种制度壁垒和过度垄断在推进供给侧结构性改革中，政府（由决策者主导）的作为空间主要是制度改革，改进制度供给与推进制度创新，特别是在"生产关系的自我革命"中攻坚克难，改变那些不适应发展要求的经济社会管理规则、方式与机制，为企业从事生产经营活动创造高标准与法治化的包容性环境和条件，释放经济社会的一切发展潜力与活力。[1]当前，从宏观层面看，需要发挥政府投资需求的引导作用，推动供给侧投入结构改革。

一是保障投入结构高端化，使基础设施投资从传统的基建投资向有助于提升居民消费的未来新型基础设施和产业升级倾斜，使政府资金精准投入"两新一重"领域，有效引导后续消费和企业投资，对政府投资进行精准的投入结构统筹与配置，拉动内需扩大和经济高质量发展。

二是确保投入结构可持续，由一次性投资刺激转变为长期拉动经济的持续消费和增长。保障投入结构向服务业倾斜，促使服务业部门顺利吸纳土地、劳动等生产要素流入，扩大服务业需求，并推进财政收入导向型政府投入模式向企业成长助推型政府投入模式转型。

三是政府合理引导民间投资进入服务业等重要产业，合力破解政府投入中出现的投资目标偏差、有效落实不力、地方投资协同监管乏力等瓶颈制约，建立健全政策效果评估机制，强化政府投资对民间投资的引导作用，助推投资结构转型。

二、以"六优六特六新"产业布局为抓手加快促进"多链"融合

随着市场竞争的日趋激烈，过去依赖单个企业间的竞争转向整个产业链上各

---

[1] 贾康. 中国改革真命题：迈向高质量发展[M]. 北京：中信出版集团，2022.

环节创新能力和服务能力的较量，竞争的实质是产业链、创新链、服务链和数据链的协同博弈。自国家实施西部大开发战略以来，宁夏在经济社会发展方面取得了巨大成就，进入了工业化中期提升阶段和信息化起飞提速阶段。宁夏回族自治区第十三次党代会将实施创新驱动发展战略摆在发展首位，作出"把推动高质量发展的主攻点放在产业上"的战略部署，并提出发展"六优六特六新"产业，为此，宁夏将实施新型工业强区、特色农业提质、现代服务业扩容、数字赋能"四项计划"，加快形成分工合理、特色鲜明、功能互补的"六新六特六优"产业发展格局。因此，如何通过产业链、创新链、服务链和数据链的"四链"融合，促进宁夏现代化产业的发展成为重中之重。

（一）促进产业链创新链融合

产业链创新链融合是实现双循环发展新格局的关键一环，2020年4月，习近平总书记在陕西视察时提了新的要求："要围绕产业链部署创新链，围绕创新链布局产业链。"① 其发展的核心思路在于两个层面：一方面，创新要围绕产业需求部署和推进，着力将科学知识转化为经济社会价值，构建起从知识创新、技术研发到科技成果转化、大批量生产的完整链条，实现强链、锻链的现实需求；另一方面，创新要适度超前，形成创新引领产业发展的格局，突破产业链拓展、延伸和提质的技术瓶颈、产品瓶颈和市场瓶颈，实现补链、创链的现实需求。

一是要做实平台载体。对接国家战略需求，科学布局、协同共建大科学设施，鼓励本土企业积极参与中外科技伙伴计划，并依托区域特色产业，推动设立领先的科学实验室和研发中心，形成科研设施的集群化、集团化、集约化发展，推动创新链条向前端移动。加强技术知识共享平台、技术试验平台以及技术转移平台的多方建设，通过新建平台实现技术创新资源优化升级及最优配置，精准服务企业创新发展。设法搭建交流平台，如创设产业教授、论坛等制度，打破企业间、部门间、行业间和区域间的壁垒，促进海量科技信息的有效整合、快速检索、准确导航和远程服务，避免形成分散的"信息孤岛"。在这个过程中，关键是积极发挥政府衔接三大创新主体（企业、科研机构、高等院校）的能力，鼓励建立产业创新科技园，使资本、技术、信息、人才等优质产

---

① 新技术、新活力——经济发展新亮点透视［EB/OL］. 中新网，https://www.chinanews.com.cn/gn/2020/05-17/9186603.shtml.

业创新资源在三大主体间流动，促进创新产品从意识到成品产出间各个阶段的生产效率。

二是要强化要素投入。有目标、有计划、有步骤地加大对基础研究和关键共性技术、前瞻技术、战略性技术研究等领域的投入力度，加快构建以5G基站建设、特高压、城际高速铁路和城市轨道交通、新能源汽车充电桩、大数据中心、工业互联网等为核心的新型基础设施。设立创新发展基金，如科技创新合作基金、人才开发基金、创新创业基金等，由政府出资，并引入社会资本，用于开展科技创新基础设施建设、人才培养、创新创业平台建设、区域合作联盟、课题研究等项目。培育和引入与产业链发展需求相适应的高端创新型人才和技术研发团队。通过加快户籍、档案等管理制度改革，完善人才权益保障和社会公共服务体系等创新政策，从根本上减少人才流动的风险和代价，为各类科技创新人才有序自由流动和身份有序自由转换等提供基本的制度保障。

三是要加强政策配套。加快落实高校、科研院所的科研人员自主创业的相关政策，提高对科研人员创新创业的激励。完善科技成果转化法律法规，继续探索分配制度和产权制度。制订价值链的利润分享计划，对于产业链中共同开发的新产品和新技术取得的利润，按照前期研究开发的投入比例进行分成，并构建合理的绩效考核体系，运用企业战略联盟发展基金，根据企业绩效水平对技术创新合作驱动价值链升级的企业予以奖励，实现利润的合理配置。此外，应发挥政府订购与收购在市场上的引领作用。促进科研行为与市场的紧密结合，从需求端给予第一推力以实现产业链的上下游延伸和创新链的创新意识转化率的提高。

（二）发挥数字经济发展优势以提升产业链韧性

数字经济时代，新一轮科技革命和产业革命加速演进。目前，宁夏已形成中卫西部云基地、银川经开区育成中心等电子产业集聚区，建成（在建）亚马逊、美利云、中国移动等13个大型数据中心，是全国唯一"一体化算力网络国家八大枢纽节点之一和国家新型互联网四大交换中心之一"的"双中心"省区。宁夏应依托数字经济发展优势，持续推进补链、延链、固链、强链等工作，依托数字经济加快产业数字化转型，加强数字示范平台打造，加快"专精特新"企业培养，推动产业链更完整、更稳定、更强健，加快提升产业链韧性。

一是着力数据链接，促进产业链数字化升级。加快产业链数字化转型，依据数据新要素打通产业链上堵点、连接断点,为补链、延链等工作提供基础,促进产业链韧性提升。一方面,要加快数字基础设施建设。在政府与市场共同作用下,强化数字基础设施建设顶层设计,将新型基础设施建设纳入基础设施建设重点,实现对链上企业数据的采集与应用。另一方面,构建健康良好的数字化生态。应建立健全数据要素市场的规则,规范并健全数据互联互通的标准,打破产业链上各环节的"信息孤岛",加快数据链、创新链、人才链、资金链深度融合,为产业链数字化转型构建良好的数字化生态。数字经济推广过程中,应有统一的标准体系,包括基础设施的管理、安全、检测等共性标准和智能装备、大数据、工业软件等关键技术标准,以便于企业间进行数据共享,实现真正的互联互通。在数字产业生态系统下,通过整合创新资源,运用数字技术破解产业链上的创新瓶颈,提升供应链效率,走出价值链低端困境。

二是加强平台支撑,打造新型数字示范平台。加强数字示范平台打造,依托数字平台变革产业链发展模式,由单一链条式向网络协同式转变,以实现产业链的延伸与稳固,提升产业链韧性。可围绕工业互联网等新型基础设施,充分整合利用产业链及外部创新要素,在创新平台上加快实现小而精的创新研发突破,提高企业核心研发能力,增强产业链控制力,提升产业链韧性。此外,应加快企业内部工业网络、管理软件、数据系统等的建设与应用,为企业数字化、平台化发展提供基础,并为中小微企业的运转提供不同类型的优惠政策,降低中小微企业数字化转型成本,为产业链数字化转型打好基础。

三是发挥龙头企业带动作用,注重扶持"专精特新"。企业作为微观经济主体,其抗风险能力、活力和创新力是产业链韧性的根本体现。应借助数字化转型浪潮,培育一批龙头企业、隐形冠军企业,大力培养和扶持专业化、精细化、特色化、新颖化的中小企业,练好内功,掌握独门秘籍,带动链上企业共同固链、强链,提升产业链韧性。一方面,要支持具有领导力的企业数字化发展。数字化转型过程中,应倡导先行先试原则,着重支持并鼓励产业链上具有领导力的企业加快数字化转型,通过横向、纵向合并等方式做大做强企业,带动产业链上其他企业数字化水平的提升。另一方面,要扶持充满活力的"专精特新"企业。鼓励"专精特新"企业着力围绕主业、苦练内功、强化创新,把企业打造成掌握独门绝技的"单打冠军"或"配套专家"。

第五节 促进县域经济和城乡融合发展

一、以县城为载体进行新型城镇化建设，分类引导县城发展方向

中国式现代化是人口规模巨大的现代化，是全体人民共同富裕的现代化。党的二十大报告再次指出，要"推进以县城为载体的新型城镇化建设"[①]。县城是城镇体系的重要组成部分，是城乡融合发展的关键支撑，对促进新型城镇化建设、构建新型工农城乡关系具有重要意义。推进县城建设的根本出发点是增强县城综合承载能力，推动产业配套设施提质增效和夯实县城产业基础，促进居民就地就近就业和持续增收。

《关于推进以县城为重要载体的城镇化建设的意见》从产业发展的动力因素和限制因素出发，根据县城的人口集聚和产业集聚的可能性，将我国的县城划分为大城市周边县城、专业功能县城、农产品主产区县城、生态功能区县城、人口流失县城五类。本书认为，基于宁夏各县资源禀赋，可以做如下考虑：

第一，加快发展城市周边县城。推进永宁、贺兰县城与银川主城区同城化发展，主动承接一般性制造业、物流配送基地、商贸专业市场、过度集中公共服务资源等疏解转移，推动基础设施互联互通、公共服务同城同享，打造通勤便捷、功能互补、产业配套的卫星县城。推进青铜峡与吴忠市区"一河两岸、两城互融"一体化发展，推动黄河生态共保、公共交通共建、特色品牌共创、服务设施共享，增强县城承载力、集聚力和吸引力，创建全国宜居县城。

第二，积极培育专业功能县城。推动灵武与宁东联动发展，构建供需有效衔接、上下游协同配套的分工体系，壮大现代纺织、循环经济、绿色食品等特色产业，挖掘特色文化旅游资源，擦亮"千年古县、产业强县"品牌。促进平罗产城融合发展，延伸新材料、现代化工、先进装备制造产业链，推动以产聚人、以人兴城、以城促产。支持盐池大力发展清洁能源等绿色产业，留住县城历史文化、红色资源等特色"基因"，推动以绿兴城、以文化城、人城和谐。完善红寺堡城

[①] 二十大报告全文［EB/OL］．中国政府网，http://www.gov.cn/zhuanti/zggcddescqgdbdh/sybgqw.htm.

区功能要素,以产业、就业、社会融入为重点,丰富城区发展内涵,提升城区品质。打造中宁县枸杞深加工、锰基新材料等特色支柱产业,提升县城人居环境质量,叫响"杞乡锰都"品牌。

第三,合理发展农产品主产区县城。支持永宁、贺兰、灵武、平罗、青铜峡、中宁推进农业产业化、规模化、品牌化发展,以"粮头食尾""农头工尾"为抓手,大力培育农产品加工龙头企业,建设原粮储备生产基地,完善农产品加工、流通、储运、交易设施,集聚发展农村二、三产业,延长农业产业链条,做优做强县城农产品加工业和农业生产性服务业,更多吸纳县域内农业转移人口,为有效服务"三农"、保障粮食安全提供支撑。

第四,有序发展重点生态功能区县城。推动红寺堡、盐池、同心、西吉、隆德、泾源、彭阳、海原等重点生态功能区县城绿色发展,探索建立生态产品价值实现机制,因地制宜发展生态旅游、农林牧产品生产加工等绿色产业,积极推广天然气、风能、太阳能等清洁能源,推进生态产业化和产业生态化。完善财政转移支付制度,加强县城公共服务供给,增强县城综合承载能力,有序承接生态地区超载人口转移,为筑牢生态安全屏障提供支撑。县级政府制定自己的城镇化规划时,还应深入细致地对本县城进行更加明确的定位。规划编制过程中要多听取专家群众意见。规划编制完成后要将规划上升到法规或制度的层面,提高规划的约束力、持久性、协调性和体系性。在规划执行过程中,要严格按照规划来建设,避免行政力量对规划执行进行干预。

二、坚持高质量发展"特色小镇",破解城乡二元结构壁垒

党的十八届三中全会指出,城乡二元结构是制约城乡发展一体化的主要障碍,实现城乡融合,需从完善功能、搭建空间载体、优化要素流动渠道、融合城乡空间等方面促进城乡之间的要素流动和联系。特色小镇正处于城镇化发展和城乡一体化建设的新阶段。特色小镇通过培育特色产业,汇集生产要素,吸收周边区域劳动力,既发展了经济,又促进了周边区域劳动力的就地城镇化,打造了一种有活力的城乡一体化平台。近年来,宁夏也着力打造一批特色小镇,从银川西夏区镇北堡红酒小镇到灵武白土岗草畜产业小镇,再到贺兰县正重点打造的葡萄酒小镇、稻渔小镇、枸杞小镇等"六大特色小镇",均以"特色"二字深挖竞争

力，形成了极具宁夏特色的金牌小镇。因此，在下一步的宁夏"特色小镇"建设过程中，宁夏应继续聚焦"特色"，深挖文化底蕴，以此带动乡村产业集聚，促进城乡融合发展。

一是要着力产业业态体系构建和空间布局。在特色小镇建设中，要在做强主导特色产业的基础上，打通上下游产业，形成完整的产业链条或者实现相关的产业融合，最终构建完善的产业业态体系，发挥产业组合集聚的"溢出效应"。要立足优势特色产业，进行资源整合、差异互补和项目组合，推动产业内的协同创新，引领产业发展，保持产业优势。作为一个在有限空间里具有较强密集度的生态综合体，特色小镇需要处理好不同产业要素在小镇内的集聚、疏散和流通问题，要从各种功能叠加的角度满足特色小镇的高端化、特色化、差异化发展需求。

二是要着力于文化传承和风貌特色规划。无论是农业类型的小镇，还是产业型小镇，抑或是服务业特色小镇，它们的发展都离不开文化的基础。文化历史遗产是推动特色小镇建设的内生型力量，文化产业的可持续发展和升级可以为特色小镇的发展提供源源不断的动力。各地特色小镇的规划者需要站在保护、传承传统文化的高度进行小镇的整体设计，保留文化的根脉，将传统特色现代城镇的各种功能性需要耦合，发掘传统文化的深层价值，实现产、城、人、文一体建设和生产生态生活的深度融合。

三是要着力于体制和机制创新。特色小镇的发展模式，不应追求规模效应和低水平的"摊大饼"式扩张，而要做到在有限范围内的小而精。必须改造传统的指导小城镇建设的方法，关键是摆正政府与市场的关系。政府的作用主要体现在空间规划、基础设施配套、完善基本公共服务和维护市场秩序等方面，在科技创新和产业创新等方面，要让企业（市场）发挥基础性的作用，给它们足够的自由度。此外，针对乡镇财权和事权不匹配，以及资金缺口的问题，要充分发挥财政的杠杆作用，利用PPP、BOT等模式，吸引社会资本的参与；针对考核指标的设计，也要具有灵活性，不搞一刀切，以此促进不同区域特色小镇的健康发展。

三、科技赋能县域经济发展，促进县域间内循环合作效率提升

第一，加大以科技创新培育发展新动能的力度。一是积极营造科技成果向

现实生产力转化以及新技术快速大规模应用的创新环境，围绕县域发展的首位产业、重点产业链、龙头企业、重大投资项目等，强化产业招商，正确引导企业投资和社会投资，着力培养引领县域经济发展的战略性新兴产业和特色优势产业。二是加强产业配套发展能力，在推动县域传统产业绿色转型的基础上巩固传统产业链优势，以战略性新兴产业、特色优势产业和传统产业的绿色升级版等的协同发展，提高县域经济参与"双循环"的内驱力、控制力和稳健性。三是加大农业农村发展新主体的培育，强化传统种养业的投资力度，重点推进县镇都市采摘农业、观光农业、农业专业合作社和家庭农村等农业产业化发展，提高农业产业化发展水平。

第二，推进智慧县城建设。加快县城 5G 规模化部署，全面开展家庭高速光纤宽带网络接入，实现县城千兆光纤全覆盖。推行县城运行一网统管，促进市政公用设施智能化改造，推广智能电表、智能水表、智能气表等感知终端，推动城市道路"多杆合一、多管合一、多井合一、多箱合一"。拓展县城运行"一网通办"服务广度，提供工商、税务、证照证明、行政许可等便利，提升政府在线服务便捷化水平。推动医疗、政务、交通、社保等公共服务"一网通享"，加快扩展"我的宁夏"APP 功能应用，实现一端集成，全民共享。增强县城数字公共文化、智慧广电平台和融媒体中心服务功能，完善 5G 广播电视网络，推动广播电视人人通、终端通、移动通，实现县城有线电视网络光纤化、互联网协议化改造全覆盖。健全应急广播体系，建设灵武、盐池、隆德等县级应急广播系统。

第三，提高县域经济的战略定位和发展规划。将县域经济定位放到更大的区域中，通过制定更高层级的区域发展规划，实现资源和要素在县域间的双向良性互动，构建共治共建共享体制机制，破解县级行政区划的约束。此外，县城的教育、医疗等综合配套不能简单就县城做县城。要考虑县域乃至市域的消费规模与潜力而统筹规划与布局，尤其在教育和医疗配套上，要敢于提质升档。要摒弃到处批地建新城的粗放式做法，而要千方百计做大做强"城关经济"，最好能将优质配套一站式配齐，形成集聚发展的优质区，从而激活那些还没有被激活的消费潜力，让一线城市回流的人有回乡落户的信心，让当地居民有信心和自豪感，提高当地人发展的精气神。此外，在养老、社保、医疗、教育等备受关注的民生领域，应进行更大区域、更大范围、更深程度的区域一体化建设，破解县域行政区划所造成的人为隔断，将区域发展的成果真正惠及更多百姓。

第四，畅通对外连接通道。依托在建及拟建干线铁路工程，扩大高速铁路、普速铁路县城覆盖面，提高沿线县城与中心城市及毗邻省区城市的互联互通水平。实施高速公路补网强链工程，提升县域对外快速联通水平。实施国省干线县城过境瓶颈路段提标改造，补齐县城对外连接短板。优化进出县城道路网络，畅通市政道路与干线公路高效衔接。支持有需要的县城客运班线公交化改造，开通定制化、特色化城际客运服务。

四、统筹新型城镇化和乡村振兴战略促进城乡循环联动

随着新型城镇化和乡村振兴战略的统筹深化实施，城乡之间将从简单供求关系向分工关系转变，农村以向城市输出农业原材料、劳动力等为主逐渐转向城乡要素双向流动、城乡经济协作，工农互促、城乡互补、全面融合、共同繁荣的新型工农城乡关系正加快形成，城乡循环联动性不断增强。

首先，推动城乡区域消费升级从而带动消费经济大发展。从供需关系看，城市消费引领带动全社会消费结构转型升级，消费侧倒逼供给端质量提升与供给侧持续创造消费新热点，高品质工业制成品、健康及文化教育娱乐消费等出现大规模增长，消费对经济增长的贡献有望持续保持较高水平。此外，新型城镇化建设也将带动更多新的投资增长点。为此，应把新型城镇化战略实施作为扩大内需的重要引擎，深化城镇化制度改革，有序引导农业转移人口市民化，增强城市基本公共服务供给能力，提高城市治理水平，加快宜居宜业宜游品质城市建设，在提高常住人口城镇化水平的同时，稳步提高户籍城镇化率。如何让进城务工的农民取得户籍，是扩大内需、"以内循环为主体"必须完成的配套改革任务。在北上广深等大城市和其他一些省会城市、中心城市，户籍管理方面的压力非常明显，究其原因，主要是城市当前的供给能力不足以支撑所有流入人口的需求和保障其获得基本公共服务均等化的待遇。因此，必须先从小城镇、中小城镇等流入人口压力不大的地方做起，有条件放开户籍的尽快放开，没有条件马上放开的要积极考虑运用积分制等过渡办法，加快推进户籍制度改革，让人力资本要素更加顺畅地流动起来。[①]

---

① 贾康.中国改革真命题：迈向高质量发展[M].北京：中信出版集团，2022.

其次，积极发挥县城和乡镇的城乡循环支点作用。县城和乡镇是促进城乡融合发展、城乡要素交流的最前端，是就近就地吸纳农业转移人口城镇化的重要载体。为此，一方面，应进一步增强县城的承载力，完善县城的基本公共服务供给，提高县域经济发展能力，为新型城镇化和城乡融合发展提供载体支撑；另一方面，要积极发挥各类乡镇在新型城镇化中的最底部作用，分类推进乡镇建设，为农业发展提供田间地头要素保障，为农村发展发挥支撑带动作用，为农民发展增强公共服务供给。特别是要积极推进公共服务均等化。以现代化基本公共服务、城市文明和市镇生活方式向农村延伸为契机，健全县域内农村基础设施建设投入的长效机制，培育城乡融合发展和乡村振兴的新动能。

最后，以城带乡全面促进乡村振兴发展。乡村振兴发展为新发展格局的加快形成提供了农业农村发展新空间。但城市在资金、人才、科技、信息等要素集聚方面具有先天优势，在基础设施、文化教育医疗卫生等公共服务供给方面明显优于农村。发挥城镇对乡村发展的支持和带动作用，关键是破除城乡二元体制，促进农村富余劳动力和农村人口向城镇转移，引导城镇的资本、人才、先进技术等生产要素流入乡村，实现生产要素在城乡之间双向自由流动。当前，尤其要发挥小城镇和城镇企业的作用，使其成为以城带乡的基本支撑。

第六节　推动一流营商环境建设

市场环境是实现企业活力迸发的外部条件，营商环境是市场环境建设的主体部分。营商环境是制约经济活力从而影响经济实力的基本因素的组成部分，是国家和区域治理体系和治理能力的重要体现，良好的营商环境是生产力、是软实力，更是竞争力。党的二十大报告指出，要"合理缩减外资准入负面清单，依法保护外商投资权益，营造市场化、法治化、国际化一流营商环境"。优化宁夏营商环境，有助于加强与沿线国家的经济合作和相互投资，从而进一步促进区域经济快速发展。优化营商环境，是要切实推进优化政务环境、市场环境、法治环境、开放环境，着力打造有效率、有活力、有特色的更加开放的国际化一流营商环境，为宁夏融入双循环提供强有力的支撑。

一、提升资源要素市场化水平，优化市场环境

一方面，全面建立要素价格市场决定、流动自主有序、配置高效公平的政策体系，不断推动实现土地要素灵活管理、劳动力要素渠道畅通。为此，一是进一步盘活"沉睡"的资源。宁夏目前还有比较多的资源不能交易，无法进入市场。例如，环境比较好地方的碳资源，还未能充分转化成为可交易的产品。让绿水青山转变成为金山银山的碳交易制度需要尽快建立起来。二是降低资源流动的成本。资源要高效配置，流动成本越低越好。制约资源流动的成本，往往都是制度性交易成本。以垄断为例，民营企业家的嗅觉往往很灵敏，他们能感知到市场机遇。但如果这个机遇被行政垄断所阻拦，民营企业家就只能望洋兴叹。打破垄断、进一步推进简政放权，都是降低资源流动成本的重要举措。城乡资源双向流动的关键是降低资源流动的成本，打破资源流动障碍，而农村宅基地就是一个没有盘活的资源，有巨大的空间。

另一方面，继续推进市场准入负面清单制度。深化简政放权、放管结合、优化服务改革，全面实行政府权责清单制度，持续优化市场化法治化国际化营商环境。实施全国统一的市场准入负面清单制度，破除清单之外隐性准入壁垒，以服务业为重点进一步放宽准入限制。精简行政许可事项，减少归并资质资格许可，取消不必要的备案登记和年检认定，规范涉企检查。例如，应有针对性地、精准地降低食品、卫生等高频事项办证数量或涉证事项数量、缩减办证时间。又如，应更加重视简化申请材料工作，减少市场主体前端准备时间，可推行"一表通"，对审批申请中需提交的各类表格、材料优化合并，清除不必要的材料及流程，实行多项业务一表填报、合并申请，填报信息实时共享。①

二、对标高标准投资经贸规则，建立公正透明的法治环境

一是促进国内国外市场规则和标准的有机相融，提高国内国际市场的接轨程度。

---

① 徐现祥.中国营商环境报告（2021）[M].北京：社会科学文献出版社，2021.

二是健全和重视产权保护，维护企业投资者利益。要加强对市场主体的保护，尤其是对知识产权的保护，要专门立法，加强司法保护，规范诉讼程序，明确切实保护权利人的合法利益；加强行政保护，确保行政执法的制度化、规范性和公正性，加强知识产权保护队伍的建设。降低解决商业纠纷的成本，引导企业健康发展。

三是推动投资自由化、便利化。协调解决外资项目，推进生产经营过程中产品运输、融资贷款、企业注册等实际问题。高水平应用国际贸易"单一窗口"，降低进出口环节合规成本。优化完善信用平台各项功能，推进构建具有宁夏特色的营商环境评价体系。

四是围绕服务企业成长建立健全长效机制，开放与建设更多的市场领域，助力企业成长。

五是着力建设政策评估制度，以政策效果评估为重点，建立对重大政策开展事前、事后评估的长效机制。

六是完善法规清理和评估机制。定期评估、修改、废止关于优化营商环境的法规规章。与相关法律法规规章不一致、不衔接、不配套的，要及时进行修订，做到有法可依、严格执法、依法行政。公民或社会组织可以对法规清理提出意见，审查机关应当依法及时处理。

三、推进政务服务规范化、高效化、标准化，优化政务环境

一是提高政务服务效率，优化行政审批程序。全面健全和规范审管联动机制，深化"双随机、一公开"监管，加快项目落地速度，以高效率服务为企业缩减手续处理时间，降低企业支付的行政成本。全面提高综合窗口平台使用覆盖率，打造市、县（市）、区、乡镇（街道）一体化综合窗口平台。引入市场机制，通过政府购买服务等方式，吸引社会力量参与政务服务的提供，减轻政府财务负担，提高服务质量与服务供给效率，进一步助力服务型政府建设。

二是继续深入推进"数字政府"建设，将数字化技术融入政务服务平台建设之中，推动尽快从"大规模使用"阶段进入"大规模好用"阶段。数字政府需要上线更多业务、覆盖全业务、实现全流程，提供数字政府使用指引，方便市场主体操作，以"用户思维"满足市场主体的潜在需求，继续提升使用率，实

现好用、管用。为此，要建立和完善宁夏服务贸易数字化平台，持续优化利企便民的数字化服务，继续以数字技术推动"证照分离"改革、探索推进"多卡合一""多码合一"的公共服务数字化应用，例如，将"i银川"APP和"我的宁夏"APP深度融合。同时，需加强"互联网+"系统建设，以"一网通办"引领政府流程再造、"一网统管"促进社会治理创新、"一网协同"倒逼数据资源开放。加大数字政府推广力度的同时应做好线上线下流程衔接，提升群众办事体验，为群众提供多渠道政务服务。

三是扩大建立政务服务跨域合作机制的范围，着力推进区域总评和联审联批。不仅要打通"区内通办"业务，更要加强"跨省通办"事项的服务能力，截至 2022 年 8 月 3 日，银川已与全国 60 余个城市建立"跨省通办"政务服务合作。下一步，需继续完善全程网办、异地代收代办、多地连办的工作流程，以标准化建设为支撑，通过流程整合、合理授权、信息共享等方式实现同城通办、异地可办，减少群众在属地和异地政务大厅来回跑的次数，提高政务服务效率。①

四是推行证明事项和涉企经营许可事项告知承诺制，推行容缺受理服务。依据《国务院办公厅关于全面推行证明事项和涉企经营许可事项告知承诺制的指导意见》，形成以行政机关清楚告知、市场主体和群众诚信守诺为重点的治理模式，推行容缺受理，方便市场主体办事。②

五是积极推进政务服务标准化。标准化办事流程和办事指南，压缩自由裁量权，推进同一事项无差别受理、同标准办理，并逐步建立统一标准的常态化评价体系。

六是发挥区块链技术在数据共享中的作用，推动政务数据共享，将数据共享以部门为单位转变为以业务为驱动，实现同一业务中不同部门间的数据交互，确保业务办理所需数据的精确查找和实时共享，提高部门间协作能力和办事效率。同时，要明确数据权属，由各部门自主授权数据开放领域，保证数据的安全、可追溯、不被攻击和不被篡改，打消行政机关不敢、不愿共享数据的顾虑。③

---

①② 徐现祥. 中国营商环境报告（2021）[M]. 北京：社会科学文献出版社，2021.
③ 中国政法大学法治政府研究院. 中国法治政府发展报告（2020 法治政府蓝皮书）[M]. 北京：社会科学文献出版社，2021.

四、建立健全以信用为基础的新型监管机制,不断加强政务诚信

优良的营商环境,是经济发展充满活力与和谐有序的辩证统一,本质上是处理好"避免过度监管以保持企业活力"与"通过健全的规则保护公众利益"之间的关系。

首先,执法部门要依法、科学地实施分类监管,对守法守信者"无事不扰",对违法失信者"利刃高悬",将双随机监管和全面监管相结合,将简政放权和加强事中事后监管相衔接。

其次,可根据市场主体的不同信用状况实行差别化监管,对于信用好、风险小的市场主体,合理降低抽查比例和频次以减少对市场主体正常经营活动的影响。同时,以推行借助互联网手段的远程监管、移动监管等非现场监管系统为辅助,既能减轻市场主体的负担,还可以实行重点监管。①

最后,应加强政务诚信。一方面,政府及其公务人员应认真履行在招商引资、政府与社会资本合作等活动中与投资主体依法签订的各类合同,建立健全清理政府部门拖欠企业账款长效机制,完善政府换届或领导人员更替时的权力交接和工作衔接机制,强化官员违约毁约的责任追究;另一方面,应完善涉企政府沟通机制,尽量确保政府制定的规章、行政规范性文件保持一定稳定性,不朝令夕改,能贯彻到位。为避免新旧政策叠加或不协调影响企业的正常生产经营活动,政府还应合理确定政策的出台时间,并在政策发布后设置一定的政策执行缓冲期,为市场主体留出必要的适应调整时间,对因新政策出台权益受损的市场主体给予一定的补偿。②但根本上要促进惠企政策的高质量供给,让惠企政策更接地气,更具实操性,并应完善惠企政策兑现机制和动态梳理机制,加强跟踪督办、协调联动,督促责任主体强化政策执行力,对不能兑现的政策应及时调整修改或废止。

---

① 徐现祥.中国营商环境报告(2021)[M].北京:社会科学文献出版社,2021.
② 中国政法大学法治政府研究院.中国法治政府发展报告(2020法治政府蓝皮书)[M].北京:社会科学文献出版社,2021.

第七节　以新安全格局保障新发展格局

实践中应该以政治安全为根本，以经济安全为基础，切实维护好市场主体的安全、抓好社会治理现代化，全面提升安全保障能力，有效防范和化解影响现代化进程的各类政治风险、市场风险，努力实现更高质量、更有效率、更加公平、更可持续、更为安全的发展。

一、提升统筹发展与安全的系统韧性

一方面，提升统筹发展和安全的全过程韧性。要以全过程的动态平衡为基本出发点，增强系统韧性能力，主动提前增加系统要素的替代性方案和增强系统结构的稳定程度和转换能力。统筹发展和安全兹事体大，在系统规划之初就要树立"走一步、看三步"的思路，有意识主动地匹配要素、结构和环境的替代性方案，及时化解风险，减少和避免系统受到冲击时被动调整所带来的崩溃性损失。要实时监测和评估发展要素和安全要素状态，构建系统常态化动态调整机制。要主动普查和监测系统所面临的综合风险，摸清风险状况，及时主动地优化系统要素、结构和环境，避免风险耦合和积聚后打破阈值，引发系统突变。要加强极端情境下的动态平衡能力建设，实现系统在突变过程乃至崩溃状态下仍然能够具备韧性。

另一方面，提升统筹发展和安全的主动韧性。要构建能够容纳发展要素和安全要素的开放系统，奠定科学统筹的作用对象。系统论是以系统为基础的理论体系，只有将发展要素和安全要素纳入一个系统，确立要素间相互联系、相互作用的方式和秩序，搭建因地制宜的系统环境，才能充分运用系统理论、方法和工具实现统筹谋划、统筹部署、统筹调控的目标。

二、以政府部门为主导，多主体共建风险防范咨询体系

政府部门主导搭建对外投资风险公共信息平台，使企业能及时获取并应用这些信息，对企业规避海外投资风险有重要意义。

一是政府应鼓励和支持驻外机构、境外商会为中国企业海外投资提供风险信息收集服务。以主管业务为基础，以分工合作的形式搭建对外投资公共信息网络共享平台，分专题具体展示主要投资东道国的政治、经济、文化、自然状况，并设置风险热点提示，实时引导企业规避对外投资东道国的国家风险。

二是发挥各类国际商会、行业协会在投资风险公共信息平台中的重要作用，可充分发挥其作为企业组织对风险信息更敏锐的特点，与政府部门宏观信息相互补充，形成更为有效的风险信息共享体系。

三是政府可通过培育专门智库，资助高等院校、研究机构，对我国主要对外投资东道国的投资风险进行长期研究。可考虑配合"一带一路"倡议，培育研究沿线国家的专门智库，对这些国家的政治、经济、文化、外交等情况深入研究，形成对外投资风险防范咨询的专业智囊团。

三、强化金融数据安全治理，夯实金融行业发展基础

金融数据包含国民个人信息、企业资金流转、社会经济活动等重要内容，因此金融数据安全已经不再是行业内部的自律性要求，而是需要全方位、多层次、立体化建设的数据安全体系。正是由于金融数据的这种特殊性，在金融数据安全方面，不仅要求在输入时应当经过严格审核和持续维护，在传输和使用的过程中，更应采取相应的管理措施和技术手段加以保护，使金融数据避免产生被非法访问、窃取、篡改和损毁的风险。

一是金融机构应开展金融数据安全顶层设计，构建全方位的数据安全监管体系，并有机地嵌入到组织的总体网络安全规划中，保障数据的安全有序流动，在数据全生命周期过程中确保数据不丢失、不泄露、不被篡改、业务永远在线，可追溯和隐私合规。

二是加强政府各部门间的工作协调，建立更加完善的横向联系联动的共享和治理体制，充分调动各部门的优势资源，形成多方联动、齐抓共管的安全格局。

三是积极参与并推动跨境数据流动监管规则体系的制定与完善，开展政府间、行业间、技术群体间多线条国际谈判。

四是加强金融科技安全人才培养及金融消费者权益保护宣传。一方面，加大

数据人才培养力度。考虑成立数据安全人才培养中心，金融机构、高校、企业联合开展人员技术培训，开展专业认证培训与考试，提高金融监管人员的科技专业素养[①]。另一方面，金融机构应将金融知识宣教作为常态工作，充分发挥线上宣传平台和线下网点优势，因地制宜开展多种形式教育宣传活动，积极传播金融知识，扩大金融宣传范围。[②]

四、维护产业链供应链安全，筑牢新发展格局下的产业基础

维护产业链供应链安全稳定，增强产业链供应链自主可控能力，是国家安全的重要组成部分，是统筹发展与安全的应有之义，也是构建新发展格局的必然要求。因此，应努力保障地区产业链供应链安全稳定，加快提升产业链供应链现代化水平，夯实构建新发展格局的产业链基础。

一是点链结合加快提升产业基础能力。提升产业基础能力，既要推动关键核心技术突破，又要解决国产化技术和产品不愿用、不敢用的问题。为此，需要大力推进"点式突破"与"链式协同"相结合，为国产技术和产品应用打开市场空间。

二是补链结合增强产业链安全性和控制力。推动开展多元化采购，加强国际技术和贸易合作，加快拓展第二技术来源国。聚焦标志性产业链和关键产品，加快绘制重点产业链精准合作图，建立产业链补链延链项目库，精准招引一批产业带动强、科技含量高、经济效益好的外资重大项目。

三是加快培育产业链龙头企业和"专精特新"单项冠军企业。支持企业家通过创造新模式、运用新技术、制造新产品、开拓新市场，培育壮大一批产业生态中具有重要影响力和主导作用的领军企业。同时，加快培育一大批主营业务突出、竞争力强的"专精特新"中小微企业，打造一批专注于细分市场、技术或服务出色、市场占有率高的单项冠军企业。

四是强化产业链现代化政策支撑。由于产业基础具有前期投入大、进入门槛高、技术突破难等特征，仅仅依靠市场力量难以突破，因而必须强化体制机制保障，优化制度供给，为产业基础发展提供良好的制度环境。

---

① 钟红，马天娇.金融数据安全风险及监管研究[J].清华金融评论，2021（10）：96-98.
② 夏诗园，尹振涛.数字经济下金融数据风险及治理研究[J].电子政务，2022（7）：57-66.

五是推动产业链国际合作。推进产业链现代化过程中要辩证看待供应链安全性与开放性之间的关系，应毫不动摇地扩大开放，更好发挥外资企业技术、管理和全球经营等方面的优势，发挥内外资企业合力，共同推进产业链现代化。[①]

五、健全预期管理以稳市场信心

当 2008 年金融危机的动荡震撼全球经济时，中国经济也受到了一些冲击。当时中国曾经有一种说法，"信心比黄金更可贵"，重要的是坚定信心。这一说法用到现在仍然合适。除了处于"风口"的领域，大量企业目前扩大投资的意愿并不强。甚至很多企业，特别是民营企业，都在主动收缩，有的企业已经提出"停止一切重大投资项目"；也有企业采取"断尾求生"的方式，主动清除非核心业务寻求自保。这些情况主要还是市场预期不稳，内外部不确定因素增加，导致企业对未来发展采取保守的态度，而没有了扩张的意愿。由此可见，帮助企业树立信心，建立稳定的市场预期，是实现扩大有效投资的一个重要方面。当前，我国经济发展面临需求收缩、供给冲击、预期转弱三重压力。2022 年 12 月 6 日，中共中央政治局召开会议，分析研究 2023 年经济工作，中共中央总书记习近平主持会议。这是党的二十大之后，中央政治局首次开会研究明年的经济工作。此次中央政治局会议提出"大力提振市场信心"，并要求完善党中央重大决策部署落实机制，"让干部敢为、地方敢闯、企业敢干、群众敢首创"。这一提法意味着，中央认可了当前国内市场和社会"信心不足"的问题，缺乏信心的不只是企业和消费者，还包括地方政府和官员队伍。不过，需要指出的是，注意到当前国内市场信心不足，这固然抓到了问题，但如何才能让干部、地方、企业家、消费者都恢复信心？这是一个难解的挑战。市场信心消失非一日之寒，三年以来，企业家失败较多，最终导致市场信心严重受损。在这种情况下，信心恢复并不容易，可能是一个漫长的过程。在政策上，一方面，需要对经济恢复有足够的耐心，不断积累市场的乐观预期；另一方面，需要避免过度干预市场，让企业、居民等各部门有充分的时间和空间，休养生息。

2022 年 4 月，习近平总书记在主持中央财经委第十一次会议时强调，"要引

---

① 盛朝迅. 新发展格局下推动产业链供应链安全稳定发展的思路与策略 [J]. 改革，2021（2）：1–13.

导好市场预期,讲清楚政策导向和原则,稳定市场信心"。因此,宁夏在主动服务和融入新发展格局的过程中,应不断健全预期管理制度,将风险应对走在市场曲线前面,以稳定市场预期,增强群众信心,激发全社会创业创新的热情,增强市场主体活力,进而转化为经济增长的动力。

(一)建立政府有效沟通机制,稳定"高阶预期"

经济人作决策时,要考虑他人的预期,即考虑预期的预期或高阶预期;经济人更依靠公共信息,从而提高公共信息的权重,这意味着政府在协调或引导预期时可以起到"领头羊"的作用。因此,宏观调控部门要积极探索有效沟通方式,稳定高阶预期。

一是在沟通内容上,需要清晰说明其政策目标、执行路径、预测细节和反映规则等各项内容,尤其是阐述政策实施的系统性方式,帮助公众理解政策当局的"反应函数",从而更好地引导公众的政策预期,提高政策的有效性。

二是主动通过会议纪要、新闻发布会、定期报告、专栏文章等多渠道多方式与市场沟通,阐述政策决定考虑因素、方法等,增加量化经济预测信息,适时公布有关决策的会议记录。同时,注重信息披露的准确性、可理解性,广泛披露准确程度高的信息,做到信息清晰和有重点的传播,针对公众专业知识的不同层次采取不同方式,主动引导媒体报道。

三是设立专门的沟通委员会和专门机构,规划各类沟通活动,完善互动反馈机制,建立动态沟通评价体系,研究沟通技术和语言。

(二)提高预测能力,走在市场曲线之前

在经济下行压力和各种不确定条件下,要强化预期管理,增强前瞻性和预判性,理解市场心态,把握市场预期变化,引导市场预期,从而做到风险应对走在市场曲线之前,更好地实现保增长与防风险的动态平衡。

一是政策当局要加强自身研究能力建设,不断增强对宏观经济走势的认知能力和判断分析能力。

二是进一步加强政府和市场双向信息交换,加强市场信息收集,建立独立完备的统计调查机制,做好信息研究资源整合,通过大数据等新技术挖掘经济人的真实信息和公众预期,提高前瞻性和预判力。

三是做好与专家学者的沟通,深入调查研究,深化对经济走势的理解。

（三）发挥政策效应，兜底社会信心

微观市场主体信息的有效改善需要财政政策和货币政策协同配合、综合发力。一方面，财政政策要有兜底信心。充足的财政空间是经济复苏的关键，可在消费领域出台确保价格稳定的兜底性措施，积极探索发放数字人民币红包和消费券的可行性方案，努力提振居民的消费预期；要适度提前基础建设、民生改善和科技创新等公共领域的相关投资，积极扩大内需空间，着力突破技术瓶颈，有效改善企业的生产经营预期；加大对受新冠肺炎疫情影响的企业和个人的帮扶力度，着力减轻市场主体因防控疫情所付出的经济代价。另一方面，货币政策要精准发力。货币政策的首要目标是稳价格和稳就业，稳价格要求不能为了追求短期增长搞大水漫灌，要强化对粮食生产和能源供应等领域的资金支持，在需求和供给双重维度确保价格稳定。稳就业要求更加突出对货币资金的精准引导以帮助实体经济生存发展，通过扩大专项再贷款规模、创新政策性金融工具等方式，为出现临时资金周转问题的行业和企业提供融资支持。

（四）坚持两个"毫不动摇"，让民营经济发展"安心"

民营经济在政策文件上并未受到歧视[①]，但现实中却存在民营企业信心严重不足，对未来发展预期悲观的现象。民营经济与国有经济相辅相成，单靠国有经济这一只轮子，支撑不了中国经济这部大车。如果民营经济在市场中不断萎缩，只能通过依附于国有企业才能获得发展空间，将使得经济发展中的基本盘面临被侵蚀的风险。政府支持民营经济发展不能一厢情愿，还应知道民营企业最需要什么。对于一大批民营企业来说，稳定信心比税收减免更重要。此外，针对不同的民营企业，需要采取不同的支持政策。例如，对于那些挣扎在生存边缘的中小微民营企业，直接的资金支持、税收减免等政策可以起到"续命"的作用。对于那些生存暂时无虞但面临发展不确定性的大中型民营企业来说，帮助企业建立信心

[①] 2022年11月，国家发展改革委出台《关于进一步完善政策环境加大力度支持民间投资发展的意见》（发改投资〔2022〕1652号）提出了若干支持民营经济投资的具体内容，包括：支持民间投资参与102项重大工程等项目建设。发挥政府投资引导带动作用，在安排各类政府性投资资金时，对民营企业一视同仁，积极利用投资补助、贷款贴息等方式，支持符合条件的民间投资项目建设。用好政府出资产业引导基金，加大对民间投资项目的支持力度。支持民间投资参与科技创新项目建设。加快民间投资项目前期工作，加快民间投资项目核准备案、规划选址、用地用海、环境影响评价、施工许可等前期工作手续办理，落实各项建设条件。在鼓励和吸引民间投资项目落地的过程中，地方各级政府要严格履行依法依规作出的政策承诺，不开"空头支票"。支持制造业民间投资转型升级，引导民间投资积极参与乡村振兴。鼓励民间投资以多种方式盘活存量资产，加大对民间投资项目融资的政策支持，引导金融机构积极支持民间投资项目，进一步优化民间投资社会环境。

是最重要的事情。

　　总体上看,在不稳定、不确定性明显增加的宏观环境下,相关政策的出台需要更加审慎、更加包容,要让市场主体更可预期。只有当政府和市场之间形成良好的沟通和互动时,才能进一步凝聚共识、形成合力,也才能更好地稳定预期,共同促进经济的高质量发展。

结束语

过去几年，我们经历了很多事情。每个人多少都能感到曾经熟悉的世界似乎变得有些陌生。不管是外部环境还是内部环境，都在发生着某些微妙而影响深远的变化。借用著名经济学者何帆老师的话，"我们现在遇到的不是天气的变化，今天降温，明天就会升温；也不是季节的变化，熬过冬天，就会有春天。我们现在遇到的是气候的变化。这意味着整个经济的生态系统都会出现变化，会有很多旧的物种灭绝。"

事实上，目前很多有关经济学的传统认知逻辑都已经被颠覆了。对于当前这个世界的经济现象，很多时候，西方经济学构造的所谓精妙的理论框架，显得越来越缺乏解释力了。在我自己的课堂上，讲授国际贸易学20多年了，但是中美贸易争端发生之后，我发现，用我过去所熟知的理论框架，没办法来理解、回应当下的现实了。

构建新发展格局，是党中央审时度势，根据我国发展阶段、环境和条件变化，特别是基于我国比较优势变化作出的重大决策，是事关全局的系统性、深层次变革，是立足当前、着眼长远的战略谋划，对于我国实现更高质量、更有效率、更加公平、更可持续、更为安全的发展意义重大而深远。"以国内大循环为主体、国内国际双循环相互促进"的理论观点科学回答了中国开放型经济与世界经济政治关系基本走向和大逻辑，是马克思主义政治经济学的运用和发展。[①] 注重扩大内需、抓内循环，绝不意味着重返闭关锁国，而是在决不放弃维系与发展外循环努力的同时，更多依靠内循环控制和收敛不确定性，在内外循环的新发展格局中，形成国内国际供需循环升级版的相互促进。与这一因素打交道，将是未来相当长时期内中国新发展格局的伴随特征，对此必须充分认识，并形成足够长期的思想准备，以应对百年未有之大变局和可能难以预料的惊涛骇浪，把握好内

---

① 裴长洪. 中国开放型经济学[M]. 北京：中国社会科学出版社，2022.

循环与双循环中内生潜力的释放及其对外部不确定性和不利因素的抗御。

中国改革开放的一个重要经验是，在中央确定发展战略、自上而下推动政策的同时，也需要地方主动创新突破，创造生动有力的优秀发展实践和案例。在新的阶段，高质量发展的需求，呼唤各地在发展上取得创新突破。宁夏处于新时代西部大开发、黄河流域生态保护和高质量发展等重大国家战略的叠加区，必须抢抓机遇、锐意创新，积极探索有效路径，努力在服务和融入新发展格局中作出应有贡献。

本书为2022年度宁夏回族自治区人民政府重大行政决策咨询研究重点课题《宁夏主动服务和融入新发展格局对策研究》研究工作的结项成果。研究工作得到了宁夏回族自治区政府政研室马文兴、王明才、马建东、刘洁等领导的点拨与指正，得到了家人和杨航、李博、范翠媛、尤琪、何雪、苏子苪、冉琳、李祯子等同学的支持，得到了经济管理出版社的大力支持，在此一并表示感谢！

囿于能力、时间有限等因素，本书还有诸多不足之处，恳请各位领导、专家多加指正。